国家社科基金
后期资助项目

实践行动的
理由规范性研究

文贤庆 著

On Normativity of Reasons for Practical Action

上海社会科学院出版社

图书在版编目(CIP)数据

实践行动的理由规范性研究 / 文贤庆著 .— 上海：上海社会科学院出版社，2023
 ISBN 978 - 7 - 5520 - 4072 - 2

Ⅰ.①实… Ⅱ.①文… Ⅲ.①伦理学—研究 Ⅳ.①B82

中国国家版本馆 CIP 数据核字(2023)第 115598 号

实践行动的理由规范性研究

著　　者：文贤庆
责任编辑：董汉玲
封面设计：周清华
出版发行：上海社会科学院出版社
　　　　　上海顺昌路 622 号　邮编 200025
　　　　　电话总机 021 - 63315947　销售热线 021 - 53063735
　　　　　http://www.sassp.cn　E-mail：sassp@sassp.cn
排　　版：南京展望文化发展有限公司
印　　刷：上海龙腾印务有限公司
开　　本：710 毫米×1010 毫米　1/16
印　　张：14.25
字　　数：252 千
版　　次：2023 年 7 月第 1 版　2023 年 7 月第 1 次印刷

ISBN 978 - 7 - 5520 - 4072 - 2/B • 335　　　　　　　　定价：78.00 元

版权所有　翻印必究

国家社科基金后期资助项目
出版说明

　　后期资助项目是国家社科基金设立的一类重要项目,旨在鼓励广大社科研究者潜心治学,支持基础研究多出优秀成果。它是经过严格评审,从接近完成的科研成果中遴选立项的。为扩大后期资助项目的影响,更好地推动学术发展,促进成果转化,全国哲学社会科学工作办公室按照"统一设计、统一标识、统一版式、形成系列"的总体要求,组织出版国家社科基金后期资助项目成果。

全国哲学社会科学工作办公室

序　　言

　　文贤庆博士的新书即将出版，嘱我作序，我未加思索即予应允。后来细想了一番，却有点犹豫了。2019 年是我人生的最大转折点。较长时间我既研究伦理学，也研究科技哲学。长期浸润于名利场，不觉中已私德大亏。2019 年受一顿痛击而幡然梦醒。自此，觉得自己已不配讲伦理学。余生唯当尽除恶习，恢复本性。文贤庆博士论文的论题是伦理学方面的，按说我已没有资格为之作序，但既已应允，就不好推脱了。权且谈谈自己的读后感吧。

　　文贤庆博士新书名为《实践行动的理由规范性研究》（以下简称《规范性研究》），该书着力论证：人类社会基本道德规范是具有客观性或合理性的。这一思想努力至关重要。如果像某些思想家认为的那样，道德话语是纯粹的情感表达，无任何客观性可言，那么人间就无正义、公理可言，进而即可宣称：强权（甚或暴力）就是正义和公理。

　　我们肯定不能接受这种"丛林逻辑"。《规范性研究》一书的思想努力就是拒斥这种"丛林逻辑"的努力。该书的论证思路如下：

　　对规范性问题的回答本质上既有赖于对客观性标准的辩护，又有赖于对行动动机的说明。理性和感性都是人性的特质。我们并不需要死守基于理性的客观性辩护和基于欲求的动机性说明。理性并不像休谟主义者们所反对的，只能够为规范性的客观性结构辩护，就理性属于人类心理而言，它能够内在地引起感性的情感，进而能为规范性提供价值的辩护和动机的说明，只是在有关动机的说明中，理性的作用并不那么直接；与之相对，感性并不像康德主义者们所反对的，只能够为我们提供有关行动动机的说明，就感性属于人类心理而言，其实在性也能够为规范性提供客观性来源，只是在这种辩护中，感性还需要与实践理性共同作用。

　　反思性是人类独有的本质，反思性在根本上也就是理性的反思性。理性能力作为人的本质特征之一，体现为人类面对自己生活世界的规范性特征时的控制力，这种控制力在生活世界就直接表现为具有规范性特征的合理性。

关于行动之价值的探讨也就是关于行动之道德性的探讨。关涉他人的行动理由就是一个道德判断。基于个体的规范性判断如何能够对每一个行动者都具有规范性权威呢？规范性在道德评价上的客观性归根到底存在于行动者个人与共同体中的他人的关系之中。规范性在这种意义上尽管只具有较弱的客观性，却是我们道德生活最本质的特征。

从道德心理学向道德社会学的跨越表明，有关人类道德的规范性现象最终需要在实践经验中得到解决，但人类的实践经验会因为不同的物质基础和历史文化而呈现出种种差异。就此而言，对道德规范性的探讨不可缺少人类社会学的考察。

理性作为一种能力是自身的规范，这也就意味着，对于纯粹理性，唯一的规范就是自身作为一种能力在应用时始终保持自身作为一种能力的特质，我们可以把这种特质称为理性的不矛盾性、一致性和融贯性。

我们很难在实存论意义上说一种能力单独就能成为一种形而上的实体，能力的表现总是关涉某种关系。基于此，理性能力的不矛盾性、一致性和融贯性就被表述为主体与某个主体之外的东西的关系。这种关系的表述可以分为"理论的"和"实践的"。理论合理性指我们通过概念、命题、判断等构成一个有关知识的真假判断；实践合理性指我们通过主观心理形成的信念和命题态度而构成一个有关主体行动的判断。总而言之，有关理性的规范性思考也就是有关理性的不矛盾性、一致性和融贯性的思考，它具体表现为有关理论理性和实践理性的规范性思考。

任何行动总是基于认知的前提才可被称为理性的，所以有关理论理性的真假探讨就构成了实践理性的基础。信念合理性是使得一切其他合理性得以可能的前提条件。通过信念合理性，我们才有可能把客观世界表象为针对我们而言的一种规范性或理由。然而因为这种合理性针对的是一般意义上对于人类作为理性存在者而言所具有的形式合理性，我们只能说这种合理性在一种必要条件的意义上表示出了一种结构性要求的规范性。但是对于作为一种自由的理性存在者的人而言，更为重要的是在一种充要条件的意义上为我们的行动合理性给出一种辩护性的规范性解释。

从根本上来说，合理性就是有关我们认知的合理性，我们通过各种具体的功能化而表现的合理性都是基于认知合理性之上的二阶合理性。尽管就合理性探讨而言,正是这种二阶合理性才充分展现出合理性的实质内容,但是在探讨二阶合理性之前,必须首先探讨更具根本性的认知合理性。

既然人的理性能力也属于一种客观存在,那么理性作为一种能力首先必须遵守不矛盾性、一致性和融贯性,事实上,我们也正是在这个意义上说理性自身是规范性的。

尽管我们只有通过作为一种主观意识能力的理性才能认识到合理性问题,但是就合理性的表现形式而言,它实际上展现的却是理性作为一种能力的本质。因此,从根本上来说,合理性概念表现的是我们在慎思和推理的理论认识以及我们通过理性认识做出的各种实践回应中表现出来的一种实践能力。在这个意义上,理性作为一种能力表现为对主体行动的控制力,它是一种最根本的合理性,可被称为"能力合理性"(Capacity-Rationality)。能力合理性使得人区别于动物,或者说,能力合理性使得人具有了人格特征。只有在一个人拥有能力合理性的前提之下,我们才可以评价其行动是否合理。在理论认识上,能力合理性表现为我们能够对信念或命题的真假做出合理性的推论和判断;在经验实践的意义上,能力合理性表现为我们能够通过使用理性来决定我们的合适行动。总而言之,正是通过合理性能力,我们才把自身所具有的各种能力表现为一种合理与否的判断,在把客观世界变成我们的认识的过程中,我们通过概念化的思考、一以贯之的推理等具有规范性的方式使得世界的很多方面构成对我们而言具有规范性意义的各种理由。合理性能力作为一个统一的概念,超越了理论合理性和实践合理性的划分。

正是通过推理的一致性,我们才能在一种关系网中把各自独立的各种认知串联起来,形成整体的认知。当然,这也是我们继而形成行动的根据。客观合理性是这样一种观念:认知主体形成的各种信念和命题态度必须与经验世界一致、融贯、不矛盾。

一种心理状态,要么通过能力合理性表现为信念上的一致性和融贯性,要么表现为推理中的一致性和融贯性。对推理的一致性、融贯性和不矛盾性的探讨也就构成了对理性的规范性本质的探讨。我们的理论推理对形式逻辑的遵守是我们的规范性要素之一。

以上是对《规范性研究》一书之论证思路的概述。按照这一论证思路,我们会认为,实践理性(或实践合理性)的客观性归根结底奠基于理论理性(或理论合理性)的逻辑一致性或不矛盾性。据此,面对现实生活世界中不同国家、民族、阶级、阶层、性别乃至个人之间出现的争端或冲突,最好的解决办法便是对话、协商、论辩。在对话、协商、论辩中,冲突双方都讲理而不耍横,才便于冲突的平息。就此而言,民主法治才是维持社会正义和公序良俗的最佳制度。在民主法治社会内部,一个讲理的人若与一个不讲理的人发生严重冲突,就可以通过具有强制力的第三方——法院——加以裁决以平息冲突。民主法治国家较好地废除了上述提及的"丛林逻辑"。但在当今国际社会,虽然民主法治是多数国家所认同的政治制度,但仍存在顽强的反民主法治势力。虽然也存在国际法和各种国际公约,但大国、强国罔顾国际法和国际公约而侵略弱国的事时有发生。国际法庭和联合国都没有实质性的权威,无力对不讲理的国家实行强制。不讲理的国家也不难装出讲理的样子。恰在这种情况下,暴露了逻辑学的"不矛盾律"的弱点:实际上不讲理且滥用暴力的人们(或国家)不难讲出一套具有一致性、融贯性的道理,甚至提出一套具有一致性、融贯性的漂亮理论,为其集团私利或国家私利辩护。一套具有逻辑一致性的精致、漂亮说辞,既不一定真实,也不一定正当(伦理学意义上的)。可见,仅用逻辑学上的"不矛盾律"并不足以为规范的客观性奠基。道德规范的客观性还源自人类共同生活的需要,尊重每一个个人的生命权、自由权和追求幸福权应是人类的底线道德规范。这种底线规范的普遍有效性也是道德规范之客观性的基础。

该书广征博引,思路缜密。作者立于学术前沿,有十分开阔的学术视野,表达了深刻的哲学思想。读完该书,我们会确信:人间自有公道在,讲理而不耍横是民主法治社会对每一个人的底线要求,做一个讲理而不耍横的人,须保持自己言说的一致性、融贯性和不矛盾性。

卢　风

2022 年 10 月 21 日于清华园荷清苑

前　　言

　　人类的实践生活弥漫着规范性,而道德哲学即是试图为人类生活给出规范性指导的学说。在这个意义上,一切道德哲学给出的理论都应该是规范的。然而,甚至在具体的规范伦理学被给出之前,我们就遭遇到了有关道德哲学的元伦理学问题。当我们提问"一个人应该怎么生活?"时,我们首先就遭遇到了有关"应该"的理由问题:"应该"指涉一个人什么样的行动理由?它指涉的是某些事情或事实吗?我们如何才能证明这些行动理由的事实?如果我们不能首先在元伦理学上弄清楚行动理由的规范性本质,我们也就不能给出任何有益的规范伦理学。因此,元伦理学和道德心理学的考虑在道德哲学的探讨中优先于规范伦理学。

　　既然一种规范性是我们人类自己认识到的生活现象,那么规范性在根本上就关联于我们的人性本质。一般而言,我们的人性本质体现在理性和感性两个方面,因此规范性也就通过我们的理性和感性而关联于我们的生活和行动。如果我们把理性和感性都看作是我们人类的心理图式,那么我们的探讨也就是关于人类生活的规范性现象是如何通过我们的心理图式展现出来的。

　　规范性作为一种标准总是具有客观性,关联于人类心理,我们需要考察规范性的客观性是如何通过人类心理图式显示出来的。从几种主流思想的考察入手,我们可以看到人类行动的规范性所具有的客观性和实践性特征。康德主义和休谟主义分别被认为通过强调理性和感性而为人类的规范性现象做出了代表性的解释,然而康德主义的解释因为对实践性解释的无力而遭人诟病,休谟主义则被认为无法为规范性提供一种积极的客观性辩护。与康德主义和休谟主义不同,威廉姆斯通过关联于个人完整性的内在理由概念为人类生活的规范性给出了一个有关规范性的独特说明。不过,对于人类规范性现象而言,一种相关于他人的道德规范性具有独特的意义。这种规范性在根本上关联于人类生活彼此之间的关系,其客观性并不像客观世界那样强硬,尽管如此,它却是我们人类生活中最独特的规范性现象。

通过全方位地探讨人类心理图式以及人与世界的关系,我们探究了人类行动的理由规范性现象。这种现象在本质上就是一个自由理性的人思考如何在一个容纳了许多和自己具有同样属性的他人的实践共同体中相互负责的问题。然而,我们尽管可以基于不同的人称立场揭示人类的道德心理是如何负责的,但我们彼此之间到底该如何负责则要求我们从道德心理学迈向道德社会学,而道德社会学因为经验条件的差异则对该问题的回答保持一种开放性。

目录

序言 / 1
前言 / 1

第一章 导言 / 1
 一、一个元伦理的规范性问题 / 1
 二、研究现状 / 2
 三、问题的提出 / 6
 四、问题的解决及本书的结构 / 8
 五、研究的方法及预期成果 / 14
第二章 行动的理由规范性的一般特征 / 15
 一、意向性行动的规范性分析 / 15
  （一）行动的意向性结构 / 15
  （二）意向性行动的结构规范性 / 18
  （三）意向性的规范性本质 / 21
  （四）行动理由的辩护式规范性 / 24
  （五）有关意向性行动的规范性争论 / 25
 二、道德生活中的规范性现象：有关合理性的解释 / 26
  （一）规范性与合理性 / 27
  （二）合理性的本质：能力合理性 / 28
  （三）理论合理性：推理能力作为一种核心 / 32
  （四）实践合理性的规范性 / 35

（五）理性和规范性 / 38

　三、规范性的本质 / 39

　　（一）有关规范性的几点说明 / 39

　　（二）规范性的实践性：动机的本质 / 41

　　（三）规范性的客观性：基于价值的论证 / 44

　　（四）规范性的客观性：基于欲求的论证 / 47

　　（五）规范性的双重本质 / 51

第三章　康德主义对理由规范性的证明 / 53

　一、康德论道德的规范性 / 53

　　（一）有关自由意志的挑战 / 53

　　（二）绝对命令的规范性 / 55

　　（三）来自道德法则的动机 / 58

　　（四）基于自由意志的道德规范性 / 60

　二、康德论意志行动的道德动机 / 62

　　（一）意志与任意 / 63

　　（二）两种实践原则：法则与准则 / 64

　　（三）作为实践理性之意志的动机 / 70

　三、科斯嘉德对道德规范性问题的证明 / 75

　　（一）绝对命令的规范性 / 76

　　（二）实践同一性 / 77

　　（三）道德同一性 / 79

　　（四）基于反思心灵对道德规范性辩护的失败 / 81

第四章　休谟主义对理由规范性的证明 / 83

　一、休谟论行动动机 / 83

　　（一）欲求的本质 / 84

　　（二）信念的本质 / 87

　　（三）动机：欲求—信念机制 / 92

　二、工具主义的规范性及其批判 / 95

　　（一）休谟的工具主义思想 / 95

（二）有关休谟式的工具主义的批判 / 98

　　（三）实践理性的不同运用 / 100

三、对休谟规范性思想的辩护 / 101

　　（一）要求的规范性和理由的规范性 / 101

　　（二）布鲁姆的"应当操作者"观点 / 102

　　（三）休谟有关道德规范性的一般思想 / 103

四、休谟式的结构规范性 / 104

第五章　内在理由概念的规范性 / 106

一、真值条件表述：从动机内在主义到认知内在主义 / 107

　　（一）内在理由的概念说明 / 107

　　（二）准休谟式解读 / 108

　　（三）认知内在主义解读 / 110

二、健全慎思路径 / 112

　　（一）健全慎思路径与主观动机集合的关系 / 113

　　（二）健全慎思路径的作用 / 113

　　（三）一种广义的实践合理性 / 115

三、有关内在理由的批评与辩护 / 116

　　（一）对主观动机集合的质疑及其辩护 / 116

　　（二）对健全慎思路径的质疑及其辩护 / 117

　　（三）对实践合理性的质疑及其辩护 / 118

四、内在理由概念达到的规范性意义 / 120

第六章　基于三种人称立场论道德规范性 / 122

一、第一人称立场 / 123

　　（一）科斯嘉德的反思 / 124

　　（二）德拉蒙德的人格主义 / 127

二、第二人称立场 / 131

　　（一）达沃尔的第二人称立场 / 131

　　（二）列维纳斯的第二人称立场 / 134

三、第三人称立场 / 136

（一）基于目的论视角的分析 / 137
　　（二）基于实在论的分析 / 138
　四、批判性立场 / 141
　五、人称问题中的道德规范性本质 / 147

第七章　道德规范性的本质 / 149
　一、规范性判断的本质 / 149
　　（一）有关规范性判断的客观标准的争论 / 150
　　（二）规范性判断与欲求的关系 / 157
　　（三）规范性判断的客观标准 / 158
　　（四）规范性判断体现客观性的两种方式 / 161
　二、道德规范性理论的本质特征 / 162
　　（一）目的论结构 / 163
　　（二）不偏不倚性 / 167
　三、普遍化的反思 / 169
　　（一）康德式的理性主义 / 169
　　（二）休谟式的情感主义 / 171
　　（三）后果主义 / 173

第八章　从道德心理学迈向道德社会学 / 178
　一、方法论与两个关键性概念 / 179
　二、心灵的自我认知 / 181
　三、实践承诺和责任 / 187
　四、指向语言交往的心灵说话 / 192

第九章　结语 / 197

参考文献 / 201

后记 / 208

第一章 导 言

一、一个元伦理的规范性问题

一个人应该怎样生活?[①] 这是人类生活中的核心问题。尽管自从这个问题被提出伊始,人们就试图为此提供一个标准性的回答,然而,在人类历史上从来就没有任何一个答案被认为是对这个问题的圆满回答。归根结底,这是由于该问题的提出与我们人类的实际生活之间存在着张力。这种张力表现为我们追求生活确定性和生活本身所具有的复杂性之间的冲突。然而,尽管如此,我们的本性依然会不断地促使我们追寻某种标准化的指导。当我们对某个事态提出一个问题时,无论是普通大众还是某个领域的专家,大家在根本上都试图为问题提供一个标准化的答案。只是对于普通大众而言,他们往往诉诸某些常识或直觉,而专家则倾向于做出一套技术化或系统化的解释。然而,不论按照哪种方式,我们对问题的解答都试图给出有关人类生活的标准化解释。在这个意义上,对人类生活的探讨变成了一个有关伦理生活规范性的探讨,这从当代主流哲学关注各式各样的规范伦理学就可略见一斑。然而,甚至从我们跨进规范伦理学的探讨伊始,我们就面临着元伦理学的问题。当我们试图为"一个人应该怎样生活?"提供某种标准化的指导时,我们就面对着何谓"应该"的问题。在这个提问当中,我们提出的"应该"是什么意思呢?事实上,当我们提出有关"应该"的问题时,它似乎总是以某种能力为前提。对于人而言,"应该"总是关涉了人具有的某种能力,在这个意义上,"一个人应该怎样生活?"的问题就变成了对人类心理状态的一种发问。那么,"应该"的问题作为一种心理状态是关于某些事实的问题吗?如果是,哪些事实才是被我们称为"应该"的问题呢?如果不是,我们又是如何理解它

[①] 这个问题被威廉姆斯称为苏格拉底问题,参见 Williams, B., 1985: 1; Williams, B., 1993: 1;亦见Plato, Republic (2000), 352D。

的呢？一般而言，在我们的道德哲学研究中，"应该"的问题就是道德的问题。因此，上述的问题也可以转化为道德事实是一种客观事实吗？如果是，什么样的事实才是道德事实？如果不是，我们又如何来理解道德事实？而且，进一步地，针对道德事实与经验事实的关系，我们需要对道德事实进行合理化论证。如果道德事实是经验事实，我们如何给出道德事实是这种经验事实而不是另外某种事实的论证？如果道德事实不是经验事实，那么我们的道德论证又是如何可能的？它的目的和作用何在？我们用什么来衡量这个论证？

比较规范伦理学和元伦理学这两种径路，我们会发现，后者对于"一个人应该怎样生活？"这个问题的回答具有某种优先性。如果我们甚至都不能确定一个道德事实是否存在，是不是一个经验事实，那么有关道德事实的客观性就会存在疑问，我们也就会面临着道德虚无化的问题。如果我们不能像证明物理事实和数学或逻辑知识一样的方法来确定对于道德事实的论证，那么我们的道德论证通过何种方法可以得到证明也就是存疑的，进而，道德论证在我们生活中所扮演的基础性角色也会受到质疑。

事实上，道德事实作为一种关涉人类心理的事实确实与物理事实和数学或逻辑知识的事实不同，从根本上而言，道德事实是关于我们人类行动的，对道德事实的论证总是关乎我们对之做出的合理性判断。因此，对于我们的道德事实和道德论证而言，我们并不总是能够通过实验的方法或逻辑的方法来确证这些事实的客观性。对于道德事实和道德论证而言，我们唯一可以坚持的就是它们作为一种心理事实同样致力于真理的发现，在这个意义上，我们相信它们是具有某种规范性的，因而是能够指引我们的生活的。与此同时，我们发现，对道德事实和道德论证的这种坚持有赖于我们对自己的心理状态的解释。因此，我们有理由相信，通过分析我们的心理状态，我们有望解决围绕着道德事实和道德论证的问题。进而，我们有理由相信，本研究将会有助于规范伦理学相关工作的开展。基于此，本研究的主旨将首先落实在有关元伦理学和道德心理学的相关主题上。

二、研究现状

在进入本书的研究之前，我们首先有必要进入有关道德事实和道德论证的相关研究中审查一番。我们会发现，自从20世纪以来，有关元伦理学和道德心理学的研究呈现出了多线发展的错综局面，各种主义和学派之间存在着巨大的差异。这些差异如此之大，以至于我们很难相信有关道德事实和道德论证的研究能够为我们提供有关"一个人应该怎样生活？"的规范性指导。

我们面临的第一个困惑是由那些否认存在道德事实和道德论证的哲学

家们所提出的。按照麦基(Mackie，J. L.)的看法，我们认为存在着道德事实就是一种错误的信念，实际上根本就不存在着道德事实。我们对道德事实的信念就像那些有神论者相信我们在上帝的指导下如何安置生活一样，都是错误的，因为实际上并不存在上帝和道德事实(Mackie，J. L. 1977)。当然，很多哲学家相信，我们有关道德的事实是切实地发生在我们的道德实践中的，因此道德事实是确实无疑的。布林克(Brink，D. O.)主张存在着道德事实，并且认为这些事实是独立于我们的证明的，这些道德事实表明存在着真正的道德命题，布林克把他的主张称为总体实在主义者论点(global realist thesis)(Brink，D. O. 1984：111-125，1989)。布莱克本(Blackburn，S.)则认为非认知的心灵状态投射到客观世界产生出了一种关于道德事实的准实在论(Blackburn，S. 1985：1-22)。麦克道威尔(McDowell，J.)诉诸我们的感知也提出了一种朴素实在论的观点(McDowell，J. 1985：110-129)。内格尔(Nagel，T.)通过探讨主观观点和客观观点的关系表明，虽然人在道德生活中无法避免主观立场，但是一种客观性却是道德哲学得以发展的驱动型力量，因此道德事实无疑是存在的，至少是具有客观性的(Nagel，T. 1986)。史密斯(Smith，M.)通过表明道德主张能够为真或为假而表明道德事实是真实存在的(Smith，M. 1994)。

即使我们承认了道德事实的真实存在，然而这些事实是怎样的一些事实却是没有定论的。哈曼(Harman，G.)认为伦理学中存在着有关可检测性的问题，而非认知主义和伦理学的自然主义是对这个问题的最好回应，道德事实可以像科学事实一样是可检测的(Harman，G. 1986：69-78)。雷尔顿(Railton，P.)认为道德事实尽管不断地遭受着质疑，但是通过伦理学的自然主义解释，道德实在论的观点是站得住脚的，尽管这种论证的方法与经验科学的论证有些出入(Railton，P. 1986：163-207)。杰克逊(Jackson，F.)也认为通过坚持一种分析的自然主义可以决绝道德怀疑主义(Jackson，F. 1992)。不过，并非道德实在论的支持者们都认为道德事实与经验的科学事实一样，按照这些哲学家们的看法，道德事实是别具一格、独一无二的。比如摩尔(Moore，G. E.)就认为善是一个不可分析、不可还原的概念(Moore，G. E. 1903)。按照麦克道威尔的看法，道德的领域是有关人类行动原则的探讨，它并不是关联于我们的科学知识的。道德伦理学关注的对象是行动的正当性、行动原则的本质和证成以及人类的德行，这是一个完全不同于自然科学的领域(McDowell，J. 1979：331-350)。在斯托吉(Sturgeon，N.)看来，存在着独立的可评估领域，可评估的事实使得我们形成了可评估的信念和知识，这是不同于自然经验事实及其论证方法的(Sturgeon，N. 2006：241-262)。布林克甚至认为，道德事实独立于我们道德信念，不是道德信念发现了它们，而是它们独立地证明了道德信念。在这一点上，布林克可以说是道德实在论的强硬主张者(Brink, D. O. 1989)。丹西(Dancy, J.)通过划分价值理论和行动理由的理论表明道德理由是确实存在的特殊现象，尽管在他看来，对它的辩护被划分成了行动价值和行动理由两个并不是完全一致的领域，但它们都毫无疑问地证明了道德事实的独特存在(Dancy, J. 2000)。

如果说上述的争论是关于道德事实的本体论争论，那么，在如何理解这些道德事实的认识论层面，哲学家们也存在着很大的分歧。比如说，雷尔顿就认为，既然道德事实和科学事实没有什么两样，那么自然科学通过某些外在的标准来认识自然知识的方法也就可以运用到关于道德事实的自然主义实在论上，因此，就像自然知识可以通过因果关系理论来认识一样，道德事实也处在这样的因果关系网中(Railton, P. 1986: 163-207)。在斯托吉看来，因为有关道德信念的知识都是源自可评估的属性，所以它们与源自物理属性的知识一样也具有相关的因果性解释(Sturgeon, N. 2006: 241-262)。尽管布林克认为道德事实是一种独立的心灵事实，是一种概念的或形而上的独立性，因而与自然事实之间并不存在必然的关联，但是，布林克却认为一个行动者的行动理由与行动者的激发性状态之间却是存有一种因果性关系的。在这个意义上，道德事实的领域必须通过因果关系的网络来理解(Brink, D. O. 1989)。与此相对，很多研究者根本就不相信道德事实的存在，也不认为道德事实能够被运用到因果关系网中。比如说，有着很大影响的表达主义在根本上就认为道德判断并不是某种事实陈述，它们只是表达了判断者的某种主观态度。当然，在这些被称为表达主义者的阵营中，它们有着各自的不同理解。在艾耶尔(Ayer, A. J.)看来，如果道德判断被看作是对某种事实的描述，它要么犯了自然主义谬误，要么违反了逻辑实证原则，因此，道德判断根本就不是一种事实描述，而仅仅表达了主体某种情感式的非认知态度(Ayer, A. J. 1946: 103-106)。与艾耶尔不同，黑尔(Hare, R. M.)拒斥把道德判断仅仅看作是情感的表达，在他看来，道德判断尽管不是一种事实判断，但它依然表达了关于行动的某种客观性，它具有普遍的规定性(Hare, R. M. 1952)。布莱克本基于一种准实在论的立场认为，道德判断表达的是我们形成赞同或否决的情感倾向(dispositions)，表达的是我们的某种心理倾向(Blackburn, S. 1984)。吉伯德(Gibbard, A.)则认为道德判断表达的是我们对规范的接受，我们可以称之为规范表达主义(norm-expressivism)(Gibbard, A. 1990)。除了表达主义者，错误论的代表麦基甚至认为我们所有关于道德的看法都是错误的，实际上根本就不存在道德事实这样一个领域(Mackie, J. L. 1977)。

现在，假设我们接受道德判断具有某种因果性解释效力，我们也面临着进一步的问题，即道德事实作为一种心理事实总是有着自己的独特性，那么这种独特性是如何展现出来的呢？正是在理解道德判断的心理特征上，哲学家们再次发生了分歧。有一些哲学家认为，道德判断与意志之间存在着内在的或必然的联系。黑尔认为道德判断的普遍规定性正是通过行动者的自由行动表现出来，既然道德判断具有客观性，那么很显然，道德判断与通过自由意志而产生的行动之间的联系也就是必然的(Hare，R. M. 1952)。内格尔在辩护道德判断时表明，如果一个理性行动者确信理性的考虑是正确的，那么它就应该产生一个去做某个行动的动机(Nagel，T. 1970)。与内格尔相似，麦克道威尔也认为道德判断与意志之间存在着这样一种内在的必然联系，在他看来，意志作为一种非认知的心理状态与道德判断之间的必然联系是解释动机的必要条件(McDowell，J. 1985：110-129)。而在布莱克本看来，道德规范是行动者将某种非认知的心灵状态投射到客观世界中而产生的，因此，道德判断在本质上通过内在于行动者的某种主观状态是必然能够给出行动动机(Blackburn，S. 1984)。科斯嘉德(Korsgaard，C.)在拒斥实践理性的怀疑主义时表明，意志作为按照原则行动的能力在本质上就是实践理性，实践理性因为自身就可以为自己给出行动的法则，因此，道德判断与意志的连接就是内在必然的(Korsgaard，C. 1986：5-25)。然而，与之相反，另外一些哲学家则主张，道德判断与意志之间的联系完全是外在的和偶然的。按照布林克的看法，即使我们承认道德判断存在，我们也有可能仅仅是非道德主义者(amoralist)。作为非道德主义者，行动者在没有按照动机激发的情况下也可以做出道德判断(Brink，D. O. 1984：111-125)。按照福特(Foot，P.)的看法，道德要求像"礼仪"(etiquette)一样在根本上只是一种制度性的要求，这使得道德判断并不必然要求关于动机的实践性要求，因此，道德判断与意志之间的关联只是一种模态的可能性(Foot，P. 1978：157-173)。斯堪伦(Scanlon，T.)通过一种契约主义的观点表明一种道德理论的关键在于揭示道德真理向我们提供的有关理由的解释，一个行动者的行动在根本上关联于他人能够合乎情理地接受某种客观的判断标准，而并非首先关联于我们有某种欲求去行动(Scanlon，T. 1982：103-128)。雷尔顿坚持认为，我们是自然的和社会的生物，所以理解我们道德生活的关键在于通过这两个领域事实的结合发现道德评价的标准，无论如何，道德判断在根本上并不是关联于个人的意欲，而是关联于价值的客观性(Railton，P. 1986：163-207)。

如果我们相信道德事实和意志之间确实存在着内在的和必然的因果联系，那么，接下来就产生了这样的问题：这种内在的和必然的因果联系的实质是什么？有些哲学家认为，这种内在的必然联系作为一种规范性的必然要求来自我们的理性本质。这种观点最早来源于康德，康德相信理性的真正本质就是产生一个善的意志，给出行动的道德性原则（Kant，I. 1998）。追随康德，内格尔（Nagel，T. 1970）、达沃尔（Darwall，S. 1983）和科斯嘉德（Korsgaard，C. 1986：5-25）等康德主义者都认为道德的要求就是理性的要求。但是另外一些哲学家则认为，道德的规范性并不必然来自理性，而且，不道德地去行动并不必然就是非理性的，道德评价与把人评价为理性或非理性是不同的，道德评价和道德规范性也可以来自人的感性。休谟就明确表明，道德的善恶不是来自人类的理性，而是来自人类的情感。理性的功能在于给出关于知识的真假判断（休谟，1980：495-516）。按照福特的看法，坚持道德要求就是坚持理性要求这一观点是一个概念性事实，但它并非一个定言命令，而是一个假言命令，因此，道德的要求并不必然就是理性的要求（Foot，P. 1978：157-173）。威廉姆斯（Williams，B.）认为道德根本上关注的并不是源自理性的行动原则，而是关涉到具有人格完整性的真实个人的生活，因此，道德的要求并不是关于理性的要求，而是强调个人的根本计划（Williams，B. 1985）。哈曼通过一种道德相对主义的主张表明道德在根本上关联于一种内在判断，即关联于行动的动机，而动机源于某些环境下某些人的共同协议，而并不是由理性给出的，因此，道德的要求并不是理性的要求（Harman，G. 1986：69-78）。

最后，我们会看到，道德事实是否单一客观的本身也存在很多争议。比如康德（Kant，I. 1998）、内格尔（Nagel，T. 1970）、达沃尔（Darwall，S. 1983）、科斯嘉德（Korsgaard，C. 1986：5-25）、布林克（Brink，D. O. 1989）等就认为道德是单一的出自理性的客观性规则，但是也有很多哲学家从不同的视角表明，道德根本就不是客观性的事实，例如艾耶尔（Ayer，A. J. 1946：103-106）和史蒂文森（Steveson C. L. 1944）就认为道德只是一种情感的表达，麦基认为有关道德的客观事实根本就不存在（Mackie，J. L. 1977），哈曼认为道德只是相对于特定环境而形成的协议（Harman，G. 1975：3-22，1985），威廉姆斯认为道德对于基于个人基本计划的不同而有着不同的表现形态（Williams，B. 1985）。

三、问题的提出

在这里，我们并不需要介入所有这些有关元伦理学问题的争论之中。从本书开头提出的问题出发，只要我们在本质上把握到了这个问题的关键，那么我们将会看到这种有关元伦理学以及有关规范伦理学的纷争并不必然让人眼花缭乱而理不出头绪。那么,我们应该怎样理解"一个人应该怎样生活?"这个问题的本质呢?事实上,无论是从元伦理学的角度还是规范伦理学的角度出发,没人会否认"一个人应该怎样生活?"这样一个问题在根本上就是一个试图为生活寻求规范性指导的规范性问题,使得问题纷争不断的原因在于,研究者们在如何理解这样一种规范性上各执一词。不过,既然我们承认对于应该如何生活的发问本质上是一个关于规范性的问题,那么,只要我们能够厘清生活中的这种规范性现象的来源和发生机制,这种纷争的局面就可以得到条分缕析的梳理了。基于"一个人应该怎样生活?"这个问题所具有的规范性本质开始追问:既然我们确实看到了规范性问题渗透于我们的生活,那么一个不言自明的前提就包含于其中,即我们人类作为具有自我意识的理性存在者,我们的本性决定了我们总是能够为自己的生活设定某种目的,并且不断地对我们生活的好坏进行反思,在这个意义上,即使我们不能直接主张必然存在着关于道德的客观事实,但是对于人类生活所具有的道德属性的考虑却是理所当然和无可避免的。因此,无可争议地,道德现象构成了我们需要面对的一种客观存在,无论这种客观存在是因为存在着一个独立的关于道德事实的领域,[1]还是仅仅因为我们人出于本性为自己构造了这样的现象。[2] 就我们面临规范性现象的事实而言,至少我们能够对自己的生活提出方向性的引导,在这个意义上,即使我们关于道德事实的证明可能会失败,我们关于道德判断的标准会有分歧,但是我们依然会发现,某种规范性的东西在引导着我们的生活。

既然规范性问题无论如何都关联于我们的人性,那么,我们对于规范性现象的分析就必然关联于我们对人性的分析。换言之,我们有理由相信,通过展示我们人类的心理图式,我们就能够保证在分析规范性现象和回答规范性问题的道路上不误入歧途。那么,着眼于人类生活的规范性现象,我们应该如何来理解我们人类的心理图式呢?一般而言,研究者们持有这样两种看法,一些哲学家认为我们的道德规范性来源于人性的理性本质特征,[3]另外一些哲学家则认为出于感性的共同情感构成了我们道德的来源。[4] 诉诸理性本质的研究者们认为,理性作为一种能力在本质上是自由的,并且对于所

---

[1] 这里包括广义上的各种道德实在论者。
[2] 科斯嘉德认为我们的反思心灵使得我们必然关注规范性问题,进而通过概念发现规范性真理。因此,她持有的是一种道德建构主义的观点,参见 Korsgaard C. 1996:46-47。
[3] 康德及康德主义者是这种观点的典型代表。
[4] 休谟是这种观点的典型代表。

有人来说都是一样的，因此，基于理性的本质，我们可以为自己给出一条普遍的行动原则。在这个意义上，我们不但能够表明理性是我们的规范性来源，而且我们可以依靠这条普遍的行动原则做出道德价值上的判断和论证。与此不同，诉诸感性的研究者们认为，理性作为一种能力只具有工具性的意义，但是它并不能给出原则之下行动发生的动力，这种动力的发生是感性能力所拥有的，而且他们相信，只有表明一个道德现象是如何发生的，我们才在本质上回答了一个规范性问题，在这个意义上，道德事实和道德论证的问题是有关一个行动如何发生的事实。不过，值得注意的是，这些研究者并不否认理性在道德论证中所具有的作用。

正是因为对道德现象的不同处理，导致了道德心理学研究中的明显分歧。大致而言，基于理性分析规范性的一派被归于康德名下，我们可以称之为康德主义，而基于感性分析规范性的一派则被归于休谟名下，我们可以称之为休谟主义，两个流派在当代道德心理学和行动哲学的研究中往往被看作是相互对立的。当然，也有一些研究者在二者之间持一种调和的立场(Railton, P. 2003: 322-352)。本书在这里持的就是这种立场。不过，与雷尔顿把感觉经验看作是强制力和自由的沟通桥梁不同，笔者想要表明的是二者在分析规范性时其实是各有侧重，但在他们的理论中都可以找到有关规范性分析的另一面。当然，这就首先要求笔者在文章的开头给出有关规范性本质的看法。

事实上，通过上面的论述我们已经可以看到，当理性提出一种普遍性的道德法则时，这种理论本质上表明的是人类生活能够具有一种客观性的规范性标准；然而，当感性提出某个东西必然要通过它才能够激发人类行动时，这种理论本质上表明的是一个行动不可或缺的发生动机。对于规范性问题而言，并非某种客观性或行动动机单独构成了其全部，而是二者一起构成了其本质。因此，对于一个规范性问题的回答，不但要解决某种东西作为客观性标准的问题，而且要解释一个行动动机的发生机制。现在，如果我们明白了对规范性问题的回答本质上既有赖于对客观性标准的辩护，又有赖于对行动动机的说明，那么我们需要追问：当前热烈争执的各种流派或主义是如何为规范性问题给出辩护的？这些流派或主义彼此之间的对立到底是如何造成的？我们到底应该怎样才能为规范性问题给出一个完整的辩护？这就是本书所要探讨的问题。

四、问题的解决及本书的结构

虽然对规范性问题的回答既关涉对某种客观性东西的辩护，也关涉到行动动机的说明,但是我们并不需要死守基于理性的客观性辩护和基于欲求的动机性说明。理性并不必然像休谟主义者们所反对的,它只能够为我们提出有关规范性的客观性结构辩护,就理性属于人类心理而言,它内在地能够引起感性的情感,进而能为规范性提供价值的辩护和动机的说明,只是在有关动机的说明中,理性的作用并不是那么直接;与之相对,感性并不像康德主义者们所反对的,它只能够为我们提供有关行动动机的说明,就感性属于人类心理而言,它的实在性也能够为规范性提供客观性来源的辩护,只是在这种辩护中,感性的作用还需要与作为工具主义的实践理性共同作用。基于上述立场,对康德主义理论和休谟主义理论进行批判性的说明将是本书所要开展的重点工作之一。

不过,在这个工作展开之前,我们必须对与之相关的一些限制性条件给出说明。尽管规范性问题确实真实地渗透于我们的生活,但是并非所有我们生活中展现出来的现象都可以被有效地称为规范性现象,基于此,我们有必要对规范性现象做出某些限制。对于人类生活而言,它在本质上总是通过我们的行动表现出来,生活的规范性特征总是通过我们的行动而得以显现。在这个意义上,我们对规范性的说明主要聚焦于实践行动。那么,实践行动是如何表现规范性的呢? 一般而言,在我们的实践生活中,行动总是为了实现我们的某个目标,或者说至少要指向某个目标。当然,我们在这里并不首先关注行动在具体的环境中是作为实现某个目标的手段还是被用来考量或评价某个事态的根据,而是试图探讨一个行动所具有的一般性结构。就一般性结构而言,实践行动总是具有目的指向的结构,我们可以把这种特征称为行动的意向性结构。因为人类的规范性在表现上总是基于我们的行动,我们因此有充分的理由相信,行动的意向性结构对我们探讨规范性有着十分重要的作用。基于此,在本书第二章伊始,笔者将对行动的意向性结构进行分析。我们的分析将指出,因为一种意向性的行动总是处在某种目的指向的框架之下,它不可避免地与某种规范和限制相联系。

当我们在分析行动总是属于人的意向性行动时,我们就进入了对人性本质的反思,正是通过反思,我们发现了规范性问题的本质。那么,一种反思能力到底是如何让我们在人性中发现规范性问题的本质呢? 如果我们说反思性特征是人类独有的本质,那么一种反思性的本质在根本上也就是一种理性的反思性,因此,我们对于规范性的理解不可避免地关联于人的理性能力,即使在规范性可能来源于感性的意义上,理性在规范性问题中也扮演着一个十分重要的作用。基于此,我们不可避免需要对理性做出一番说明。

就理性与规范性的关系而言,理性在实践领域表现为一种有关合理性的探讨已经是学界的共识。然而,研究者们对我们到底该如何理解这种合理性却莫衷一是,而合理性与规范性是一种怎样的关系也让人迷惑。因此,我们有必要对这些争论和困境做出一些说明。基于此,在分析了行动的规范性之后,我们需要在第二章辨明理性作为一种关联于规范性的人类能力应该如何理解,以及理性作为合理性该如何理解。进而,我们还需要阐明理性如何在实践领域表现出来。基于上述辨析,我们会发现,理性能力作为人的本质特征之一,体现了人类在面对自己的生活世界的规范性特征时的控制力,而这种控制力在生活世界直接表现为具有规范性特征的合理性。笔者相信,通过对理性和合理性的探讨在很大程度上可以解释我们有关规范性本质的问题。

在阐明了行动的意向性结构具有规范性和理性作为一种合理性表现出规范性之后,我们可以看到,行动的意向性和理性能力的合理性在实践领域通过行动表现出了共同的规范性,这种规范性现象表现为人类行动者在实践行动过程中被强加的某种强制权威性。我们该如何理解这种权威性呢?很显然,我们不能从某种外在的强制性上来理解这种权威,否则,这将在根本上摧毁人类的道德规范性。因此,我们只能从人性内在的角度来理解这种权威性,这也就是笔者在第二章最后从人性内在具有的理性和感性两个角度来分析规范性的本质的原因。不过,我们需要明白的是,尽管理性和感性都属于人性的特质,但从认识的角度而言,我们只有基于理性的反思才能把握人类的道德规范性,在这个意义上,我们必须关联于人的理性才能从根本上认识人类意向性行动的规范性。基于此,我们的研究工作可以转化为这样一种探讨:理性存在者是如何在实践生活中通过自己的理性能力把意向性行动表现为一种实践合理性的?我们又该如何看待感性的作用?在探讨实践合理性的过程中,我们会发现,争论的焦点将会集中在什么构成了一个所谓的行动理由。基于当代行动哲学和道德心理学都认可的一个共识——行动理由表现了规范性,本书接下来的部分试图清晰地展示行动理由何以体现了规范性,以及分析理性和感性在这个过程中扮演了怎样的角色。因为不同的思想家对此持有不同的看法,笔者在接下来的研究中将通过探讨三种看似互竞的主流观点来展示它们之间的差异及其原因。

在第三章,本书将考察康德和当代康德主义者的代表之一科斯嘉德有关行动理由的观点。不同于反对康德主义的学者们的做法,在本书中,笔者将把康德和科斯嘉德区分开来。一个重要的原因在于,在他们有关规范性理论的解释中,有差异的解释都各自展现了有关规范性的某些本质特征。虽然包括康德本人在内的康德主义者都认为人的理性是规范性的唯一源泉,并且认为基于理性而产生的行动就具有必然的辩护性的规范性力量,但是,他们在完成各自的规范性理论时所包含的其他部分却完全不同。对于康德来说，除了对人的理性的强调之外，他对人的有限性和局限性的强调是解释规范性作为一种关系得以产生的关键。事实上，康德正是在强调人作为一种有限的理性存在者这个完整的前提之下才认为人具有必然的道德义务的。与康德不同，科斯嘉德并不认同康德的先验唯心主义，她因此也就不可能接受康德两个世界的划分。科斯嘉德在接受康德有关理性是规范性的唯一来源的前提之下，通过提出实践同一性的观点为她有关规范性的理论服务。尽管科斯嘉德有关实践同一性的概念颇具争议，但是在很大程度上，它揭露出了规范性理论中一些重要的东西，这正是笔者在行文中将要表明的。不过，对于康德主义的很多反对者来说，不是康德及其追随者在各自差异的地方让他们觉得不满意，更为根本的，在他们看来，康德主义坚持人的理性是规范性的唯一来源这一点已经足以让人诟病了。在这些反对者中，被称为休谟主义者的学者与康德主义尤其对立。因此，接下来笔者要仔细分析他们有关规范性的观点。

与第三章的康德主义相对应，在接下来的第四章，笔者将探讨休谟主义有关行动理由的观点。对应于康德和康德主义者，在第四章中笔者将区分出休谟和休谟主义者，这么做的原因在于笔者试图表明休谟有关行动理由和道德规范性的观点遭到了严重的误解，而很多所谓的休谟主义者在对行动理由的探讨中所表明的观点与休谟本人的思想并不是完全一致的。笔者将表明，尽管休谟并没有直接为规范性理论提供系统的说明，但是他在实践领域中关于理性和激情的探讨却为行动理由的规范性探讨提供了极其丰富的资源。

经过对康德主义和休谟主义的探讨，在第五章，笔者将把目光转向伯纳德·威廉姆斯。原因在于，威廉姆斯通过内在理由的概念把握到了有关规范性理论的关键：规范性的特征在于主体对规范性的行动理由的认知，这种认知源于行动者与所处的经验世界的关系；当然，这首先取决于笔者对威廉姆斯观点的一种康德式解读，而非传统的休谟式解读。因此，在第五章中，笔者将仔细分析他提出的有关内在理由的观点，通过一种康德式的理性认知主义的解读，笔者将表明威廉姆斯很好地把握了规范性理论中关于行动理由的观点。

通过对上述三种主流观点的解读，笔者相信一种有关人类行动的规范性理论已经通过行动理由的概念得到了清晰阐明。然而，对于笔者试图论证的主题而言，上述论证仍然遗留了一些重要的问题。显而易见，上述有关康德主义、休谟主义以及威廉姆斯的观点都集中地表现为行动主体通过怎样的心理图式把某种东西构建成一个行动理由，这也就是说，规范性的解释依然存在于个体行动者的主观性角度。由此引出一个重要问题：道德规范性到底是普遍有效的还是因不同的人称立场而有差异？基于这个问题，笔者将在接下来的第六章从道德心理学中不同的人称立场来审视道德规范性的本质。因为道德心理学关注的是行动者心灵的发生机制，而这种机制恰好表现在第一人称、第二人称和第三人称三种人称立场上，从这三种人称立场入手进行分析，我们试图在人类行动者的心理机制上揭示实践行动的理由规范性或道德规范性的真相。

不过，对人类行动的规范性而言，一个可能的问题在于：一方面，尽管就一种日常的道德规范性而言，行动理由在根本上关联于行动主体；但是在另一方面，对规范性的探讨在同等重要的程度上关联于对主体来说能够成为一个人的行动理由的客观根据的判断，我们可以称之为规范性判断，这种判断不但基于个体的行动者，而且被置于一种关涉他人的普遍立场。按照第六章的说法，规范性问题不仅是关联第一人称的主体实践问题，也是关联他人的第三人称问题。那么，对个人具有规范性的行动指令作为一条普遍原则能够得到证明吗？这条普遍原则与实践哲学领域被看作体现规范性代表的道德原则有什么样的关系？它们是同一条原则吗？如果是，这种基于不同主体的行动原则的规范性是如何产生的？它具有客观有效性吗？这些疑问都是有关规范性的讨论无法回避的问题。因此，在接下来的第七章，笔者将仔细探讨这些疑问，以便推进本书最初提出的有关人类规范性现象的思考。

基于上述悬而未决的问题，在第七章，笔者将探讨什么是规范性判断。因为规范性判断源于我们出自理性的意向性行动，所以我们关于规范性判断的探讨也就是关乎行动价值问题的研究。在笔者看来，一种有关行动的牵涉价值探讨，也就是有关行动道德性的探讨，在这个意义上，关涉他人的行动理由也就是有关道德判断的探讨。然而，正是因为规范性判断牵涉到价值问题和道德问题，它的规范性具有极大的争议。它的客观性一方面不像关联于客观事物或逻辑结构的东西那样具有必然性，但另一方面它又的确在我们的实际生活中表现出了强制性的权威。那么，一种基于主体的规范性判断如何能够对每一个行动者都具有规范性权威呢？回顾前面，我们从行动主体的第一人称立场出发探讨了规范性特征在行动中的表象，这使得与第一人称立场的行动主体相对立的他人在很大程度上被抛弃，至少在某种程度上被忽略了。这也是道德原则和道德判断或道德评价的相关疑问被提出来的主要原因。因此，在接下来的工作中，着眼于道德判断的普遍性视角，我们将从囊括他人的第三人称立场来考虑规范性问题。在这一章的最后部分，笔者将通过对康德主义、休谟主义和后果主义的普遍化反思表明，规范性在道德评价上的客观性归根到底在于行动者个人与共同体中的他人的关系。规范性在这种意义上尽管只具有一种较弱的客观性,但却是我们道德生活最本质的特征。

通过上述梳理我们可以看到,基于人类心理图式进行的道德心理学分析必然会超越人类行动主体,迈向一种道德社会学。从道德心理学迈向道德社会学的跨越表明,有关人类道德的规范性现象最终需要在实践经验中才能得到解决。但人类的实践经验会因为不同的物质基础和历史文化而呈现出不同的差异。在这个意义上,我们对道德规范性的探讨不得不进入人类社会学的考察。毫无疑问,这是一项极其重要的工作,但却超出了我们单纯通过哲学对道德规范性问题进行探究的范围。毫无疑问,很多有关人类的重要议题都是超越单一学科的,有关道德规范性的议题也是如此。但就本书的目的而言,笔者并不妄图也不可能一劳永逸地解决有关道德规范性的问题,而只是尝试从元伦理和道德心理学的角度去审视道德规范性的问题。甚至,本书中有关道德心理学的考察也并非现代社会科学意义上的实验心理学,而是一种哲学的道德心理学。相较实验心理学而言,一种哲学的道德心理学更具抽象性和思辨性,我们只是在不违反实验心理学的前提之下对人类心理进行哲学的分析。正是基于此,在本书的第八章,笔者也只是基于哲学的道德心理学前行,来谈论道德心理学迈向道德社会学最容易被接受的一种方式。笔者相信,菲利普·佩蒂特(Philip Pettit)融合人类社会学的方法对人类心灵机制进行的哲学探讨就是这种正确的打开方式。尽管笔者的分析表明佩蒂特也没能完全地解决有关人类道德生活的规范性现象,但他提供的方法却为我们从道德心理学到道德社会学的分析打开了一个新的维度。

到此为止,本研究也就进入了尾声。尽管看起来并不能完全令人满意,因为本书看起来并没有能够很好地为"一个人应该怎样生活?"这个规范性问题提供唯一正确的回答。但笔者的工作还是在如下意义上为有关人类道德规范性现象提供了一个比较完整的说明:基于人类社会的特殊性,我们日常生活的规范性现象总是围绕着人类行动的规范性展开;为了揭示人类行动的这种规范性现象,笔者抽象地把人类的行动限制在意向性行动上,并且指出人类心理特征之理性对于规范性的特殊意义,从而在道德心理学的意义上指出我们的规范性到底具有什么样的本质;围绕着道德心理学进行分析,梳理了道德哲学中有关实践行动的理由规范性的说明有影响力的三种主流思想;进而,通过对三种人称立场的分析,展示了人类心理图式是如何通过意向性行动在理性的能力下体现规范性的。

不得不承认,正是在这个展示过程中,笔者发现对道德规范性而言,我们必须完成从行动者的心理图式跨越到道德客观普遍性的视角。只有在一种普遍化的立场中完成有关道德规范性的分析,我们才能真正地在道德哲学中完成我们有关规范性问题的分析,我们也才能够回答我们在开头提出的规范性问题。然而,正如马克思所言,"为了生活,首先就需要吃喝住穿以及其他一些东西"(马克思、恩格斯,1995:79)。人的生存需要决定了人的生活和人类道德。在这个意义上,人类道德生活的规范性在根本上需要我们从历史发展的角度以一种辩证唯物主义和历史唯物主义的观点去看待,不但道德依附于不同的现实条件会不断变化发展,而且人类行动者自身也是在前后相继、彼此相连的现实活动中不断实现自身的。人类道德不可能具有一个固定的人性而呈现出一种普遍抽象的道德规范性,不可能仅仅是主观抽象的人类心理活动的展现,而应该基于人性和现实条件不断呈现出对人类生活的现实规范。接受马克思的看法,我们基于道德心理学的分析试图通过人类心理图式的分析阐释清楚道德规范性就成为不可能完成的任务。尽管如此,从哲学的角度而言,我们不可能事无巨细地考察不同条件下的人类行动者如何在不同的现实条件下形成怎样特殊的道德,我们唯一能够做的是,在不违背实验心理学和人类社会学的前提下,通过对抽象的人类心理图式的分析为人类道德规范性的产生提供一种可能的合适说明。

五、研究的方法及预期成果

对于哲学的研究来说,伟大的思想总是历久弥新的,这要求我们在哲学探讨的过程中不断地返回到那些伟大的哲人身上去汲取资源。基于此,作为哲学领域的一个重要分支,有关道德哲学理论的探讨自然是以文献分析为主要的研究方法。本研究立足于哲学史上与之相关的理论文献,通过比较分析、综合理解的方法探讨国内外学者在道德领域中有关规范性本质的探讨;同时,本研究也结合现实情况具体分析相关理论对于实际生活的指导意义。

通过对经典文献的分析以及对相关理论应用于实践的探讨,笔者相信本书的研究将会比较清晰地展示出实践行动的规范性本质,并在此基础上为我们的实践生活提供规范性的指导。

第二章 行动的理由规范性的一般特征

只要人活着,我们就总是会发问:我们应该怎样理解自己?我们应该怎样行动?我们应该怎样评价自己?当我们把某个行动归于行动者时,我们其实是在表明,行动者意识到这个行动属于他,行动是出于行动者自己的心理活动。在这个意义上,所有行动的发生都是内在主义的。然而,并非所有我们意识到的内在心理活动都是我们研究的对象,只有那些通过理性反思而对其追问"为什么"的心理活动才是我们的研究对象,我们才可以合理地追问行动的理由,它也才构成我们有关行动理由的规范性探讨,而这样的心理活动都具有一种意向性,我们的研究首先就是基于这种意向性结构去揭示行动的规范性。与之相关联,当我们在分析行动的意向性时,我们其实也是针对人性本质进行反思,反思本身表明规范性问题的本质在于理性的运用。正是通过理性在不同层面的运用,我们发现了理性与规范性的紧密关系。因此,十分明显的是,通过行动的意向性结构和理性反思,我们发现了生活的规范性,而这正是本书的核心话题。

在这一章,我们就是要首先展示谈论规范性的起点。为此,我们首先从行动的意向性特征出发,分析意向性结构所具有的规范性特质;进而,我们将表明,对行动意向性的分析在根本上关系到对理性能力的分析,理性能力本身与规范性有着十分紧密的联系;最后,在前面两节的基础上,我们将表明,规范性的本质就在于如何理解人的内在具有的权威性。

一、意向性行动的规范性分析

(一)行动的意向性结构

自胡塞尔之后,意向性几乎成了现象学的代名词。不过,追根溯源,意向性最早其实是从关于人的心理现象中概括出来的,而当代道德心理学和行动哲学走的就是这条路线。不过在这里,我们首先并不需要在意这种有关意向性概念的解释差异，因为无论是现象学的意向性还是心理学上的意向性，可以达成共识的一点是：意向性在本质上具有这样一种两极结构的特征，即意向性主体按照某种方式指向某种意向性的对象。也许人的心理活动并不是唯一的意向性表示形式，但无可置疑的是，人的心理活动是有关意向性概念的一个典范。基于此，我们也许不同意布伦塔诺说意向性是"心理现象独有的特征"(Brentano, F. 1995:68)。但是，借鉴他基于心理现象对意向性特征所做的分析却是无可厚非的，尤其对于本书的研究来说，意向性行动就是在这种意义上限制于人的心理现象。

在布伦塔诺看来，心理现象和物理现象是解释意向性的两个相关项，其中，心理现象指的是具有实际内容(包括感性的印象、知性的概念等)的心理活动，而心理活动本身的内容是客观的物理现象，心理活动作为主体的意识总是指向某个对象。因此，意向性的本质结构就是意向性主体必然指向意向性对象。因为意向性作为一种活动总是在主体意识中展示，所以意向性活动从根本上而言就是一种主体之内的特征。在这个意义上，任何没有主体意识的存在者都不具有意向性的活动。

然而，尽管意向性活动是一种内在于主体的活动，但是意向性活动的对象却并不必然在主体之内，这也就是说，意向性活动既可以指向或关涉世界上的对象和事态，也可以指向或关涉某些其他的意向对象。基于此，判断一种活动是否是意向性活动的关键并不取决于意向的对象，而取决于它是否具有意识的主体产生的指向性活动。一种意向性活动既可以通过感性能力表现为一种情感现象，也可以通过理性能力表现为一种理智现象，甚至通过想象力表现为某种虚幻现象也不失其作为意向性活动的本质。概言之，一种意向性活动的根本特征在于有意识的主体通过各种心理能力表现出一种指向性，而意向对象的类别、数量以及意向的表现方式则并不受到必然的限制。如果意向性的本质就在于意向主体的指向性，那么，它和我们行动的规范性是如何关联起来的呢？为了回答这个问题，我们需要对意向性结构做进一步的分析。

从意向性活动的本质结构可以看出，意向主体、意向对象以及关联主体和客体的指向活动是意向性活动的三个基本要素。就意向主体而言，它是产生意向性活动的本体，无论通过什么样的表现方式显现意向性活动，它在进行意向性活动时总是保持自己的不矛盾性、一致性和融贯性，否则，一个意识就不可能通过某种意向的表达方式被实际地把握。就意向对象而言，它既可以是被感性所把握的对象，也可以是被理性所把握的对象，甚至可以是被想象力所把握的幻象。但是只要它被显现出来，保持自身的不矛盾性、一致性和融贯性就必然是其规范。不过,对于意向性活动而言,这样一种情况是被允许的,即意向活动的对象可能在实际的意向活动中并不存在。这种观点为道德判断仅仅通过客观普遍性而表现为规范性提供了理论支持。比如:我们认为子女应该赡养年迈的父母这样一条规则是具有规范性效力的。接受胡塞尔的说法,我们承认意向对象对于主体的感受或体验来说是超越的,即一个意向对象只是作为意向活动的关联项被给出,但是它却可以是虚假的、不实际存在的。然而,在这种情况下,我们可以看到,意向性活动也是具有规范性的。那么这种规范性是如何产生的呢?为了回答这个问题,我们需要借助胡塞尔对意向性质、意向质料和意向本质所做的区分。

任何一种意向性活动如果要表现出来,它总是借助于某种具体的表现方式,这种指向对象的方式即是意向性质。意向性质在根本上可以区分为两种:一种是主体指向对象,另一种是对象指向主体。我们可以把前者称为意识指向世界,把后者称为世界指向意识。① 在意识指向世界的表现方式中,世界规范着意识,世界的客观实在性特征是意识指向的规范;与之相反,在世界指向意识的表现方式中,意识规范着世界,意识通过某种客观普遍性特征来规范世界指向。然而,意向性质的这种规范性只是在形式结构上规范着意向性活动的表现,要想在同一种意向形式中对不同的意向内容有所展示,我们就需要进一步地区分作为意向内容的意向质料。举例来说,意识指向世界的方式既可以通过感性材料得以表现,也可以通过理性概念得以表现。人类的视觉经验规范着物体的三维呈现,而人的理性概念和推理能力规范着物体向我们得以展示的可能空间。事实上,任何一个意向性活动总是在某种意向性质和意向质料的结合之下才具有了实际的规范性。因此,意向性质和意向质料构成了一个统一的整体,我们可以称之为意向本质,一个意向性活动正是基于意向本质而得到规范性判断的。

上面我们已经分析了意向性活动的本质,现在让我们从意向性结构的分析转向意向性行动的分析。在本书的研究中,我们试图做的工作是有关人类行动的规范性研究。基于此,我们关于意向性行动的研究也就自然地被限制在人作为有理性的存在者的理性活动。不过,在深入研究意向性行动之前,有一点需要特别强调的是,人的意向性活动并不必然指的就是我们的理性活动。那么,本书的研究视野把意向性活动限制在人的理性能力之上就需要给出一个说明。

自古以来,哲学家们在探讨道德根源时总是会把它归于我们人所具有的

---

① 塞尔把意向性区分为"心灵向世界"和"世界向心灵"两种适应指向,参见塞尔,2007:8。

人性,然而,人性到底应该如何理解却是众说纷纭。在这里,我们并不打算做哲学史的梳理工作,取而代之的是重点分析与本书研究相关的两种观点:一种观点认为,人性的根本在于我们的理性,这种观点以康德及其追随者为代表;与之相反,另外一种观点认为,人性的根本在于我们的情感,这种观点的代表则是休谟及其追随者。基于第一种观点,康德及其追随者认为道德的规范性源于我们的理性能力,他们相信理性是唯一能够自主的自我约束的规范性来源,进而是我们人类意向性行动的根本来源。与此相对,很多研究者把休谟及其追随者看作是这样一种观点的主张者,即理性的功能只是工具性的,它并不能从根本上给出人类的道德规范,不是理性,而是情感,尤其是同情,使得人类自发地意识并形成自己的道德和行动规范。有关这两个流派,本书将在后面的章节做出分析。就目前的审查而言,一种意向性行动总是在人类意识中被发现和做出的,如果我们把理性和情感都看作是一种意识行动,那么二者都可以被视为意向性行动,并且都可以被看作是规范性的来源。然而,遵循塞尔的观点,一种意向性行动总是一种意向中的行动,它包括意向形式的结构和意向的行动内容,后者是前者的满足条件(塞尔,2007:81-114)。在这个意义上,一个意向性行动总是必然有理性的参与,因此,在根本上我们可以说意向性活动总是关联于人的理性能力。为了看清这一点,让我们仔细考察一下塞尔有关意向性行动的观点。

(二)意向性行动的结构规范性

显然,一种意向性活动并不必然表现为一种意向性行动,但是毫无疑问的是,一种意向性行动必然地是一种意向性活动。问题的关键在于,一种意向性行动如何展现出意向性活动的意向性结构?意向性行动作为一种特殊的意向性活动具有什么样的特点?

在塞尔看来,意向性活动和言语行动理论具有一致性,意向性行动是言语行动的模型。基于此,塞尔总结了意向性活动和言语行动在以下四个方面所具有的相似性和关联性:第一,言语行动理论中关于命题内容和以言行事行动的力量(illocutionary force)之间的区别同样表现在意向性活动中。在意向性活动中,这种区别表现为意向性活动的表征内容和一个人因此而具有的心理模式或方式。第二,言语行动理论中存在的不同的适应指向(direction of fit)同样显示在意向性活动中。相比于言语行动理论通过断定式和承诺式或指令式区别出"语词向世界"和"世界向语词"两类适应指向,在意向性活动中,通过区分信念和愿望或意向,塞尔区分了"心灵向世界"和"世界向心灵"两类适应指向。第三,在做出每一种带有命题内容的以言行事的行动时,我们都表达出了一种特定的意向状态,而这种意向状态就是那种类型的言语行动的真诚条件(sincerity condition)。第四,在存在适应指向的情形中,"满足条件"这个概念适用于言语行动和意向状态。基于上述特征,一种意向性活动可以总结为"带有命题内容和适应指向的意向状态表征了它们的各种满足条件"(塞尔,2007:11)。意向性行动作为意向性活动的一种,显然也具有这样的本质特征。然而,意向性行动所具有的特殊性让我们不得不对它做出更进一步的分析,原因有两个:首先,行动作为一种意向的满足条件具有特殊性。一般而言,存在没有相应信念的事态或没有相应期望的事态,但是并不存在没有相应意向的行动。其次,对于意向性行动而言,即使一个事件作为我的意向的表征发生了,它也并不必然就是对我的意向的满足(Chisholm, R. M. 1966:37; Davison, D. 1973:153-154)。

根据塞尔的分析,探讨意向和行动之关系的说明将有助于我们对意向性行动的了解。在塞尔看来,我们首先应该对意向做出一种区分:有些意向是行动之前就形成的,有些则不是,塞尔分别称之为行动的在先意向和行动中意向。所谓行动的在先意向是这样的,"即行动者依照他的意向而做出行动,或者施行了他的意向,或者试图施行他的意向"(塞尔,2007:86),与之相对,行动中意向仅仅是行动的意向内容。塞尔通过这种区分想要表明的是,行动中意向是所有意向性行动所具有的特征,但并非所有的意向性行动都具有在先意向。事实上,在这里能够很明显地看出的一点就是,意向作为心理状态的一种,并不是意向性表达的本质,而只是意向性表达的一种。正如本书前面所强调的,意向性作为一种结构,它的本质特征在于它的指向性,而意向性作为一种有意识的主体的特征则可以通过多种方式得到表现。

因为我们把一种意向性行动看作是一种意向的满足条件,那么行动和意向之间就体现出了某种规范性的关系,塞尔称之为因果性自我指称。意向的满足条件要求意向状态自身与它的满足条件的其余部分之间具有某种因果关系。如果一种因果性的规范限制不能在意向性行动中被给出,那么一个意向性行动甚至都不能完整地被表征出来。既然一种意向性行动除了它所具有的形式结构之外,就只有意向性内容,那么,意向的满足条件就是意向性内容的自我满足,意向性行动有关因果性的规范限制也就表现在意向性内容自身。这种意向性内容如何体现因果性的规范限制呢?遵从塞尔的分析,意向内容的核心至少是主体通过实施某个意向做出某个行动(塞尔,2007:88)。在这个最低限度的规范性限制中,我们可以分析出意向性行动的两个基本特征。第一,意向和行动一起作为意向内容是缺一不可的。如果意向和行动是割裂开来的,那么以下几种情况都是可能的:一个动作被施行了,但是行动者并没有那种意向;行动者具有某个意向,但是这个意向并不必然导致某个行动的发生；行动者具有某个意向，某种事态作为意向的结果出现了，但是这个事态却并非满足这个意向的行动。第二，意向和行动之间的关系必然是一种直接的因果关系。如果一个意向性行动不被置于因果关系的规范下，那么一个意向性行动甚至都会变成一个无原则可循的活动。只有在因果关系的规范下，意向性行动才是有指向的，才是可以通过理性追问原因和理由的规范性概念。正是在追问原因和理由的过程中，我们进一步深化了有关意向性行动的规范性问题。不过在继续深化这个问题之前，我们有必要提及塞尔提出的适应指向概念，因为这个概念与因果性的概念一道体现了意向性行动所具有的指向性特征，而且，对于我们解释意向性行动与规范性的关系也具有极其重要的作用。

按照塞尔的观点，"关于适应指向的思想就是关于适应的责任的思想"（塞尔，2007：8）。事实上，当我们把一种责任的思想加诸意向性行动时，一种因果性的观念就已经被置放进去了，因此，就本质而言，适应指向也是以因果性关系为基础的。不过，在这里，我们首先关注的是适应指向所体现出的两种不同规范性方式：一种是"心灵指向世界"，另一种是"世界指向心灵"。借助"信念—欲求"模式作为心灵表现的方式，我们可以说我们的信念受制于世界的规范，我们的信念应该具有匹配世界的责任，但是欲求则恰好相反，不是欲求受制于世界的规范，而是世界受制于欲求的规范，世界具有匹配我们欲求的责任。举例来说，张三试图帮助李四用独木舟过河。在这个例子中，张三的意向性行动显然包含这样一个信念，即张三相信独木舟可以运载李四过河。这个信念具有"心灵指向世界"的适应指向，当且仅当独木舟可以运载李四过河这个经验事实是真的，张三的信念才是真的。在这个意义上，世界是心灵的规范。同时，张三的意向性行动包含这样一个欲求，张三想要帮助李四过河。这个欲求具有"世界指向心灵"的适应指向，当且仅当独木舟可以运载李四过河这个经验事实发生了，张三的欲求才得到满足。在这个意义上，心灵是世界的规范。虽然严格来说，有关信念的问题是一个真假问题，而有关欲求的问题是一个满足与否的问题，它们并不具有完全的一致性，但是就它们同是主体的意向性表现方式而言，它们都反映了意向性行动所具有的规范性。适应指向与因果性自我指称指向一起构成了意向性行动的规范性特征。正是在意向性行动的适应指向与因果性自我指称指向中，心灵与世界相互规范着对方，构成了意向性的规范性本质。不过，这里遗留的一个问题是，如果我们说"心灵指向世界"的适应指向和"世界指向心灵"的适应指向因为因果性自我指称的结构确保了意向性行动的规范性，但是作为两种不同的适应指向，"心灵指向世界"和"世界指向心灵"所表现出来的规范性到底有什么区别呢？这个问题并非不重要。因为正是通过这种不同，我们可以看到行动理由的规范性所具有的两面。那么，接下来我们就要探讨意向性行动所具有的规范性的两面。

（三）意向性的规范性本质

在本书探讨的范围之内，意向性被限制在心理状态之下。对于我们的意向性行动，尽管我们总是可以合理地追问它所具有的规范性的行动理由是什么，可是，我们必须首先确定是否每一种意向性行动必然内在地就是规范的。只有在确定了意向性行动和规范性的这种内在联系之后，我们才能有效地追问一种意向性是否具有规范性的行动理由。那么，一种意向性行动是否内在地就具有规范性呢？事实上，对这个问题的回答或解决有赖于我们对意向性的解释。究其原因，意向性的本质结构决定了一种意向性行动总是关涉意向主体和意向对象之间的指向关系。而正是对这种指向关系的解释使得意向性是否内在地具有规范性变得复杂。

尽管意向性行动被看作是我们的心理状态，它总是具有从行动者主体到客观世界的指向，但是它却具有不同的表现形态。在第一种意义上，作为人类普遍具有的一种心理状态，我们可以把它看作是从第三人称角度来解释和预测人类行动的一种属性，是出于行动者性情的命题态度，尤其是信念和欲求的心理状态，它被认为是意向性表象的范例。借用克里格尔的观点，我们可以称之为"心理学上的意向性"（Kriegel，U. 2010：185）。在另外一种意义上，我们可以把意向性行动看作是第一人称的行动主体的意识状态，它们在相关的意义上作为有指向的把自己表现为行动者的个人体验。在这个意义上，意向性的范例不是信念和欲求，而是明显的有意向的意识状态，比如认知体验和有意识的当前思想，我们称之为"现象学上的意向性"（Kriegel，U. 2010：186）。在克里格尔看来，当我们承认"意向性是内在地具有规范性的"这个观点时，表达的其实是这样一种意思："对于人而言的命题态度的归属被认为最大化了他们表面举动的可理解性，并且因此被一簇有时被宽泛地看作是'宽容原则'的规范性原则所掌控"（Kriegel，U. 2010：188）。这个具有规范性的"宽容原则"源于戴维森（Davidson，D.），它主要指的是行动者的信念是真的、一致的；行动者的欲求是好的，可以得到满足的。在戴维森那里，信念和欲求构成了行动的好理由（Davidson，D. 1970：97）。对于"宽容原则"，我们当然可以追问：它是在什么意义上被看作是规范性的代表？它是规范性的唯一体现吗？不过，这些问题我们最好稍后再谈。现在，借助于戴维森在分析言语行动时所使用的"宽容原则"，克里格尔认为，无论是意向性行动还是言语行动，"宽容原则"应用于一个行动时具有"两种力的矢量观察"

(Kriegel，U. 2010：191)，一种是认知之力，以信念或其他信念态度为表现形式；另一种是意动之力，以欲求或其他赞成态度为表现形式。只有在认知之力和意动之力的合力之下，一种言语行动才能在规范性的限制下成为有意义的和可接受的(Davidson，D. 1970：97)。与笔者的主张相对应，认知之力解释了规范性所具有的客观性辩护，而意动之力则解释了规范性所需要的激发性说明。

类比言语行动通过欲求执行特定的语言行动和信念发出特定的单词来规范自身，意向性行动通过欲求执行特定的意向性状态和信念发出特定的正确属性来规范自身。然而，对于克里格尔而言，意向性行动只是在心理学的意义上具有内在的规范性，但是，对于现象学意义上的意向性行动而言，则并非所有的都具有内在规范性。为了深入剖析意向性行动的规范性，在区分了心理学上的意向性和现象学上的意向性这两类的前提下，克里格尔进一步通过不同的人称视角区分出了四类意向性行动：

"(a) 归属于其他存在者的心理学上的意向性状态(第三人称心理学上的意向性归属)；

(b) 归属于某人自己的心理学上的意向性状态(第一人称心理学上的意向性归属)；

(c) 归属于其他存在者的现象学上的意向性状态(第三人称现象学上的意向性归属)；

(d) 归属于某人自己的现象学上的意向性状态(第一人称现象学上的意向性归属)。"(Kriegel，U. 2010：192)

在克里格尔看来，(a)(b)(c)三类都具有基于"宽容原则"的规范性，但是(d)则不具有这种效果。按照他的分析，前三类都是具有两种力的矢量，但是最后一种则只具有一种力的矢量(Kriegel，U. 2010：197)。在此，如果我们接受了"宽容原则"作为规范性解释的前提，那么我们也就是接受了意向性的规范性来源于"两种力的矢量"。这里，我们没必要深究前三类，为了维护意向性是内在地具有规范性的，我们只需驳斥克里格尔关于第四类的分析即可。按照克里格尔的观点，对于第一人称现象学上的意向性归属而言，没有两种矢量之力用来解释意向性的心理状态。以关于桌子的视觉经验为例，克里格尔认为根本不存在行动者通过注意到某种特定行动并进而推论自己必然遭遇有关桌子的视觉经验表明意向性的内在规范性。在他看来，在这种行动中，主体根本就没有观察到自己假定的因果结果并进而推论说存在潜在的原因。在这里，唯一有的就是有关桌子的经验体验自身，只存在唯一的心理状态。然而，如果我们认可说一个人的行动或意识只有在理性控制的情况下才会属于一个主体,那么只有主体通过理性或意识认知到了桌子的视觉经验,我们才能说这是一个属人的特殊的意向性行动。尽管我承认并非理性人在任何时候都可以有这种认识,但是通过这种认知而在第一人称现象学上形成意向性行动却是可能的。

现在,回到"宽容原则"。按照戴维森的看法,宽容不是我们的选择,而是一种强加:"不管我们是否愿意,倘若我们想要理解他人,我们就必须认为他们在大多数问题上的看法是正确的。"(Davidson, D. 1970:98)在戴维森这里,"宽容原则"被看作是我们能够理解他人的知识和信念理论的规范性原则,也只有在试图为一种行动给出解释的意义上,我们才说一种意向性行动是规范性的。因此,有意向的内在地就是规范性的。然而,现在对有意向的内在地就是规范性的这个观点来说,"宽容原则"是唯一的解释路径吗?

既然一种意向性行动总是属于行动者的一种心理状态,这也就意味着,一种意向性行动总是关联于行动者的主观性情。前已备述,一种意向性行动总是关联于理性的,在这个意义上,认知能力总是意向性行动得以可能的前提条件。一种理性能力使得一个人在知识信念的意义上拥有了概念,他因为拥有概念而表现出认知之力。不过,这只是主观性情的一方面,就意向性行动必然关联于行动者的心理状态而言,一种主观性情还必须解释这个行动得以表现的某种意动之力。正是在意动之力的表现形式上,"宽容原则"面临着质疑。诚然,一种意动之力在很多时候总是通过欲求的方式表现出来,然而这并不是唯一的表现方式,它也可以通过某种赞成性的态度表现出来。戴维森接受奠基于信念—欲求之上的行动理论,认为一种欲求在根本上是好的,是具有规范性的,因而能够构成意向性的行动理由。然而,正如信念—欲求理论遭受的欲求目的没有价值判断一样,奠基于信念—欲求理论基础之上的宽容理论也不可避免地要遭遇这种判断:我们不能因为要解释和理解他人的知识信念,而把所有的欲求当作是价值辩护性上的规范性。事实上,欲求在这里提供的只是一种意动之力,它在本质上并不是为一种规范性的价值辩护提供证明。因此,我们在这里更应该把欲求看作是能够提供行动动机的一种情感。事实上,按照戴维森的理论,既然一种解释理论最根本的在于确立起一种真值条件理论,那么,一种意动之力并不必然需要某种狭义的欲求,一个行动者因为拥有概念而表现出的理性性情自身就可以表现出一种赞成性的态度,即对概念同一性的敬重,因而可以表现为一种意动之力。在这个意义上,"意向性是内在地规范性的"这个观点并不必然需要诉诸"宽容原则",一种关联于理性的性情原则或人性原则都可以满足对它的解释。对于意向性的内在规范性而言,重要的是一个行动者能够向他人或自己说明一种客观性的事实或事态,而对这样一种解释或说明而言,认知之力和意动之力合二为一成为一种矢量是其关键。在这个过程当中,主体的心理状态作为意向活动可能的前提,理性作为给出概念同一性的规范性能力以及他人对主体的限制关系是意向性内在地就是规范性的不同层面。

（四）行动理由的辩护式规范性

现在,让我们回到有关因果关系与意向性行动之规范性的问题上来。前已述及,意向性行动的施行包括意向成分和这种成分的满足条件。意向成分作为一种因果性的意向性形式从心灵指向世界,规范着意向性行动得以完成的客观条件;而某个客观的事态作为意向成分的满足条件,从世界指向心灵,这个客观事态首先在一种可认知的条件下规范着心灵。现在,我们要追问的是,既然一个意向性行动是行动者关联于主体的理性做出的,那么,追问主体为什么会做出这样的意向性行动就是一个必然的问题。这也就是安斯康姆提出的"为什么?"问题。在进一步对"为什么?"问题做出解释之前,澄清一下单个意向性行动自身所具有的因果性关系和意向性行动作为一个整体与另外一个事态之间的关系是十分有必要的。事实上,在上面分析意向性行动所具有的因果性的自我指称指向时,我们想要解决的问题是意向性作为一种主体活动如何与它所指向的对象和事态发生关系,这是一种意向性状态之内的特征说明,这表明意向性行动内在地就是规范性的。然而,对于寻求行动理由的规范性而言,我们还需要寻求意向性行动作为一个单独的整体和其他的事态之间的关系。因此,在解决了意向性行动如何把一种规范性关联于主体与对象以及事态之后,我们必然在行动理由的层面寻求意向性行动的规范性。

遵循安斯康姆"为什么?"这一问题的特定意义得以适用的行动就是意向性行动,而这种特定意义指的是对"为什么?"这一问题的肯定回答给出了一种行动的理由(安斯康姆,2008:11)。然而,就行动理由的规范性意义而言,并不是所有有关"为什么?"这一问题的回答都是合适的。首先,一种无意识的举动可以问"为什么?"但它并不是意向性行动。比如张三无意中把花瓶碰倒了。在这种无意识的情况下,虽然我们可以向张三发问:"你为什么把花瓶碰倒了?"但是在这种情况下,对于张三而言,根本就不存在行动理由的问题,一种可能的答案要么是无意义的,要么是给出了一个因果关系上的原因解释。我们承认因果关系在意向性行动中具有意向性指向的规范性,但是对于两个独立的对象或事态而言,即使我们要寻找的行动理由概念依然受制于因果关系,但十分清楚的是,并非所有的因果关系都能成为我们所寻找的行动理由。其次,并非所有对有意识的意向性行动提问"为什么?"这一问题的回答都能成为行动理由。诚然,我们可以也应该承认说,任何一个行动理由在更广泛的意义上也是一种因果关系,但并非所有在因果关系中给出的原因都是行动理由。比如张三有意地在客厅来回走动,我们可以向他发问:"你为什么走来走去?"张三回答说:"我在等待朋友传递的一个消息,这让我着急。"在这里,张三的回答只是一种因果关系意义上的原因,而并非一种规范性的行动理由。那么,怎么样的回答才算是对"为什么?"这一问题的回答给出行动理由呢? 再次,按照安斯康姆的理解,对于"为什么?"这一问题的回答还存在这样一种误答:把精神因和动机相混淆。按照安斯康姆的观点,"作为原因之原因本身"(她也把它称为"起因本身"和"精神因")与意向性行动的动机是不同的,精神因是某人被问起特定问题时所描述的内容,而动机则是"起激发作用的东西"(安斯康姆,2008:18-20)。在安斯康姆看来,精神因强调的只是某种心灵的状态与对象或事态的因果关系,而动机,则被认为用来解释一个对象或事态的发生何以如此。这也就是说,精神因更多的只是表明一个精神事件引发了某一个事件,而动机则通过解释一个事件为什么如此这般发生而具有了行动理由的规范性意义。

在排除了上述一些对"为什么?"这一问题可能引起的误解之后,我们可以看到,在一种规范性意义上给出一个行动理由必然要体现出这样几个特点:第一,一种行动必然是有意识的意向性行动;第二,这种行动必然处在因果关系的限制之下;第三,这种行动的因果关系源于行动主体的意识与客观世界的相互关系。主体能够意识到某个对象或事态是他采取行动的一个理由,而某个对象或事态在某种程度上规范着主体的行动。[1]

(五) 有关意向性行动的规范性争论

通过上面的论述,我们已经明白什么样的行动构成了我们向其追问规范性的类型。我们的分析表明,一种行动首先必须具有意向性结构,这种意向性的结构保证了我们可以向其追问规范性。不过,在接下来的论证中,我们发现对行动理由规范性的探讨要求我们进一步在一种实践意义上发问,这也就是安斯康姆提出的针对行动的"为什么?"问题。事实上,在有关意向性行

---

[1] 安斯康姆总结的结论如下:意向性行动在一个人经历过的并非仅仅因为观察他才知道的那些事件中的一个子类。在更宽泛的那个类中,包含一种无意识行动,区分它的标志是事实上精神因果并不包含于其中,精神因本身的特征是不用观察就可知道的。而意向性行动的区分标志并不只是从属于精神因果。意向性行动是特定意义的"为什么?"问题得以适用的行动,这种特定意义体现为:如果对于问题的回答是作为证据或是对于包括精神因在内的一种原因的陈述,这就不是此意义上的问题。正面的描述就是:(a) 只是提到过去的经历,(b) 给出对于行动的一种解释,(c) 提到未来的某事,参见安斯康姆,2008:26-27。

动的分析中，我们指出了行动理由的规范性可能具有的不同解释，一种是结构上的，一种是关联于实践生活而需要的某种客观性。然而，正是在关于后者的解释上，很多的道德理论产生了极大的分歧。

在最近几十年有关道德规范性来源问题的争论上，康德主义者和休谟主义者成为争论焦点中最主要的两个流派。两派争论的焦点围绕道德规范性的来源展开，具体涉及有关人类理性的本质和能力，人类动机的本质和构成等问题的分歧。为了理解这些有关道德的基本问题，我们迫切需要理解规范性概念的内涵。在接下来的两章，从康德主义和休谟主义这两种看似对立的立场出发，笔者试图通过划分不同的规范性概念来澄清二者有关规范性观点的争论与分歧。按照笔者的看法，通过激发性规范性、客观普遍性的规范性和客观实在性的规范性（二者在道德的意义都可以被称为基于价值的规范性）等不同规范性的划分，我们可以看到两个流派关于规范性问题产生的争论与分歧正是源自对规范性问题的不同理解。为了在本书的结尾得到我们有关规范性问题的整全看法，笔者将依次分析以下几种立场：在第三章，以康德主义为考察对象，笔者将首先分析康德有关行动规范性的看法，然后，源于科斯嘉德最近二十年来对规范性问题的巨大影响，我们将考察科斯嘉德的道德规范性主张。在第四章，源于规范性问题在有关理性工具主义思想上引起的广泛争论，笔者将仔细探讨据说来自休谟的工具主义规范性。在探讨了康德主义和休谟主义之后，笔者将在第五章表明，就人类心理图式说明规范性的本质而言，威廉姆斯的内在理由概念为我们的规范性论证提供了重要的启示。不过，在具体分析各种道德理论之前，我们还是首先分析一下关于行动表现出的第二个特征，即我们的理性之于生活规范性的特殊意义。

二、道德生活中的规范性现象：有关合理性的解释

尽管很难说理性是人所独有的，但大致而言，我们都接受理性是人区别于动物的一个关键因素。从人类个体而言，理性通过为个体生活提供行动理由而给出了一种合理性，个体的行动理由的合理性解释了一个人如何在生活中实践自己的目标，也展示了一个人对生活的态度，表示出了个体的生活价值和意义。在这个意义上，合理性让我们成为人，而展示合理性的行动也就是我们个体生活的本质，是我们本质的存在方式。然而，我们该如何解释这种行动合理性？从逻辑的观点看，我们至少需要回答以下两个问题：第一，为什么说理性通过行动给出了合理性的说明？第二，当我们把合理性限制在行动概念上时，如何处理理论推理和行动实践之间的关系？对于第一个问题的回答，我们需要从根本上表明合理性概念的本质属性。为此，在这一部分，

我们将首先表明,有关合理性的探讨是在实践生活的意义上对理性规范性的探讨,进而我们将继续表明,这种探讨是基于人的内在能力而言的,当我们把合理性限制在行动概念上时,我们就是对理论推理和行动实践之间的关系进行处理,这也就是处理理论合理性和实践合理性的概念问题。通过分析,我们将会发现,合理性说明了人类生活为什么是规范的。

(一)规范性与合理性

在实践生活中,我们说一个人的思考和行动是合理的,或者说他的思考和行动具有一种合理性。这是什么意思?换言之,何谓一种实践的合理性?为了回答这个问题,我们首先需要明白何谓合理性。如果我们把理性看作是人作为一个类的存在者普遍具有的一种能力,那么合理性就意指主体能够认知到某种东西是理性的运用对象并且能够依照这种认知进行行动的能力。[①]相对于主体的认知而言,我们可以把合理性理解为人对理由的认知;相对于主体的行动能力而言,我们可以把合理性称为主体对自身理性能动性的控制能力。当我们说某个对象成了我们的某个理由时,也就是说一个事物在和认知主体发生关系时表现为对主体的某种规范和限制,也即表现为规范性。这种规范性一方面在于人的理性认知能力,另一方面却在于对象自身作为某种持续的实在所具有客观性。尽管脱离开人的主观认知能力,一个经验的对象不能单独地被认为构成了一个理由,但是一旦这个经验的对象成为相对于主体而言的一个理由,那么这个对象对于主体的规范性却至少部分地源于它的这种客观性。正是在这个意义上,笔者强调说规范性具有一个实在论基础。[②] 不过,这对于实践哲学中有关规范性的探讨而言,并不是最重要的。遵循康德,"一切通过自由而可能的东西都是实践的"(康德,2004:A800/B828),任何实践行动只有在基于自由的前提下才被归于一个行动者,一个行动者也只有在自由的前提下才有可能担负起道德的义务和责任。[③] 如果我们认为自由是人作为理性存在者特有的特征之一,那么,不是感性,而是理性与我们的自由紧密相连,[④]正是在理性的指引下,我们才有可能成为一个道德的存在者。因此,探讨人的理性在何种意义上把人置于道德的规范性之

---

① 按照诺齐克的理解,合理性表现在两个方面:一是表现为为我们的行动寻找一个理由,二是表现为我们的实践推理的一致性,参见诺齐克,2012:103。
② 按照康德的先验唯心主义观点,不是经验对象作为一种客观实在规范了我们的认知对象,而是感性直观的时空和纯粹的知性概念规范了我们的认知。
③ 有关康德自由的思想极具争议,本书在此无意探讨这种纷争。笔者在此只想强调自由是一个行动者能够为自己负责的前提。如果我们认为人总是处在道德伦理关系中的,那么我们就无法反对我们人具有自由的特性。
④ 关于自由与理性的关系问题,我们将在后面有关康德的讨论中给予详细说明。

下，就成了我们首先关注的主题。

理性作为作用于自由行动者的一种能力，它总是遵守某种限制性的规范原则。既然理性不依赖于任何外在的经验对象，那么它就是自己的规范。这也就是说，理性内在地就是规范的。作为一个规范或标准，理性自身任何时候都是思考或行动的一个理由。在这个意义上，规范性、理由、合理性即使不是完全相等同的，那么至少也是相互关联的（Raz, J. 1999：68）。现在，我们迫切需要追问的是，这种作为规范的理性到底是什么？理性作为一种能力是自身的规范，这意味着，对于纯粹的理性而言，唯一的规范就是当自身作为一种能力在应用时始终保持自身作为一种能力的特质，我们可以把这种特质称为理性的不矛盾性、一致性和融贯性。① 那么，理性的这种特质是如何具体表现出来的呢？显然，我们很难在一种实存论的意义上说一种能力单独就能成为一种形而上的实体，一种能力的表现总是关涉到某种关系。基于此，理性能力的不矛盾性、一致性和融贯性就被表述为主体与某个主体之外的东西的关系。这种关系的表述可以分为"理论的"和"实践的"。就前者而言，我们称之为理论合理性，意指我们通过概念、命题、判断等构成一个有关知识的真假判断；就后者而言，我们称之为实践合理性，意指我们通过主观心理形成的信念和命题态度构成一个有关主体行动的判断。总之，有关理性的规范性思考也就是有关理性的不矛盾性、一致性和融贯性的思考，它具体表现为有关理论理性和实践理性的规范性思考。对于本书来说，值得注意的一个前提是，因为任何行动总是基于认知的前提才被称为理性的，所以有关理论理性的真假探讨就构成了实践理性的基础。实践合理性因此也就表现在两个方面，一是关于欲求和价值的合理性评价问题，② 二是基于欲求和价值前提之下的命题真假探讨，二者都遵守理性能力的不矛盾性、一致性和融贯性。正是因为实践合理性的这种复杂性，使得我们对实践合理性的研究需要遵循以下这样一种路径：首先，厘清合理性作为一种整体能力的本质特征具有根本意义上的奠基作用；其次，在理论理性层面对合理性展开充分的探讨是进一步了解实践合理性的一步准备工作；最后，充分展示实践合理性的复杂性有助于澄清有关行动规范性的相关争论。

（二）合理性的本质：能力合理性

理性作为一种能力总是内在于主体的，就此而言，理性在任何时候都是认识论意义上的一种意识活动。理性认识是我们意识到自我区别于他人的

---

① 费希特在论证知识学的基础时很好地论证了这种逻辑性，参见费希特，2007。

② 在这里，欲求是一个广泛的表示关联于人的主观动机的概念，而不是狭义的欲求力。

基础之一,而任何认识论都始于存在论的前提。对于这个存在论的前提有两种解释。第一种可能的方式是认识论的起点以某个存在论意义上的事实为基础。例如:我们能够进行认识论意义上的推理基于我们有推理能力这个事实。第二种是认识论的起点就是某个存在论的事实。例如:对数学原则或逻辑原则的认识基于数学原则或逻辑原则存在的客观事实,对客观世界的认识基于存在客观世界的事实。不论是上述何种解释,一个客观存在的基础总是我们的认识得以可能的前提。一个客观世界作为不依赖于主体意识而存在的事实,通过关联于主体而表现为一种规范性力量。如果我们认可说一种合理性总是首先关联于我们的理性能力,那么我们也就是在一种主观的心理意义上寻求理性能力所具有的实际运用。当然,合理性作为一种标准在任何时候总是要表现为某种客观规范性的。在认知的意义上,我们人作为理性的存在者通过概念化的思考、命题推理和判断把这种客观世界的规范性表现为知识;在实践的意义上,我们通过具体的各种行动对我们认知到的有关客观世界的知识做出合适的回应。对于我们的认知而言,知识的规范性力量源于我们通过概念、推理和判断等在我们的主体认知能力和客观世界之间表示出的对应关系,①我们的理性本质通过确信二者之间的一致性而表现为一种合理性。为了便于表达这种认知意义上的合理性,笔者把它称为信念合理性。② 一种信念合理性是使得一切其他合理性得以可能的前提条件。通过信念合理性,我们才有可能把客观世界表象为针对我们而言的一种规范性或理由。然而因为这种合理性针对的是一般意义上对于人类作为理性存在者而言具有的形式合理性,我们只能说这种合理性在一种必要条件的意义上表示出了一种结构性要求的规范性。但是对于我们人作为一种自由的理性存在者而言,更为重要的是在一种充要条件的意义上为我们的行动合理性给出一种辩护性的规范性解释。③ 这也就是说,对于我们的生活而言,我们面对的问题是应该如何合适地回应我们认识到的规范性世界。我们把这种对规范性世界的规范性意义的回应称为实践合理性的探讨。

---

① 严格来说,概念化的思考、推理和判断作为不同的理性能力在表征客观世界的规范性方面并不具有完全等同的意义。最能够直接被我们的经验把握到的规范性方法是概念化的思考,推理和判断因为牵扯到至少两种心理上的活动而具有更少的规范性。不过在这里,笔者把它们统一看作是形成知识的组成要素,而把知识看作是对客观世界的反映。
② 在笔者看来,只有主体形成了信念,并且是符合客观世界的真信念时,我们才可以称之为理论理性的合理性。
③ 一种行动合理性的概念也包含部分被称为一般意义上的理论理性认识。在这里,凡是通过具体的功能表现出来的回应都叫作行动的合理性,这也就是说,行动的概念包括意识的活动,但强调的一定是基于一种反思意义上的意识。一种理论理性和实践理性的区分在于前者是有关真假信念的判断,而后者是有关欲求和价值的判断。

基于这种认知,理性能力的合理性在以下三个方面体现出一致性的追求:第一,理性能力作为一种认知、推理和控制能力表现为对所有理性行动者的一致性;第二,理性存在者在认知的意义上寻求主观信念和客观世界的符合;第三,理性能力使得我们能够自主地把它体现为对客观世界的各种具体的合适回应。在上述各种一致性的追求中,合理性在根本上描述的是我们人类利用理性对客观世界的合适认知与回应,[①]客观存在的世界作为我们人类的认知对象确保了我们的认识和实践的规范性。[②] 从根本上来说,一种合理性就是有关我们认知的合理性,我们通过各种具体的功能化表现合理性都是基于此认识论意义上的二阶合理性。尽管对于一种合理性的探讨而言,正是这种二阶的合理性才充分展现出合理性的实质内容,但是在探讨这种二阶合理性之前,首先探讨这种根本的认知合理性却是必不可少的。

对于人而言,认识论是有关人类认识的本质问题的探讨,它不可避免地相关于人类的理性能力。因为人类认识的本质最初关联于认识主体和客观世界的关系,所以人的理性总是首先关联于客观的存在。一种客观的存在根本上表达的就是这个东西任何时候都是自身的规范,它自身作为一种客观存在是不矛盾的、一致的、融贯的。这也就是说,客观性本身表示的就是一种规范性要求。既然人的理性能力也属于这样一种客观存在,那么理性作为一种能力首先必须遵守不矛盾性、一致性和融贯性,事实上,我们也正是在这个意义上说理性自身是规范性的。不过,对于我们的实践哲学而言,对于理性的规范性研究首先并不在于它作为我们的能力是一种客观实在,更为重要的是,理性作为人所具有的一种独特能力使得客观对象和我们人产生关联,当人运用理性对客观对象做出回应时,理性的这种规范性充分地体现为我们对客观存在世界的规范性特征的规范性意义的认识以及在此基础上所做出的相应回应。就这个角度而言,理性能够把客观对象和行动者主体关联起来并且表现为一种规范性的这种特殊机制使得世界具有了规范性,这种规范性又对理性行动者的行动进行着规范。

尽管我们只有通过理性作为一种主观意识的能力才能认识到合理性的问题,但是对于合理性的表现形式而言,它实际上展现的却是理性作为一种能力的本质。因此,从根本上来说,一种合理性的概念首先表现的是我们在

[①] 在这里,笔者并不试图探讨我们的认识是如何发生的,笔者通过合理性想强调的只是我们的任何认识只有在通过理性的自主意识的情况下才构成我们的认识。在这个意义上,一种认识最重要的是通过理性的推理和判断形成用概念或范畴表达的心理信念。只有形成了信念,一种被称为我们认知的东西才得以可能。

[②] 人的理性能力同样是客观世界的一个要素。

慎思和推理的理论认识以及我们通过理性认识做出的各种实践回应行动中表现出来的一种实践能力。在这个意义上,理性作为一种能力表现为对主体行动的控制力,[①]它是一种最根本的合理性,借用拉兹的术语,我们可以称之为"能力合理性"(Capacity-Rationality)(Raz, J. 1999：68)。一种能力合理性使得人区别于动物,或者说,一种能力合理性使得人具有了人格特征。只有在人拥有这种能力合理性的前提之下,我们才可以评价说一个人是否合理。在理论认识上,能力合理性表现为我们能够对信念或命题的真假做出合理性的推论和判断;在经验实践的意义上,能力合理性表现为我们能够通过使用理性来决定我们的合适行动。总而言之,正是通过合理性能力,我们才把自身所具有的各种能力表现为一种合理与否的判断,在把客观世界变成我们人的认识过程中,我们通过概念化的思考、一以贯之的推理等具有规范性意义的方式使得世界的很多方面构成了对我们而言具有规范性意义的各种理由。合理性能力作为一个统一的概念,超越了理论合理性和实践合理性的划分。

能力合理性作为我们人拥有的一个基本存在事实,被运用于各个方面。理性的意识活动通过贯穿于我们的情绪、态度、欲求和意向等方面对它们进行判断。在这个意义上,人类的各种表象活动表现为两种意义上的合理性。首先,情绪、态度、欲求和意向等活动通过合理性能力表现为一种真的信念,它们只有在真假判断的意义上首先表现为一种心理认知状态和概念相符的合理性才能够成为一种具有一致性和融贯性的普遍规范性;其次,在认定上述各种心理状态作为真信念的前提之下,它们彼此之间存在的关系也需要通过能力合理性表现为一种推理的一致性、融贯性。在第一种合理性的表现中,能力合理性表现为我们能够形成客观世界与主观认知心理的信念或概念的一致性、融贯性或不矛盾性,这种合理性是所有合理性得以可能的前提。在第二种合理性的表现中,能力合理性在表现为信念合理性的前提下,把各种心理认知状态按照某种规范(比如因果法则、目的手段法则)表现为一种推理的一致性或融贯性。事实上,正是通过这种推理的一致性,我们才能在一种关系网中把各自独立的各种认知串联起来,形成整体的认知。当然,这也是我们继而形成行动的根据。

通过上述两种合理性的观念我们可以看出,合理性在根本上表现出两个根本特质:第一,合理性总是表现为一种一致性、融贯性和不矛盾性;第二,任何一种心理认知状态,只有处于能力合理性控制的前提之下,才被看作一

---

① 柏拉图在灵魂三分中早就指出理性对激情和意志的控制即表明灵魂是正义的灵魂。相较于本书,正义的灵魂也就是一种合乎理性的灵魂。

个有关合理性的问题。一种心理状态,要么通过能力合理性表现为信念上的一致性和融贯性,要么表现为推理关系中的一致性和融贯性。

(三)理论合理性:推理能力作为一种核心

既然有关我们理性能力的展示总是要通过某种形式表现出来,而认知又是最基本的理性表现方式,那么,在认知过程中展现出的理论理性就是我们把握合理性的关键。显然,在对客观对象的认知过程中,我们总是通过理性能力把我们通过感官得来的观念和印象进行整合,其中包括:通过对各种感官材料进行抽象、归类,进而找出彼此之间所具有的各种关系,形成各种命题,并进而进行判断,等等。在所有这些理性活动过程中,我们总是涉及了推理。尽管推理并不是理性的全部,但不可争议的是,推理在本质上反映了理性作为一种规范性能力的一致性、融贯性与不矛盾性。正是在这个意义上,对推理的一致性、融贯性和不矛盾性的探讨也就构成了对理性的规范性本质的探讨(Raz, J. 1999:66-67)。那么,体现推理能力的理论合理性是如何把关于理性的规范性展现给我们的呢?

如果我们认可说对知识的认知在本质上是关于我们信念的真假问题,那么理论理性的作用对象就必然是有关信念的。对于人类的理论理性而言,它的任务就是通过我们的主观心理结构对我们所处的经验世界发生的事情进行说明和预测。就我们的认识得以可能的前提来说,无论是我们所处的经验世界还是我们自身能够对认知对象有所反映的心理结构,它们都是一种客观事实,即使通过不同的人的心理结构反映出来的经验世界并不尽然相同。然而,虽然理论理性的合理性在总体上可以通过上述这样的客观性被给出,但当它落实到不同的主体身上时,不同的主体对经验世界的认知却有着很大的差异。比如:同是对苹果的认识,植物学家会告诉你苹果是蔷薇科的落叶乔木结出的果实,营养学家会把它描述为富含维生素和矿物质的一种水果,而生物学家也许会告诉你苹果是由碳水化合物、果胶、维生素、钾等成分按比例构成的一个植物器官,诸如此类,等等。由此,我们就会产生有关合理性概念的一个疑问:既然我们的认知总是基于主观个体的,那么对于合理性而言,它是仅仅表现在这种个体认知上呢,还是可以表现为某种具有普遍特征的客观认知呢?这也就是在问:理论理性的合理性是否能够作为一个客观的认知标准具有普遍有效性?我们可以把它们分别称为主观合理性和客观合理性的问题。

对于我们的认识来说,个体总是基于自身的认知条件而形成信念和知识,既然每一个人通过使用理性形成知识,那么对于每个主体而言,一种合理性就首先表现为一种主观合理性。主观合理性是这样一种观念:一个认知主体形成的各种信念和命题态度在他自己的体系中不能不一致、不融贯和自相矛盾。在这个观念下,可能存在如下的情况:(1)并非认知主体的所有相关信念或者命题都完全符合来自经验世界的客观规范标准,但是这些信念和命题彼此之间并不是矛盾的。(2)认知主体的所有相关信念或者命题都完全符合来自经验世界的客观规范标准,这些信念和命题彼此之间并不是矛盾的。(3)认知主体的相关信念或命题并不必然通过经验世界得到验证,但是它们彼此之间是一致的、融贯的和不矛盾的。在这里,笔者想重点探讨一下第一和第二种情形,对于第三种情形的提出,主要是基于我们道德领域的一个纷争,它关系到道德的本质,笔者将在后面的讨论中再做出回应。

我们首先来探讨第一种情形。在这种情形中,我们并不说认知主体是不合理的。原因在于,认知主体在这种情形中依然能够正确地使用自己的理论理性进行推理。举例来说:在大航海发生之前,古人认为地球是方形的,以此为前提,他们认为一个人如果一直朝着某个方向走会走出地球,他们相信自己做出的这个判断是正确的。尽管按照现代的科学理论,我们会发现"地球是方形的"这个信念或者命题是不符合经验世界的,但是,我们并不因此说古人的推理就是不合理的。就他们的理论前提来说,他们从"地球是方形的"这个信念或命题推理得出"一个人如果一直朝着某个方向走会走出地球"这个信念或命题是合理的,他们相信他们的判断是正确的,也是合理的。对于认知主体而言,在他自己的认知能力之内,如果他能够从一个给定的前提中推论出一个结果,并且认定这个推论是有效的,那么他就是合理的。正是通过推理,我们发现了合理性体现出的一致性、融贯性和不矛盾性。合理性的这种特征表现在推理中就是,我们可以把某个从给定前提推出的信念或命题当作一个规范性的理由,让人在不相信结论时也不相信前提。因此,毫无疑问,理论合理性体现了我们在认知过程中必须具有的规范性束缚。如果我们说对认知主体最初信念的规范性来源于我们的理性对客观世界的反映做出的正确判断,那么,在此我们需要补充的就是,这种信念的规范性还必须基于我们在使用理性进行推理时的规范性。换言之,我们的理论推理对形式逻辑的遵守是我们的规范性要素之一。

基于上述理解,我们对主观合理性做一个小结,它应该包含以下几个特征:(1)信念或命题总是属于理性的认知主体的;(2)这些信念或命题的发生是处在具体情境中的认知主体的认知能力之内的;(3)认知主体能够从给定的前提中推论出某个结论,并且不会不一致、不融贯和自相矛盾;(4)认知主体能够认知到自己所使用推论的有效与否。在上述有关主观合理性的总结中,(1)和(2)是合理性的先决条件,最后两点显示了主观合理性的规范性特征。然而,正是在有关主观合理性的后两点中,我们必须谈论与之相关的客观合理性。这让我们进入了第二种情形的考虑之中。

尽管在认知过程中只要遵守不矛盾性、一致性和融贯性进行推理,认知主体就可以被说成是主观合理的,但很显然,认知主体的信念或命题有可能是错的。比如古人有关"地球是方形的"这个信念或命题就是错误的。在这个意义上,合理性并不必然等于信念知识的真。然而,合理性在根本上就是为了认识并回应规范性世界的规范性意义的。基于此,错误的信念或命题就是我们应该排除的,这就使得我们有关合理性的探讨不能仅仅停留在个人的主观合理性上,我们需要进一步地探讨一种客观合理性。客观合理性是这样一种观念:认知主体形成的各种信念和命题态度必须与经验世界一致、融贯、不矛盾。然而,这个思想因为我们认知主体的局限性蕴含了更多的复杂性。首先,尽管人作为一个类大致具有一致的心理结构,但是这种心理结构在认知客观世界时因人而异,这种差异性表现在不同的认知主体的能力各有不同、生活环境各有差异等。其次,因为人类的有限性,我们对客观世界的认知也处在某种有限性中,对于很多基本的问题我们并不能做出完美的解答或解释。再次,并非所有的认知对象都可以通过我们的感官进行验证。最后,价值和审美等领域使得客观合理性遭到了更严重的质疑。在这里,笔者无力也无须对这些问题一一做出回答,就本书的研究主题而论,本研究将重点关注合理性在实践领域的相关问题。不过在此之前,首先完成对客观合理性的分析是我们的研究得以继续的必需步骤。

尽管我们有关客观合理性的思想因为认知主体的局限性而面临着探讨时的复杂性,然而客观合理性所具有的一个特征却是根本的,即一个信念或命题的真假不可能只是针对某一个人自己的主观认知,而必须在某种程度上具有客观普遍性。基于这一点,客观合理性向我们提出两类问题:第一,认知主体在进行理性认识时,所运用的推理是不是具有一种普遍性的结构或程序;第二,认知主体在推理过程中进行推理的前提是否对每个人来说都是一样的。对于前者,在认可人类作为一个类具有相同心理结构的前提下,研究者基本认可理性作为一种能力具有一致性、融贯性和不矛盾性,其中的典型表现就是作为理论理性核心的理性推理;然而,对于后者却存在着很大的分歧,不同的认知主体因为各自的局限性在接受某个信念或命题时往往很难真实地反映客观世界。合理性作为认知主体对客观对象的规范性意义的一种认知,它反映的总是认知主体和客观对象的关系,虽然我们认可理性作为人类的心理结构具有一种规范性的结构或程序,然而不同的认知主体在何种程度上把客观对象置于这种结构或程序中却是不同的。① 正如上面有关苹果的例子一样,不同的人可能从不同的方面对苹果进行描述,然而,不同的人有关苹果的信念或命题却是不同的。尤为严峻的是,在有关本源问题和实践问题的探讨中,客观合理性所面临的复杂性更加突出。基于本书的主题,合理性在实践领域如何展开就成了本书主要关注的问题,这就把我们带到了有关实践合理性的探讨中。

（四）实践合理性的规范性

实践合理性的探讨在根本上旨在为我们的意向性行动给出一种辩护性的规范性。然而对于一种意向性的行动而言,它总是指向某个目的,而一个目的的概念总是应该包含着某个实现或达到这个目的的最佳途径或手段。对于实践合理性而言,它不但要考虑一种信念合理性上有关目的和手段在真假符合意义上的一致性,它还取决于手段与目的之间的关系（工具主义最大化）,而且在实践合理性有关目的的信念合理性上,它也在两个方面表现为不同的合理性：一是表现为对客观世界的符合,二是表现为对目的的普遍价值的符合。正是在有关手段与目的合理性思考以及有关目的的普遍价值的合理性思考中,实践合理性在实质内容上给出了辩护性的规范性,但是也正是在这种实质的辩护性中,实践合理性的概念受到了极大的挑战和质疑。

因为实践合理性关注的是人类的行动领域,它既相关于第一人称的主观欲求,也相关于一种客观的价值评价。② 因此,实践合理性表现在以下两个方面：第一,就实践合理性关注行动者的主观欲求而言,它被认为是一种工具合理性,实践合理性的唯一功能就是通过实践慎思找到满足主体欲求的行动手段；第二,就实践合理性关注客观的价值评价而言,它必然把某种价值判断赋予行动者的主观欲求,也即寻求对主观欲求的客观判断。因为第二方面有关判断的问题在行动哲学中更多地被置于道德判断的位置,显得比较复杂,笔者将在第七章予以说明。在这里,笔者首先就实践合理性相关于行动者的主观欲求这一方面做一分析。

就实践合理性关于行动主体的欲求而言,一种实践合理性理所当然地被理解为按照能够最有效地达到行动者的欲求目标而采取的行动手段。在这

---

① 帕菲特区分了实质合理性和程序合理性。前者指我们必须关心某些实质上的事情,后者指我们必须以某种方式慎思,参见 Parfit, D. 1997：99-101。
② 很多人认为理性在实践领域的唯一功能就是工具主义的。基于这种观点,他们认为实践合理性就在于有效地实现各种目标和欲求,但是对于目标和欲求本身而言,理性则完全派不上用场,参见 Russell, B. 1954：viii；又见 Simon, H. 1983：7-8。

种观点看来,理性的唯一功能就是寻求某种必然的手段来满足行动者的利益欲求,但是对于行动者的利益欲求则不存在进一步的判断。实践合理性作为理性能力的体现展示了这样一种规范性:只要一个行动者形成了某种利益欲求,那么,行动者必然会被要求采取某种满足利益欲求的手段。一种行动的规范性体现在工具理性的结构要求之下,如果行动者想要目的 E,并且正确地相信目的 E 只有通过意图手段 M 才能获得,那么,理性作为一种实践能力就必然遵循这种规范性结构寻求实现目的 E 的手段 M。尽管工具理性表达了一种关于行动者的规范性要求,但十分显然的是,这种结构性的要求并不全是规范性的行动理由。如果行动者的欲求目的自身不是某种有价值的东西,那么展示工具合理性这种规范性的结构并不能为一个行动者给出一个行动的理由。既然一个行动者总是必然地处在某种与他人的生活环境中,他的行动总是必然地影响到与之相关的他人,那么,一个行动者的欲求目的就不可能不被置放于一种普遍性的立场而受到某种个人之外的客观规范的判断。在很多研究者看来,只有在这个意义上,一个行动者的行动之实行才能被看作是一种规范性的理由(Korsgaard, C. 1996)。我们可以把这个观点称为行动理由的合理性问题。[①]

不过,对于有些工具主义的支持者来说,他们相信,只要把工具主义原则扩展至行动者各种目的的总体,有关单个目的或欲求应该受到客观判断的问题就可以游刃而解了。按照这种观点,行动者的欲求也就是对行动者利益的满足,通过对行动理由与利益的关联,行动的实践合理性可以转变为对行动主体利益的最大化追求。[②] 按照最大化的概念,实践理性的根本任务是确定何种行动能够最好地促进行动者完整的目的集合。而一个给定的行动者能够采取的合理行动就是能够实现行动者主观期望效用最大值的那个。在这个意义上,功利主义的效用原则成了行动者之行动的规范性原则。工具主义的支持者认为他们通过这种方法能够一以贯之地坚持工具原则。然而,事实果真如此吗?

在实践合理性就是利益最大化原则的前提下,实践合理性被看作是可以通过数学量化而表现出的行动一致性:只要给定行动者通过能动性而可能

[①] 诺齐克归纳了哲学讨论中有关合理性的两种观点:第一,合理性是个可靠性问题。第二,合理性是个理由问题。本书讨论的有关实践合理性的两个方面分别属于他归纳的这两种观点。参见诺齐克,2012:103。

[②] 假设理由和利益(广义的偏好追求)有一种关联,那么行动的合理性就在于追求利益的最大化。两种解读:第一,合理性的最大化概念认为本质上没有什么改变,理性人追求他自己的价值的最大满足;第二,合理性的普遍化概念认为满足一个欲求的合理行动不取决于这个行动是谁的,而取决于利益的整体,参见 Gauthier, D. 1986:6-7。

产生的结果以偏好,以及他们有关那些结果的可能性的信念,行动者合理的行动就是做到可能产生最好事态的程度。按照这个理论,只要一个行动者按照明显的偏好来操作,那么行动者任何可能的选择都可以被解释为对期望效用的最大化尝试;而一个决定理论也就成了理解人类行动的无所不包的结构,任何行动者关联于当前偏好和信念的行动都是努力争取结果的最大化。基于这种解释,实践合理性可以按这样两种方式得到理解:第一,只要扩大行动者的偏好和信念总体,那么这个行动者的欲求就不需要独立的评价标准;第二,只要扩大利益所适用的行动主体,那么某个有关行动者的欲求就可以得到辩护。

最大化合理性的第一种观点关注应用于行动者的最大化要求目的的那些确定性的欲求或目的集合。这有两种径路:一种认为可替代的行动的主观效用通过行动者慎思时的偏好被确定,在这种情形下,我们采取那些最好地提升我们当前目的总体的行动表明我们是合理的;另一种则认为,如果我们扩展欲求集合,那么就可以决定结果的主观效用囊括了行动者跨越了时间的偏好总体。按照这种模型,理性行动者追求的是他们欲求总体的最大化满足,他们为了以后更大的满足,可以接受当前偏好的沮丧。这种观点表达了实践理性要求作为一种对于未来福祉的审慎。这种观点可能面对的问题是:如果实践理性要求我们对当下和未来的欲求不偏不倚,那么它也就应该同样不偏不倚地要求那些可能因为我们采取的行动而受到影响的其他行动者的欲求。一旦我们否认对一个行动者生活中的不同时间段做出区分的重要性,那么我们为什么应该区分实践理性理论在不同人之间的不同呢?

最大化合理性的第二种观点关注行动者主体的最大化。这种观点源于功利主义,"自然把人类置于两位主公——快乐和痛苦——的主宰之下"(边沁,2006:57-58),而利益的最大化就在于快乐的增加,这对于所有人都是一样的。满足一个欲求的合理行动不取决于这个行动是某个个体的利益,而是看它是否促进整个集体的利益。按照功利主义的原则,它假设了每个人都有着基于快乐的利益诉求,利益通过数学的量化是可以累加的。如果我们接受了这个前提,那么对一个欲求的合理行动就必然既是属于个人的合理行动,也是属于所有行动者集体的合理行动,个人利益和行动者总体利益二者之间不可能产生矛盾。当然,无论是功利主义的反对者还是功利主义者,他们都意识到快乐事实上存在质上的不同,这就表明不同的主体可能在相互关系中产生矛盾和冲突。

事实上,笔者在这里想要表明的是,不管是上述哪种观点,主观效用的最大化被假设为表现了一个规范性的理念,它成为我们可以批判性地评价行动者慎思的一个诉求标准。按照这种伪装,最大化模型的吸引力在于行动的合理要求源于行动者的偏好和信念总体,甚至我们不需要假设有对于个别目的的批评性评价的独立的、实质性的标准。但是这种最大化合理性的规范性解释只有在这种情况下才是靠得住的,即当个别的行动者有时不能满足这个要求时它也是可设想的。因此,决定理论的原则包含了对行动者所有偏好的限制,这种限制甚有可能被努力追求当前最强欲求的行动者所违背。如果行动者的实际选择和行动没有一致性效用功能能够被归于他们自身,那么这些行动者可以通过决定理论而受到批判。决定理论的规范性证据停留在采取一个能够明确个别效用功能的似然性原则。

期望效用最大化的似然性规范性要求面对一些其他的问题。按照这个理论,没有选择行动的最优化的行动选择就必然是不合理的。但即使是十分理性的行动者也经常满足于"足够好"的事态,甚至在他们知道有一种更好的替代方法时也是如此。他们追求最低要求的满意结果,而不是追求最大化的行动。他们也把基于慎思的过去式意图和计划看作是可以废弃的确定性限制,而不是试图在他们面对的每一种情形中都重新追求最大化的主观效用。尽管最大化模型的辩护者声称最大化模型在面对这些反例时有着足够的灵活性,但是如果并非如此的话,我们就有足够的理由怀疑这种模型表现了一个基本规范或者是实践理性。

(五)理性和规范性

从考察规范性与合理性的关系开始,我们依次分析了能力合理性、理论合理性以及实践合理性,我们的分析已经全方位地考察了理性在我们的生活规范性中可能呈现的面目。在这里,我们分析的目的并不在于展示理性在不同方面的应用。在根本上而言,基于本书的研究主题,我们对理性的分析始终落脚于我们实践生活所具有的规范性特征。上面的分析只是试图表明,这种规范性的思考实际上就是关于我们实践行动的合理性思考,而一种实践合理性的思考又必须以理论合理性和能力合理性的思考为前提。只有建基于对理性本质的全盘思考,我们才能看清理性作为人性本质的特征在实践生活是如何体现出规范性的。

从意向性行动到理性的分析,我们始终贯穿着有关规范性的思考。那么,一种规范性的本质到底是什么呢?只有在对这个问题做出了考察之后,我们才能清楚地看到各种道德理论是如何把规范性关联于我们的人性的,而一种有关道德规范性的理论也才能够被理解,我们也才能在道德的意义上回答本书开头提出的规范性问题。

三、规范性的本质

(一) 有关规范性的几点说明

就人类生活而言,规范性表明的是某种规则或标准对我们生活所具有的引导性现象。这种规范性现象具有两种可能的解释:一方面,承担着规范性特征的某种规则或东西自身就是一种客观的存在,关联于有理性的人类行动者,它对具有相同约束条件的共同体成员具有一种普遍性的适用性,为人类行动者的生活提供了一种价值①意义上的引导,包括道德上的、审美上的、认知上的,等等,我们可以称之为规范性的客观性辩护(有时为了表述的需要,笔者也称之为辩护式的规范性或规范性的辩护);另一方面,关联于行动者,当我们说某一个东西具有规范性时,它表达了这种规范性在关联于行动者主体时对行动者的行动所具有的一种引导性的权威性力量,在这个意义上,规范性表现为一种关联于主体行动的激发性力量。那么,相关于人类行动,我们到底应该如何理解人类生活所具有的规范性现象呢? 规范性和人类主体之间是一种什么样的关系? 如果说上述两种有关规范性的解释都是我们生活的规范性现象,那么我们应该如何理解它们呢? 它们是彼此独立的还是相互融合的?

毫无疑问,我们人类的根本关注就是生活,而规范性是体现在人类生活中的一种重要现象,因此,基于生活而关注规范性就是探讨规范性的重要径路。那么规范性是如何在人类生活中展开的呢? 显而易见,我们的生活总是通过我们的行动体现出来,所以规范性与人类生活的关系也就表现为规范性与人类行动的关系。前已表明,规范性实际上就是对我们生活所具有的一种引导,这也就是说,规范性总是引导着我们的行动。当我们说某个东西是一种引导时,这也就表明这个东西表现出了一种强制性的力量,因此,当我们说规范性引导着我们的行动时,这也就表明某种规范性的东西向行动者主体强加了某种权威性的力量。在这个意义上,一种强制性的权威力量是规范性的本质体现。关于这一点,我们有以下几点需要补充说明。

第一,这种强制性的力量虽然是一种权威性的引导,但它并不是不可反抗、不可避免的。这在我们的日常生活中随处可见:当我们说"不可以杀人"时,这条规则包含了一种规范性,但是这个社会依然有杀人现象;当我们说"不应该撒谎"时,这条规则也包含了一种规范性,但是撒谎依然无处不在。

---

① 在这里,"价值"一词强调的是人类生活所具有的意义,它涵盖了人类生活的多个领域,而不仅仅是在一种狭义的道德价值领域来理解。

在这个意义上，就我们作为理性存在者而言，我们只是在一种应当的意义上表明一种规范性具有强制性的引导力量，但这并不是一种必然的实际行动，一种强制性力量对行动者的束缚也保持了开放性。这种开放性的根源关联于我们需要补充说明的第二点。

第二，关联于规范性的行动主体是具有自由属性的个体。这也就是说，当我们在说明人类规范性现象时，关联于规范性的主体必然限定为具有自由属性的个体。为什么要如此限定呢？其一，即使在一种规范性的束缚下，我们也可能不按照某种应当的规范性去做，这是源于我们自由的本性，我们有选择的自由。在这个意义上，自由与规范性是对立的。那么，我们为什么又要表明我们的自由属性呢？究其原因在于，选择的自由使得我们可以把一个行动归于某个行动者，只有当一个行动被归于自由的行动者，我们才可以对他进行道德上的判断。其二，自由在根本上还展示了一种同一性。当我们能够对某个行动者的自由行动归责时，这已经表明自由的行动体现了行动者作为一个具有同一性身份的个体能够自我控制，体现了人格同一性的独立。只有认同了这种人格同一性，我们对一个人的行动的规范才在实际中具有道德的意义。不过，对于这两个限定来说，存在着一个遗留问题：我们何以要对行动者进行道德归责？尽管对于任何具有常识的人而言，这都应该是一个常识问题，然而，对于哲学的探讨而言，它却关涉到对规范性的解释问题，笔者将在后面予以讨论。

第三，这种强制性源于人的有限性。这种有限性包含以下几个方面：其一，人类并不是像上帝一样的全知全善全能，我们既不可能完全地认知所有的对象，不可能永远按照一种善的目的行动，也不可能无所不能，那么我们可能犯错误，可能误入歧途，因此，我们就需要一种强制性的规范性力量的引导。从根本上来说，这种规范性就是一种不矛盾性、一致性，这是使得任何东西能够成其为自身的根本。其二，我们人自身所具有的感性和理性并不是永远协调一致的，当二者发生冲突时，我们需要一种规范性的权威性力量进行引导。在这种语境中，无论理性或感性都仅仅是一种中立的存在，规范性在这里针对的仅仅是人的行动准则。

第四，感性也可以具有强制性力量。当我们说理性是规范性的来源时，这已经是一种共识。但是很少有人去追究原因。在这里，通过理性产生出了规范性来源的分析，但我们可以看到，规范性在某种意义上也可以来源于感性。认为理性具有规范性的观点有这么几种：其一，就理性作为一种推理而言，其具有一致性的逻辑形式结构；其二，就理性作为一种能够自我控制的能动性能力而言，它能够保持人格的同一性；其三，理性作为区别于动物的一种特性,使得人类具有不同于动物而具有的尊严。事实上,与上述三点对应,就第一种解释而言,理性的规范性被看作源于一种工具性的结构,在这个意义上,感性事实上具有一种激发性的结构。就第二种解释而言,理性的规范性被认为表达了行动者加诸自身的力量,不过,这里的关键在于同一性的意识,而一种意识是否必然源自理性则是值得商榷的。就第三种解释而言,理性的规范性被看作是人因为特殊性而产生出来的权威性力量,显而易见,尊严在根本上是一种情感,而且对于人的特殊性而言,尊严作为一种情感并不必然高于同情、仁慈等。

(二)规范性的实践性:动机的本质

从上面的分析可以看出,规范性作为一种权威性的力量在关联于人类行动时表现出两种特性:一种是激发性,另一种是客观性。规范性的激发性关联于行动的动机,它表明的是一个行动被某种具有规范性的东西激发而采取某一行动;规范性的客观性则是关联于对行动的标准性辩护,尽管一般来说这种辩护是关于好或坏、应当或不应当等道德层面(本书主要集中于这个层面进行研究),但是它也可以关联于审美和真假的判断。一种规范性的激发性就其本质而言,它关涉的是某种被看作具有客观性的东西对行动主体的强制性力量,换句话说,一个动机具有一种结构上的规范性。从认知主义的角度而言,[①]它包括两个方面:一方面,某种被主体认知为客观性的东西对主体产生了影响;另一方面,主体必然对此做出一个合适的回应。事实上,在这里我们可以看到,动机作为一种规范性的激发性,它的规范性具有某种客观性的结构。这种结构性的规范性也就是逻辑上的一致性和不矛盾性。不过,在这里需要强调的是,解释动机的关键在于把握它总是处于行动主体的能力控制中。这也就是说,就行动动机的发生而言,笔者持有的是一种内在主义观点。[②] 那么,我们应该怎么来理解动机的内在主义观点呢?为了回答这个问题,我们需要就动机的结构本质进行分析。

动机强调的是某种客观性的东西与主体的相互关系,它包括具有客观性

[①] 笔者在这里坚持的是一种有关动机的认知主义立场。当然,有很多学者坚持的是一种非认知的立场。在非认知主义者看来,某种客观性的东西可以通过内省达到。不过,笔者在这里坚持一种十分宽泛的认知主义立场,即人基于意识能够认知,但是这种认知主义并不必然强调通过理性推理的方式来认知,参见 Nagel, T. 1970: 29,又见徐向东,2006: 169-183。

[②] 不同的人在使用内在的、内在主义者或相关用语时表示的东西差别很大。笔者在这里强调的只是任何作为行动理由的东西必然和行动主体发生关联,即强调行动理由的实践激发性。关于内在主义观点的一个介绍,可以参见 Brink, D. O. 1989: 37-62。

的对象对主体的激发作用以及主体对这种激发作用的适应性回应。就我们这里探讨的主题而言,只有在理性控制之下的意向性行动才是我们的研究对象,动机的本质在根本上着眼于它的激发性(或意动性)。关联于行动,动机是一种具有目的指向结构的主观精神状态。然而,正是在有关这种主观精神状态的理解上,研究者们对动机的理解发生了偏差,并进而产生了有关激发性规范性的不同理解。这种理解偏差主要集中在动机作为一种主观心理状态到底具有何种形式结构? 有关这个问题的争论可以被集中为休谟主义与反休谟主义两种立场。

在解释休谟主义者与反休谟主义者的争论之前,我们需要指出二者所具有的一个共性,即二者对于行动发生的解释都集中于信念与欲求这两个概念,他们都认为这两个概念的恰当关联就是对行动理由的本质解释(Davidson, D. 1980: 3-20)。他们的分歧在于,在解释行动的激发性规范性时,信念和欲求在两个阵营中被赋予了不同作用或含义。在休谟主义者看来,"一个行动者 A 在时刻 t 有一个激发性理由做 B,当且仅当存在着某个目标 G,以至于在时候 t,A 欲求 B,并且相信假如他做 B 的话就会得到 G"(Smith, M. 1994: 93)。就反休谟主义者而言,他们认为动机并不需要依赖欲求的存在,信念自身就可以产生出动机。事实上,这里的争论在本质上关涉我们对欲求和信念作为一种主观精神状态的理解。在休谟主义者看来,信念和欲望具有不同的适应指向(direction of fit)。信念的目的指向在于表达世界,而欲求的目的指向在于改变世界;就二者所具有的意向性结构而言,信念具有"世界到心灵"的适应指向,而欲求则具有"心灵到世界"的适应指向。在这里,作为精神状态的信念的作用是对承担有命题内容的表象进行真假判断的回应,以确保与之相关联的欲求内容,信念的满足条件取决于欲求的客观性对象;与之相反,作为精神状态的欲求则并不依赖于客观的对象,而仅仅在于我们的主观感性活动,即使客观的对象并不满足我们的欲求,我们的欲求也依然存在。就欲求作为表达动机的观点而言,它的作用在于行动者主体把自己的力量加诸世界。不过,在有关欲求的说明中,有些休谟主义者走远了,他们认为欲求单独就能构成对行动的动机说明。[①] 事实上,当史密斯等人强调说信念是行动动机的必要条件时,休谟主义者在根本上也就是认可了一种理性意识对动机的作用。其实,如下一点是显而易见的:如果我们不能从一种认知的角度把握一种信念,或者通过一种理性反思把握到某种信念,那么我们的意向性行动就根本不具有什么特殊性,人类的行动在根本上也就

---

① 徐向东对内格尔的反对似乎就站在这种观点上,参见徐向东,2006: 169-183。

无法与动物的行动区分开来。① 基于此,有关动机理论的如下说明是十分明显的,即欲求与信念都是构成动机不可或缺的元素。如果上述分析是对的,那么,休谟主义者与反休谟主义者的分歧就不在于欲求和信念何者可以给出行动动机的说明,他们争论的其实只是在有关一个行动动机的说明中何者为先的问题。为了更清楚地看到这个问题,我们可以通过分析内格尔有关欲望和动机的思想来厘清这种争论。

在解释意向性行动的激发性动机时,内格尔区分了两类欲求概念:"激发的欲求"和"非激发的欲求"(Nagel, T. 1970: 29)。激发的欲求源于行动者的决定和思考。在这个意义上,不是欲求,而是关于各种决定和思考的信念激发了我们的行动。非激发的欲求与此不同,它们直接地出于我们的本能,比如饥饿的欲求或性的欲求等。就内格尔的立场而言,作为一个康德主义者,他坚持认为行动者应该是处于理性控制下的自由行动者。因此,在为我们的意向性行动提供动机说明这一论证过程中,他理所当然地认为是激发的欲求,而不是出于本能的非激发的欲求,解释了我们的行动动机。与内格尔的立场不同,休谟主义者认为并非对各种信念的考虑激发欲求而形成动机。在休谟主义者看来,欲求和信念是具有不同的功能组织的精神状态,只有欲求才具有驱使心灵改变世界的力量。然而,在这里,休谟主义者混淆了欲求与动机的区别,或者说,休谟主义者与反休谟主义者对欲求的不同理解导致了争论的产生。

事实上,就信念—欲求结构构成了一个行动动机的典范结构而言,其本质在于这种结构反映出了世界指向心灵和心灵指向世界这样两种结构。然而,对于休谟主义者而言,他们的问题在于把欲求与动机相等同了。在他们的解释中,欲求概念被赋予了一种广泛的解释,他们似乎倾向于认为所有具有心灵指向世界这种结构的精神状态都是欲求,而且正是这种试图改变世界的主观精神状态给了行动者一种促使行动发生的力量。然而,考虑如下一个例子我们就可以知道,并非所有具有心灵指向世界这种结构的精神状态都可以归于欲求:例如,王小明看到他的杀父仇人李大力正身处悬崖边上,尽管王小明完全没有任何要救李大力的欲求,但是,基于他对每一个生命都是有价值的这条原则的恪守,王小明还是救了李大力。在这个例子中,就王小明的直接欲求而言,他根本就不想救李大力,那么显而易见,促使王小明救人的动机并不是源于他的欲求,而是源于他对每一个生命都是有价值的这条原

---

① 事实上,笔者并不是很确定一种意向性行动必然要基于人类的理性。在笔者看来,基于人类同情的行动似乎也具有同样的效果。在这里,笔者只能确定人的自我意识是意向性行动的根本,至于这种意识是基于理性还是基于感性,这不是很确定。不过笔者认为,自我意识具有一种认知意义。

则的激发。当然,休谟主义者在这里可以坚持说,王小明想要坚持"每一个生命都是有价值的这条原则"也是一种欲求。不过,如果我们认为休谟主义者的观点是站得住脚的,那么至少我们需要承认,对于具体的行动而言,我们存在着不同层次上的欲求考量。在坚守这种立场的前提下,那么内格尔通过区分激发的欲求和非激发的欲求表明,只有被理性的决定或考虑而激发起来的欲求是行动的动机时,就没有什么不妥了。

前面的分析已经表明,对于行动的动机而言,关键的问题并不在于欲求和信念何者可以给出行动的动机。就一个行动动机的本质而言,重要的不是欲求和信念的内容,而在于欲求和信念所具有的不同结构。如果我们能够明白世界指向心灵和心灵指向世界的双重结构共同构成了我们对行动动机的解释,那么,我们需要恪守的并不是休谟主义者提出的信念—欲求理论,而康德主义者所表明的信念能够给出动机的解释也不是不可能的。基于上述理解,就休谟主义者而言,欲求只是心灵指向世界的一种状态,并非欲求本身,而是欲求所表达的一种主观精神状态促使了一个行动的发生,在这个意义上,欲求只是主观情感的一种体现。显然,欲求并不是主观情感的唯一体现。同样,就康德主义者而言,并非信念单独给出了动机的解释,而是信念可以激发出主观情感,这种主观情感进一步地激发了行动者的行动。如果我们认为动机的本质有赖于世界指向心灵和心灵指向世界的双重结构。那么,不论是休谟主义者强调的欲求概念,还是康德主义者强调的信念概念,它们独自都不可能为动机提供一个完整的说明。动机的说明必须有赖于两种结构的相互关系。在这个意义上,休谟主义者与康德主义者的争论并不在于欲求和信念何者说明了行动的动机,他们的区别仅仅在于信念和欲求在解释行动动机的过程中何者在先的问题。当然,那种认为单一结构可以说明行动动机的理论就必须被抛弃了!

(三) 规范性的客观性:基于价值的论证

当我们把规范性关联于行动者时,我们不仅要在一种激发性的意义上说明规范性,而且要在一种客观性的意义上为规范性给出说明。就一种规范性关联于行动主体而言,规范性的客观性或者关联于具有真假意味的客观实在性,或者关联于某种可以广泛适用的普遍性。① 在这个意义上,对意向性行

---

① 笔者在这里之所以区分出客观实在性和客观普遍性,原因在于就前一个概念而言,它强调的是一种通过自然科学方法可以证实的实在性;而就后者而言,它并不是一种通过自然的科学方法可以证实或证伪的实在性,而仅仅是出于人类生活考虑而必须设定的东西。然而,对于人类生活的规范性而言,后者更直接地影响着我们的行动。关于这种客观普遍性的说明,详见后面有关道德判断的说明。

动的解释不仅仅是有关动机的解释,而且需要某种有关客观性的解释。在本质上,这种客观性源于我们生活的客观世界,是世界的客观性赋予了我们这种规范性。然而,世界的客观性是如何赋予我们的行动理由以客观性的规范性的呢?按照拉兹的看法,世界的规范性就在于"它以某种方式成了理由,或提供了理由,或者在其他方面与理由相关"(拉兹,2010:442)。然而,对理由作为一种规范性的辩护存在着两种相互对立的观点:一种观点认为,所有的行动理由都源自行动者欲求某事这样一个事实;另一种观点则认为,所有的行动理由都源自某事具有价值这样一个事实(Chang, R. 2004:56-57; Parfit, D. 2001:18)。此外,在这两种观点之外还存在着一种混合的观点:"某些实践理由是由行动者想要某物提供的,然而其他的理由是由行动者想要的东西之价值提供的。"(Chang, R. 2004:57)在本书中,通过分析,笔者将表明一种混合的观点是对的。更进一步,如果我们能够接受有关规范性理由的混合观点,那么我们将会发现休谟主义者与康德主义者并不是完全对立的,在某种意义上,他们只是各自提供了有关规范性问题的不同回答。现在,为了达到上述结论,我们有必要对上述两种有关规范性理由的主张分别展开论述。

按照戴维森的观点,"理由要对行动做出合理化解释,唯一的条件就是,理由能使我们看到当事人在其行动中所看到的或认为他所看到的某事——行动的某种特征、结果或方面,它是行动者需要、渴望、赞赏、珍视的东西,并认为对之负有责任、义务、能受益、能接受的东西"(戴维森,2012:387)。尽管戴维森从行动者的角度表明,这种对理由的说明使得我们可以对行动者做出有关支持性态度和信念的描述(戴维森,2012:387),但就戴维森把理由落实到某种东西上而言,并非行动者,而是某种东西所具有的内在价值成了一个行动者之行动理由的规范性来源。按照这种基于价值的理论考虑,行动理由都是由相对于行动主体是好的或者值得得到的事实所提供的。事实上,有关理由的规范性辩护的说明在根本上有赖于行动者主体和某种客观性的相互关系。正是在这对关系的处理上,基于欲求和价值的理论在说明行动理由时发生了分歧。然而,通过分析笔者将表明,无论是基于欲求的理论,还是基于价值的理论,当它们仅仅把自己置于一种纯粹的观点时,它们都错了。我们首先分析基于价值的理由辩护。

正如斯坎伦所表明的,基于价值理论对行动理由的规范性辩护存在着两种不同的选择:按照第一种观点,某种东西的价值来源于它们的自然属性,自然属性给出了"是好的"或"有价值的"非自然属性(摩尔,2005:19-21),这种非自然的价值属性为我们的行动提供了理由的规范性辩护,我们可以称之为"事实—价值"观点；按照另一种观点，价值上的好并不源于自然属性，而是它自身具有构成理由的规范性辩护的属性，我们可以称之为"推诿责任"（buck-passing）观点（斯坎伦，2008：95-102；Parfit，D. 2001：19-20）。斯坎伦认为推诿责任观点得到了我们的直觉支持。这种直觉支持包括把善看作自然属性提供价值属性的直觉和主观考虑对事实的合理化选择。与斯坎伦不同，在帕菲特看来，规范性理由的观念在根本上就是相关于"事实—价值"的观点。在帕菲特看来，斯坎伦对"推诿责任"观点的两个直觉支持其实质就在于"事实—价值"观点。然而，事实果真如此吗？

当斯坎伦在考虑"事实—价值"观点和"推诿责任"观点的区别时，他实际上认为"推诿责任"观点在本质上不是善或价值本身提供了理由，而是善的或有价值的这种属性同时具有某种能够提供相关理由的属性。这也就是说，在"推诿责任"观点的说明中，"好的"或"有价值的"属性具有高阶的价值属性和另外一种给出理由的相关属性，不过，因为斯坎伦不能认识到或不认为理由的规范性辩护本质上也关涉对动机的说明，所以在第一种有关"推诿责任"观点的直觉考虑中，他认为我们并不能解释这种给出理由的相关属性。事实上，这种属性就是关联于客观世界和行动主体的心理动机。尽管斯坎伦并没有明确地指出这一点，但是当他把"事实—价值"观点放置于具体情形时，这至少表明他已经注意到了对理由的规范性辩护的主体动机考虑。至于斯坎伦有关"推诿责任"观点的第二个直觉支持，笔者认为帕菲特的反对是不合适的。在帕菲特看来，基于欲求理论主张所有的理由都源自我们的欲求，而基于价值理论主张所有的理由都源自自然属性，二者是对立的。为了坚持基于欲求和基于价值理论的区分，帕菲特认为我们就不能接受斯坎伦的"推诿责任"观点，如果我们接受了"推诿责任"观点，那么我们的直觉就只能把这种价值连接于我们的主观欲求。基于这种考虑，帕菲特坚决地拒绝了斯坎伦的"推诿责任"观点。然而，虽然斯坎伦和帕菲特一样是基于价值理论的拥护者，但是他在强调理由的规范性辩护时考虑到了对理由的动机说明（尽管这一点并不是很明显），所以在有关"推诿责任"观点的第二个直觉支持中，斯坎伦虽然明确拒绝了欲求作为行动理由的规范性辩护的来源，但是他却把这种有关理由的说明落实到了带有主观动机属性的"合理考虑"。事实上，这种"合理考虑"一方面包含某种客观性的东西，但是另一方面体现的却是行动主体对这种客观性的合适回应。只要我们承认有关理由的规范性辩护必然包含着对动机的说明，那么我们有关理由的规范性辩护就可以转化为有关我们判断的规范性辩护。对于判断的规范性而言，在严格的意义上它关涉理论真假的问题；然而，在一种更宽泛的意义上，它却关联于一种实践的普遍性问题,尤其是针对我们的道德和审美领域而言。这也就是笔者在前面所表明的客观实在性与客观普遍性。基于此,对于我们的行动而言,有关理由的规范性辩护就被区分为客观意义上的实在性辩护和客观意义上的普遍性辩护。

按照一般的看法,当我们基于价值为理由提供辩护性说明时,我们试图表达的是对某种具有客观性的东西的认知,通常使用关于客观性东西的某种信念来赋予它某种价值。当我们说某种东西的价值为拥有它而提供了一个理由时,我们也就是在表明一个行动者对某种东西的价值拥有一个信念,这个信念为行动者提供了一个行动的理由。在这个意义上,任何东西只有通过这样的认知方式才有可能成为行动者的一个理由。无论是欲求、渴望、赞扬,还是珍视某种东西,它们都是因为我们相信它们具有某种价值才能够为行动提供规范性的理由。不是我们的欲求、渴望、赞扬和珍视这样的心理事实为行动提供了关于理由的规范性辩护,而是因为我们相信欲求、渴望、赞扬和珍视的东西具有某种价值赋予了我们的行动以规范性的辩护。在这种意义上,价值源于某种客观性的事实,也即来源于某种自然属性。这种客观性关联于行动主体,它对所有的行动者而言都具有完全普遍的意义,因而是一种客观实在性的规范性。然而,在关于价值的"推诿责任"观点中,价值来源于主体在具体情形中的行动考虑,这种考虑作为一种判断更多地在于它的可普遍化性。在这种情况下,并非自然的客观实在性保证了理由的规范性,而是判断的可普遍化性提供了一种理由的规范性辩护。综上所述,当我们基于价值理论为行动理由提供规范性辩护时,它可能产生两种方式:第一,客观的自然属性依赖于自身而存在,它通过关联于行动者而被看成是有价值的,进而对行动者的行动具有规范性,这种规范性具有必然性的强制力量;第二,某些被看作是善的或有价值的东西被置于某种具体情形中而被看成是能够对行动者的行动理由具有客观性辩护,不过这种规范性具有的是普遍性的强制力量。

(四)规范性的客观性:基于欲求的论证

按照张美露(Chang R.)的看法,基于欲求对规范性理由提出的论证关键在于对欲求的理解,在她看来,反对欲求可以提供理由的研究者们在根本上忽视了或者误解了欲求所具有的情感本质(affective nature)。张美露认为,包含有情感的欲求是可以为行动者提供规范性理由的。她把这种带有情感的欲求理解为"带有情感的想要"(feeling like it)。①

---

① 张美露拒绝了这样一种主张欲求可以提供规范性理由的方法,即认为欲求在某种程度上具有信念所起的那种作用,参见 Chang, R. 2004:59。按照笔者在前面的分析,如果我们接受欲求和信念是两种完全不同的精神状态,那么显而易见,这种观点是站不住脚的。

张美露的论证开始于对一个行动者指向对象的情感感觉的两种区分。她把这种情感感觉称为吸引力。按照她的看法，大部分的吸引力都指向一个对象的特殊品质，我们可以称这种吸引力为"受约束的品质"（feature-bound）（Chang, R. 2004：80）。但是除此之外，有些吸引力并不直接指向一个对象的任何特殊品质。伴随有"自由品质"（feature-free）的吸引力的情感欲求都是对对象自身的欲求而并非某些特殊类型。按照张美露的看法，为了区别受约束的品质的情感欲求和自由品质的情感欲求，她把后者称为"带有情感的想要"。

当其他支持或反对一个行动的相关理由与"带有情感的想要"均匀地匹配时，那么"带有情感的想要"就能够把行动合理化。张美露给出了这样一个例子：假设在一头驴子面前摆放着两包等重等质的草，而且相对它来说也是等距的，在这种情况下，我们并没有理由说这头驴子有更多的理由去吃左边的草而不是右边的。如果这头驴子想要去吃左边的草，那么这个理由只能是因为它想要吃左边的草。在张美露看来，其他相关的条件都是相同的，驴子去吃左边的草就是因为它想要吃左边这包草这样一个欲求，这种"带有情感的想要"为驴子自己提供了一个行动的理由；而并非基于价值的支持者们所认为的，想要吃草的欲求只是为它更喜欢左边的草这样一个事实提供了证据，不是欲求，而是它更喜欢左边的草这样一个事实为行动提供了理由。

在张美露看来，即使"带有情感的想要"并没有构成那头驴更加喜欢左边的草这样一个事实，它自身依然能够构成驴去吃左边那堆草的行动理由。当然，如果那头驴是因为考虑之后而决定去吃左边的草，那么，不是欲求，而是理性的考虑最终给出了行动的理由，但是即使在这种情况下，这些考虑事实上就是想要吃左边的草这个欲求。在这种情况下，依然不是决定，而是想要吃左边的草这个欲求提供了行动的理由。

不过，这种欲求很容易遭受的一个质疑是它可能仅仅被看作是一种驱动力（urge），而根本就不能被看作是一种辩护的理由。事实如此吗？在张美露看来，这种反对观点是站不住脚的。原因有两个：其一，作为一种情感性的欲求，它包含了指向某物的一种态度，而不仅仅是一种消极的激发性冲动；其二，它是一种合适的理由态度，这是单纯的驱动力所不具有的。因此，张美露坚持认为，"带有情感的想要"并不是没有理由地做了一件事。在她看来，毫无理由地做了一件事是心不在焉的、任意的，但是"带有情感的想要"则对吸引行动者的某物具有明确的现象学吸引力。这也就是说，只要我们的行动是意向性行动，则行动者必然是有理由的，在这个意义上，"带有情感的想要"就必然能够提供理由的说明，而不仅仅是单纯的驱动力，"带有情感的想要"也就可以合理化一个行动,为行动提供一种辩护性的规范性。

为了进一步地支持她的论证,张美露还提出了"带有情感的想要"能够提供行动理由的另外一种情形,"一个人面临着一个选择,不是在两个完全一样的抉择之间进行抉择,而是在两个不一样的抉择之间进行选择,对于这两个抉择而言,支持或反对它们的独立理由都是均衡匹配的"(Chang, R. 2004:83)。因为通过表明支持或反对一个行动的独立理由都是均衡匹配的这样一种方式并不能区分"带有情感的想要"是否能够提供行动理由的辩护,所以张美露在辩护这种情形时提供了不同思路。在她看来,只要一个行动者对某个抉择拥有了一个基于自由品质的情感性欲求,那么不如此抉择就是没能按照具有更多理由的方式行动,这是一种不合理的行动。因此,不管什么时候,无论不同的抉择是相同的或是完全不同的,只要相关于一个行动者应该怎样做的其他独立理由都是均衡匹配的,"带有情感的想要"都能够为一个行动者的行动提供一个规范性的理由。

但是,正如张美露自己意识到的,这个扩展的结论可能仅仅在一种有限的方式上被理解,"带有情感的想要"不是基于它自身这种深层的意义,而仅仅在一种有条件的意义上提供了一个独立理由,即只有基于价值的理由被耗尽时,基于欲求的理由才能发挥作用。这就意味着,"带有情感的想要"只有在其他相关的理由被耗尽时才能在决定程序中起作用。然而,事实并非如此,"带有情感的想要"可以仅仅凭借自身就为一个抉择提供相关的理由。比如一个爱吃辣椒的人,在面对一盘色香味俱全但是没有辣椒的菜肴和一盘质量一般但是有辣椒的菜肴时,"带有情感的想要"吃辣椒就可以为他选择后者给出理由的说明。在这种情况下,不是相关考虑耗尽了我们才考虑"带有情感的想要",而是"带有情感的想要"自身就成了考虑的一个元素。

张美露还考虑到了另外一种可能的有限方式。"带有情感的想要"虽然可以提供一个理由,但是这种情形只发生在行动者在选择情形的实施时所呈现出来的价值微乎其微时。按照这种情形,当且仅当相关的理由牺牲这个决定时,一个行动者的决定才拥有其意料中的规范性效果。事实上,这种情形与上述情形殊途同归,还是强调"带有情感的想要"的规范性效力源于一个更高级的或更重要的理由,而这个理由被归于基于价值的考虑。然而,我们有理由相信"带有情感的想要"自身就可以体现出很重要的意义。关联于个人,很多重要的事情实际上取决于个人的情感欲求。比如,一个音乐爱好者对好的乐曲的欲求就是至关重要的,然而对不懂音乐的人来说,这种欲求则是不重要的。

通过上述分析,张美露已经表明,"带有情感的想要"能够为行动提供理由,那么,这就是不同于基于价值的另一类理由。

虽然通过张美露的论证我们已经看到欲求能够作为一个规范性的理由为行动提供辩护,但是在这里我们需要谨防如下一种观点,即通过论证欲求能够提供行动理由的规范性辩护而认为所有的理由都是由欲求提供的。显然,这二者之间有着天壤之别。为了分析这种不同,张美露把基于欲求和基于价值为实践辩护的来源置放在内在主义和外在主义这样两个相互竞争的概念上。"按照内在主义者的概念,所有的实践辩护都源于对行动者而言是内在的那些事实,按照坚持基于欲求的那些理论家的观点,这些事实就是行动者想要某物。相反,按照外在主义者的概念,所有的实践辩护都源于对行动者而言是外在的那些事实,按照坚持基于价值的那些理论家的观点,这些事实只能是关于行动或其对象的价值的那些事实。"(Chang, R. 2004:87-88)在这个意义上,何者可以提供行动理由的观点就转化为有关理由的辩护的来源是内在的还是外在的争论。因为张美露坚持一种混合的观点,所以她认为实践的辩护既有来自内在的事实,也有来自外在的事实。然而,这种混合观点能否保持有关理由的实践辩护来源的统一说明呢?

张美露辩护说,一种混合的观点与实践辩护的外在主义观点是相融的。按照她的看法,外在主义观点的本质在于这样一个问题,即"我拥有的理性在最后是怎样取决于我的?"(Chang, R. 2004:88)实践辩护的来源必然展现于行动者之外关于行动或行动对象的事实。按照张美露的看法,尽管基于欲求的理由是内在的,但它也是可以提供理由辩护的。为这种观点做辩护的关键在于我们是否可以把行动者想要某物变成一个外在于行动者的事实。

参考戴维森解释行动理由的例子:"我按一下开关,打开了灯,照亮了房间。我意想不到的是,我还向小偷展示了一个事实,即我在家中。这里,我无需做四件事情,而只是一件事情,对此却有四种描述。"(戴维森,2012:388)在这个例子中,一个行动既可以被看作对世界的一个回应,也可以被看作是有关行动者的精神状态的回应。这表明我们对同一个行动实际上可以有不同的描述。就一个行动作为主观精神状态而言,我按开关可以被解释为是因为我想要按开关,然而,就这个行动作为一个客观事实而言,"我按开关"是"灯亮"和"警示了小偷"的理由。为了看清关于一个行动有多种描述对我们解释行动理由所具有的意义,我们看看张美露给出的例子:假设你害怕蝎子而我不怕,我们都有基于价值的理由去避免因被生物咬而产生的疼痛。在这里,尽管我们在面对蝎子时都有理由逃避,但是我的理由是逃避危险生物因为咬我而造成的疼痛,而对你而言,你的逃避既可以是因为我的这个理由,也有可能是因为你对蝎子的恐惧。也就是说,你的行动既可以被描述为对具有内在价值的事实的回应,也可以被描述为对情感态度的回应,甚至二者并举。正是在这个意义上,戴维森主张基于情感和基于价值的理由是行动的基本理由。①

由上述分析可以看出,"我欲求某物"可以通过被看作关于行动或行动对象的事实而外在化。逃避蝎子这个事实也可以被看作是减少恐惧这样一个事实,它既可以被看作是基于价值的理由辩护,也可以被看作是基于情感性欲求的理由辩护。换言之,对于同样一个事实,我们既有可能从情感欲求的角度而言为行动给出实践的辩护,也有可能从价值的角度为行动给出实践的辩护。因此,张美露总结说,一方面,当基于价值的支持者们认为一个行动者基于欲求不能为行动提供一个外在的事实以给出行动理由的辩护时,他们错了,因为基于情感欲求的理由可以被看作是一个外在的事实;另一方面,她认为基于欲求的支持者们在如下一点上错了,即当他们认为如果欲求提供了理由,那么关于理由的实践辩护的内在主义观点就必然是正确的。在张美露看来,欲求也可以在外在主义的观点下提供理由。不过,张美露的这个结论也许有些过了。就欲求而言,我们诚然可以把一种情感欲求当作一个事实,但是需要注意的是,这种情感事实并不需要被进一步推论说是一种外在的事实。毕竟,作为一种主观精神状态,基于欲求的事实并不同于外在的客观事实。所以,关于行动理由的实践辩护并不需要通过放置于内在主义和外在主义的概念框架下来谈。实际上,我们需要表明的是,客观事实为行动理由提供了辩护,而基于欲求和基于价值则是客观事实关联于主体的两种方式。关于行动理由的说明并不像张美露所表明的,"所有实践理由都是由单一来源的事实提供的——它们是由合适的外在于行动者的相关行动及其对象提供的"(Chang, R. 2004:90),它们实际上是客观事实和主体共同作用的结果。

(五)规范性的双重本质

如果我们明白有关理由的规范性辩护既关联于一种客观性,又关联于一种主观动机的解释。那么我们会明白,当基于欲求理论的支持者们和基于价值的理论支持者们把彼此的观点截然对立时,他们对行动理由的规范性把握都是不够全面的。前者认为所有的理由只能通过欲求才能关联于主体,他们实际上表明的只是行动理由的激发性规范性,但是他们却无法为一种客观性

---

① 戴维森把基本理由描述为对支持性态度和相关的信念。在这里,它们分别对应的就是基于欲求的理由和基于价值的理由,参见戴维森,2012:387。

提供辩护;后者认为所有的理由都源于客观事实时,他们实际上表明的只是行动理由的客观性,但是他们却无法为一种激发性提供辩护。事实上,对于前者而言,我们只需要承认欲求也可以是一种心理上的客观事实,那么它也可以被赋予一种价值,因而也就可以提供一种客观性的辩护;对于后者而言,我们只需要承认客观事实总是通过某种心理上的事实内化为我们的主体行动,那么它也就可以被赋予一种激发性。因此,对于行动理由的一种完全性的规范性辩护,我们需要既为之给予一种客观性,也为之给予一种激发性。在这个意义上,与其说基于欲求的理论和基于价值的理论并不是必然对立的,毋宁说欲求和理性二者都可以既为行动理由的规范性给出激发性的动机说明,它们也可以与自然事实一起成为对规范性的一种客观性辩护。不过,正如张美露强调的,在这个意义上,与其说欲求是带有情感的欲求,毋宁说不是欲求,而是欲求作为一种情感为规范性提供了一种客观性辩护,而且理性所表现的作用在不同的理论中也是不同的。这一点将在后面章节的具体分析中得以体现。

到目前为止,笔者已经证明了一个行动理由的规范性既要提供有关实践性动机的说明,也要提供有关客观性的辩护,而且笔者业已表明生活的规范性在本质上来源于世界的客观性。就客观世界关联于我们的行动而言,它拥有两种反映这种规范性的径路:其一是理性,其二是感性。然而,有一个隐而未发的问题:通过理性和感性把客观世界关联于我们的行动而为行动理由提供的规范性辩护是一样的吗?事实上,通过欲求,我们把自身的情感加诸行动之上,因此带有情感的欲求自身既作为一种客观实在为我们提供了行动理由的客观性,也为我们的行动提供了激发性动机。然而,通过理性,我们把世界的客观性反映为具有内在价值的东西,这种基于自然主义的实在论却只是为我们提供了行动理由的客观性,但却没有为我们提供有关激发性动机的说明。那么,在这种情形中,我们如何才能为行动理由提供激发性动机的说明呢?

上面这种有关理性和感性之于生活规范性的关系把我们拉到了有关人类心理图式的探讨上。康德主义和休谟主义分别被认为是通过理性和感性来说明规范性的代表理论,因此,在接下来的考察中,我们就把目光转向这两个流派。

第三章 康德主义对理由规范性的证明

毫无疑问，在道德哲学中谈论规范性的问题已经成了一个十分流行的主题。然而，有关规范性的争论却是众说纷纭。康德主义与休谟主义是这些争论中的两种主流思潮。不过，即使在这两种主义的内部，也存在着不同的意见。为了厘清这两种思潮有关规范性问题的回答，本章和下一章将对这两种思潮进行分析。这一章我们首先分析康德主义。毋庸置疑，康德主义者在某种程度上借助了康德的思想，然而，他们到底借鉴了康德怎样的思想却并非不言自明。这在根本上源于学界对康德本人是如何处理规范性问题的并没有足够重视。因此，在这里，我们首先要深入康德本人有关规范性的思想。只有真正明白了康德有关规范性的思想，我们才能更好地理解各种康德主义者之间的争论，更进一步地，我们也才能够更好地理解康德主义和休谟主义之间的争论以及有关道德规范性争论的实质。

基于此，本章首先回到康德的文本，重点分析康德解决规范性问题的几个核心思想；进而，重点分析康德有关意志行动及道德动机的思想，从而全面地呈现出康德有关规范性问题的回答。在此基础上，我们最后考察具代表性的康德主义者科斯嘉德是如何为道德规范性问题提供证明的。

一、康德论道德的规范性

（一）有关自由意志的挑战

按照康德的思想，人类作为一种理性存在者，总是共同生活在某种规范性的规则之下。这也就是说，我们人类的行动总是处在某种规范性的权威之下。然而，这种事实是如何可能的呢？康德认为，对这个问题的回答有赖于我们对普遍必然的道德规则的寻求和建立。事实上，为人类行动寻求一个道德基础也就是有关人类生活的规范性问题，即我们为什么应该是道德的？因此，我们可以说康德有关道德哲学所做的工作就是试图为人类行动的道德规范性权威提供一个说明。

康德认为,规范性的主张之所以能够影响我们,是因为我们的理性本质。在《道德形而上学的奠基》第三部分,康德说道:"意志是有生命的存在者就其有理性而言的一种因果性,而自由则是这种因果性在能够不依赖于外来的规定它的原因而起作用时的那种属性。"①(G4:446)在这里,康德表明意志是自由的,它通过自身就可以采取一个行动,也就是说,意志自由也就是意志自律。康德进一步说道:"既然一种因果性的概念带有法则的概念,按照法则,由于我们称为原因的某种东西,另一种东西亦即结果必然被设定,所以,自由尽管不是意志依照自然法则的一种属性,但却并不因此而是根本无法则的,反而必须是一种依照不变法则的因果性,但这是些不同种类的法则;因为若不然,一种自由意志就是胡说八道。"(G4:446)尽管自由意志能够独立于外在原因而采取一个行动,然而它也必须遵守某种法则。那么,这种自由意志的法则是什么呢?

作为独立于外在原因的自由意志,它意味着意志自身就是自己的原因,因此自由意志能够为自己给出法则。换言之,由自由意志自身给出的法则就是自律的法则,它是对行动者主体的一种规范性主张。然而,这个法则的内容是什么在这里并不清楚。我们将会在后面讨论它。就目前的分析而言,我们需要确定的是,康德想要表达的是一种规范性的主张源于我们的自由意志。按照康德的观点,"意志不是仅仅服从法则,而是这样来服从法则,即它也必须被视为自己立法的,并且正是因此才能服从法则(它可以把自己看作其创作者)"(G4:431)。相比于意志为自己给出法则,其他东西都是意志的他律,也就是说,意志是不自由的。康德说:"如果意志……在它的某个客体的性状中,寻找应当规定它的法则,那么,在任何时候都将出现他律。在这种情况下,就不是意志为它自己立法,而是客体通过其与意志的关系为意志立法。"(G4:441)按照康德的这种观点,规范性的法则只能因为意志的自律而给出法则,而任何其他的意志他律都不能给出规范性的法则。这意味着,规范性的权威只能来源于我们的自由意志强加给我们自身的法则。在这里,康德表达的是,任何能够作为我们行动规范性的东西都必须通过我们意志的自

---

① 对康德著作的引用都将以 Kants gesammelte Schriften 的页码为标准。同时,对康德有关实践哲学著作的引用英文版参考以下版本:*Immanuel Kant*, *Practical Philosophy*(The Cambridge Edition of the Works of Immanuel Kant), trans. & ed. Mary. J. Gregor, Cambridge: Cambridge University Press, 1996. 在本书的引用上,*Groundwork of the Metaphysics of Morals* 使用缩写 G,*Critique of Practical Reason* 使用缩写 Cr,*The Metaphysics of Morals* 使用缩写 MM。

律才能够成为行动者的东西。

但是，仅仅因为自由意志是自我强加的，我们就说它是道德规范性的来源是很奇怪的。在这个意义上，自由意志仅仅表示我们人类作为自由的行动者能够做出自由的选择。作为一种选择行动，我们可以选择不同的规则作为我们的行动原则。例如，如果我通过说谎可以获得钱，那么我就会撒谎。很显然，如果我们说撒谎作为一个原则具有规范性的权威是十分荒谬的。如果这种情形发生了，那么根本就不存在道德主义者和不道德主义者的区别了。因此，十分明显，我们不能说仅仅因为我们的自由意志我们就具有了道德规范性的权威，我们必须进一步考虑自由意志法则所包含的内容，康德认为这种对内容的考虑就是有关道德法则的可普遍化。在康德看来，正是这种可普遍化性造就了道德规范性的权威。

（二）绝对命令的规范性

康德认为，道德原则源自我们人类的理性本质，道德原则被看作是基于自由意志的实践推理原则。按照康德的观点，作为一种按照原则行动的能力，意志是理性存在者的基本品性，理性是从法则中引出行动的一种必然性，因此，"意志不是别的，它就是实践理性"（G4：412）。与意志行动连接的原则变成了关于我们应当怎么样行动的道德事实或道德真理。按照康德的观点，我们人类都是有限的理性存在者，尽管我们拥有理性的本质因而能够被理性所引导，但是我们也可能出于不同的欲求而行动。基于此，尽管道德法则因为理性本质是客观必然的，但它也有可能受到我们欲求的影响而是主观偶然的。在人性这种双重性质中，道德法则被叫作一个命令，道德法则作为一种客观必然性对偶然主观的欲求具有强制性。"命令式只是表达一般意欲的客观法则与这个或那个理性存在者的意志，例如与一个属人的意志的主观不完善性之关系的公式。"（G4：414）

然而，因为道德法则是关于意志或实践理性的一条原则，那么当道德法则在关联于主观欲求表象为一个命令时，它具有什么样的形式呢？按照福特的看法，"如果我们发现在行动和目的之间并不存在着正确的关联——要么是无法取得他想要的（或做他想要的），要么不是在所有可能的方法之中最为合适的"（Foot, P. 1978：159），那么关于行动的这个命令就只能是一种假言命令。福特在这里认为行动者的主观欲求决定了命令的形式。然而，康德认为这个命令必然是一个定言命令，而不可能是假言的。在康德看来，意志关联于行动给出的命令是通过人的理性本质给出的，因此意志不可能联结于对某个目的的实现或对某种欲求的满足而被某种外在的东西决定，道德的法则只能是基于自由意志自身而被给出，这样的道德法则因此必然是定言的、无条件的,这个无条件的命令的唯一形式只能是"要只按照你同时能够意愿它成为一个普遍法则的那个准则去行动"(G4:421)。在这里可以看出,定言命令是一个形式结构上的可测试性原则。按照康德的看法,定言命令可以排除出于主观欲求的那些行动准则,从而在可允许的行动上遭受确定的限制。然而,定言命令是怎么样应用于我们行动的实际经验的呢?

在这里,康德比较了有关定言命令和知性原则的解释。"由于结果的发生所遵循的法则的普遍性构成了真正说来在最普遍的意义上叫作自然的东西"(G4:421),所以康德说定言命令也可以被表述为:"要这样行动,就好像你的行动的准则应当通过你的意志成为普遍的自然法则似的。"(G4:421)我们可以把它称为"自然法则公式"(我们可以使用缩写 FLN)。康德试图表明定言命令给行动强制性地赋予了一种具有规范性权威的普遍性。康德是怎样给出这种论证的呢?我们可以通过《实践理性批判》中"论纯粹实践判断的类型"这一节把握其中的要点:(Cr5:67-71)

1. 一个规则控制下的行动要求实践判断。

2. 作为自由意志的法则,纯粹理性的实践规则可以不依赖于任何经验的东西而被确定;相反,所有处在实践法则检测之下的可能行动都仅仅是偶然经验地。

3. 不像理论理性的自然法则通过想象力可以为图形给出感性直觉,纯粹理性的实践规则不能为纯粹的知性概念给出感性直觉。

4. 在感性世界中,一个处在纯粹实践法则之下的可能行动并不关注这个行动能够作为感性世界中的一个事件之可能性。

5. 尽管实践判断是属于理性的理论应用,即评估按照因果性法则而行动的可能性,但是通过法则自身作为图形对意志的确定联结着关于条件的因果性概念。

6. 道德法则(实践规则)应用于自然对象的唯一方式就是通过知性。

7. 实践规则只有通过表现为自然法则的形式才能够把感性直觉表现为一条自然法则。定言命令通过转化为 FLN 能够证实在经验世界中发生的特殊的行动准则。

综上所述,康德认为定言命令通过 FLN 能够检测直接发生在经验世界中的行动准则。那么,通过表明自由意志的自律所具有的自我强制和 FLN 的可检测性,康德赋予了道德法则对经验行动所具有的普遍规范性权威。

现在,我们已经确定道德法则作为普遍法则具有了规范性权威。然而,道德法则加诸经验行动的普遍规范性权威到底意味着什么呢?按照康德的观点,理性本质的缘故,理性强加给自己的规范性权威的唯一限制就是任何理性规则都不能自相矛盾这一本质特征。需要注意的是,理论理性和实践理性之间存在着一个比较大的差异:作为理论理性,形式逻辑的一致性是判断理性的唯一重要元素,然而,作为实践理性,形式逻辑的一致性和经验元素一起对理性进行评价。① 因此,形式逻辑的一致性不可能是自由意志行动唯一的规范性来源。

康德表达得十分清楚,意欲某种主观准则成为普遍法则将会导致自相矛盾。康德描述了四种不同的义务,它们"划分为对我们自己的义务和他人的义务,划分为完全的义务和不完全的义务"(G4:421)。

第一种情形是关于某人自己的完全义务:一个行动者即使在他的生命遭受病痛时也不能自杀。康德认为"如果一个自然的法则是凭借以敦促人增益生命为使命的同一种情感来毁灭生命本身,则这个自然就与自身矛盾,从而就不会作为自然存在"(G4:422)。在这里,我们可以看到,并非理性的一致性,至少不仅仅是理性的一致性,而是同时包括了自然目的,二者一起构成了检测矛盾的标准。

第二种情形是关于他人的完全义务:明知自己无法偿还却仍然去借钱并承诺偿还。按照康德的观点,"因为一个法则,即每一个人在认为自己处于困境时都可以承诺所想到的东西,却蓄意不信守之,其普遍性就会使承诺和人们在承诺时可能怀有的目的本身成为不可能,因为没有人会相信对自己承诺的东西,而是会把所有这样的表示当作空洞的借口而加以嘲笑"(G4:422)。这也就是说,在这种情形中,实践行动的准则就会被取消,因此它就会是自我否认的。

第三种情形是关于某人自己的不完全义务:即使一个行动者有机会发挥和增长自己的才干,他却选择无所事事。在这里,康德说,"作为一个理性存在者,他必然愿意自己里面的所有能力都得到发展,因为它们毕竟是为了各种各样的意图而对他有用,并被赋予他的"(G4:423)。很明显,康德认为某些自然目的都是评价性的标准。

第四种情形是关于他人的不完全义务:一个行动者若自己事事如意,无需求助别人,就认为自己无须帮助别人。在这种情形中,康德考虑说:"一个决定这样做的意志就会与自己抵触,因为毕竟有可能发生不少这样的情况:

---

① 尽管康德意识到我们不能总是在不自由矛盾的前提下使得一个准则成为普遍自然法则,但是他拒绝直接承认我们应当把这种检测和某些经验条件相联结。这是因为康德拒不接受经验条件是道德的基础。因为只有逻辑一致性和经验条件一起才能够解释道德的规范性,所以十分清楚的是,对康德而言,对规范性问题的回答不能依赖于纯粹的逻辑一致性。

他需要别人的爱和同情,而由于这样一个出自他自己的意志的自然法则,他会剥夺自己得到他所期望的协助的一切希望。"(G4:423)在这里,这个准则是否自相矛盾取决于特殊的经验或环境。

综上所述,康德试图证明实践理性必须且能够通过定言命令的检测,理性能够给出绝不自相矛盾的法则。然而,很显然的是,这种对自相矛盾的评价不仅源自理性的形式逻辑的一致性,而且总是联结着基于自然或经验世界的某种目的论。因为实际的义务总是联结于某种目的,对我们来说,十分重要的是,我们能够把一条行动的准则意欲为一条普遍法则。这也就是说,为了检测一条准则是否能够成为一条不自相矛盾的普遍法则,我们首先需要满足这样一个前提,即"如果不能潜在地把一条准则意欲为一条普遍法则,那么一个人就不能意欲它"(Powell, B. K. 2006:538)。然而,通过上述案例的分析,康德表明某些行动的准则不能没有矛盾地被思想为一条自然的普遍法则,"愿意它们的准则被提升到一个自然的普遍法则,这毕竟是不可能的,因为这样一个意志就会与自己矛盾"(G4:424)。因此,当康德宣称意愿一条准则成为一条普遍的法则会导致自相矛盾时,这并不会让我们有理由相信他认为一个人因为自相矛盾而必须是道德的,对自相矛盾的检测并不完全证成道德法则的规范性权威。

(三)来自道德法则的动机

很明显,当康德说道德法则是合理性的命令时,这表明他试图基于人的理性给出有关道德规范性现象的解释。然而,到目前为止,康德通过诉诸自相矛盾的形式的不一致性作为道德规范性的标准并没有成功。那么,就康德的思想来说,我们还能不能进一步回答有关道德规范性的问题呢?

当我们在讨论上面四个案例时,康德承认说如果我们通过理性法则来衡量这些案例,那么我们将会发现意愿中的矛盾。然而,我们知道我们必须添加相关的自然目的论的观点。那也就是说,一方面,一个意愿行动不仅应该被看作是受理性原则所主导的,而且在另一方面,它也应该受到自然目的论的检测。现在,十分清楚的是,意愿中的矛盾并不是因为理性的形式逻辑的一致性,而是来源于一个意志的主观准则对意志的普遍法则的对抗。①

在这里,看到如下一点是十分重要的,即矛盾并不是因为把一条不道德的准则意愿成一条普遍法则会自相矛盾,相反,这个矛盾是因为"偏好对理性

---

① 意志的普遍法则来源于纯粹理性。当然,我们说来源于理性的法则是绝对的和必然的。然而,因为理性在实践领域的应用就等同于意志,所以实践理性的法则也是主观的。总之,尽管是一条主观准则,实践理性的法则在纯粹理性的意义上也具有客观必然性。

规范的对抗"(G4：424)。很明显,康德用理性规范来描述道德法则的绝对必然性,道德法则是理性的真正使命(G4：424)。对人类而言,理性作为一种能力是我们的本质,我们能够且必须出于理性规范而遵守道德法则。不过,我们也拥有感性的本质去欲求一个特殊的或偶然的目的。一种自相矛盾或不合理性来自我们意志行动的选择,它不仅受到我们理性本质的引导,而且也受到我们偏好的影响。尽管意志的实践原则应当遵循道德法则,但它也总是受偏好的影响,基于偏好而意愿一条不道德的准则虽然并不一定是一致的,但却是可能的。

现在,我们发现道德法则具有理性强加给自己的规范性权威并不是来源于任何的推理规则都不能自相矛盾这一思想。那么,道德法则拥有规范性权威到底来源于哪里呢？康德宣称我们通过常识就可以知道道德法则,他说,"(一旦我们为自己拟定了意志的准则),道德法则是我们直接意识到的"(Cr5：29)。这也就是说,道德法则是一个理性事实。按照这种观点,理性应当产生这样一种道德法则,即作为确定意志行动基础的一种绝对必然性,所以道德法则是"不让任何感性条件占上风的、确实完全独立于它们的决定根据,所以道德法则就径直导致自由概念"(Cr5：30)。

道德法则的规范性来源于自由意志能够选择反对欲求准则的道德法则的能力。在这个意义上,规范性取决于被欲求影响的自由意志行动采取原则的客观必然性。现在,理解康德规范性思想的关键转化为如下两个问题：第一个问题是"自由意志行动采取原则的客观必然性"是什么意思？第二个问题则是如何理解客观必然性和欲求影响之间的关系？接下来我们将解决这两个问题。

康德认为只有遵循道德法则的行动才具有内在价值。这意味着只有在主观准则同时具有普遍必然性的前提下,意志行动才能够具有道德价值。如果道德法则直接确定意志,那么就存在着对情感的一个主观的消极影响。这也就是说,有一种拒绝感性的冲动或者阻止主观准则与道德法则相冲突的性情。在这个意义上,道德法则直接确定意志的事实是一种道德情感,但它仅仅是一种消极的情感,我们可以称之为道德谦卑。不过,在另一方面,因为道德法则能够遵循我们心灵中的自我控制,所以它也具有一种积极的力量。道德法则因为这种积极的力量而变成了一个敬重的对象。因此,对道德法则的敬重为遵循道德法则提供了一种兴趣,这个兴趣不是某种对于道德的动因,而是道德自身因为被看作纯粹实践理性而在主观上被看作是一种动因。简言之,康德宣称道德情感是唯一能够被看作与道德法则的意识一起被认识的。

因为对道德法则的敬重,我们拥有了遵循道德法则的一种实践兴趣。这种兴趣拒绝偏好,并把道德法则确定为自律意志的行动的基础。因此,对道德法则的敬重使得我们处在某种责任之下,与此同时,它向我们展示了人类理性本质的"尊严"和"崇高"。作为一种消极的力量,道德法则直接决定意志的事实是击败自欺欺人的情感的结果。意志行动因为遵循道德法则而是实践的,并且排除了偏好的决定性基础。在这里,有一点值得注意,对一个意志行动而言,它总是"有一种以任何方式被推动而至活动的需要,因为一种内在的障碍遏止这个活动"(Cr5:79)。这也就是说,一个意志行动的动因来源于自发性和我们心灵中的规则之间的关系。作为人类,在本质上我们既是感性的,也是理性的,"存在者意愿的主观性质并非自发地符合实践理性的客观法则"(Cr5:79)。它总是加诸遵循道德法则的意志行动之上的一种强制性。

作为一种积极的力量,道德法则直觉决定意志就像敬重道德法则作为纯粹的理性法则把偏好限制在道德法则之下一样。自由作为有生命的存在者就其有理性而言的一种因果性属性,它的因果性只能通过纯粹的法则形式而被决定。自由意志具有成为自己的法则的属性。因此,意志自由就是遵循道德法则的意志行动。人类因为理性具有遵循道德法则的能力而具有内在价值,那么,自由意志就因为它自身而具有内在价值。现在,十分清楚的是,敬重道德法则的意志行动同时也是来源于人类理性本质的意志自律,人性因为为自己给出道德法则并且敬重它而具有尊严。

基于上述分析,自由意志的自律就是遵循道德法则的意志行动。一方面,因为消极力量,一个自由意志把自己安置在某种必然性下面;另一方面,因为积极力量,一个自由意志拥有了一种内在价值。这就意味着,自由意志的自律或遵循道德法则的意志行动回答了为什么某些人必须是道德的这个规范性问题。作为人类,任何的实践行动只有通过自由才是可能的。通过自由,我们出于理性本质而能够遵循道德法则,只有遵循道德法则的意志行动才具有内在价值,但是,因为我们在内心中也总是受偏好影响的,所以这种遵循对于人类而言就总是一种强制性。

(四)基于自由意志的道德规范性

康德说:"道德性是行动与意志自律的关系。"(G4:439)人类心灵中的意志自律是通过意志行动的准则可能给出普遍法则的。从主观的角度来说,尽管自由意志总是受到偏好的影响,但它对意志自律原则的依赖性就是责任。从客观的角度来说,自由意志普遍法则因理性而是必然的。因为这种客观必然性,意志的普遍法则拥有了内在价值,同时,我们人类在人性中表现了某种崇高与尊严,所以普遍法则拥有了道德规范性权威,我们人类应该遵循道德法则。

现在，回顾我们的分析：按照康德的观点，作为一种理性存在者，我们人类通过自由意志拥有某种道德能动性，我们通过直觉就可以意识到道德法则。然而，尽管自由意志是自律的，但它却仅仅是一种纯粹形式并因而具有一种可检测性。实践理性只能通过理解理性的理论使用来评估遵循因果性法则的可能性。因此，通过诉诸逻辑形式的自相矛盾的检测并不能使绝对命令成为引导行动有效的道德规范性主张。康德认为我们能够因为理性本质而意识到道德法则，这就意味着道德法则可以直接决定意志。因为只有遵循道德法则的意志行动才具有内在价值，所以对道德法则的兴趣为我们给出了敬重道德法则的情感。这也就是说，自我立法的能力通过自由意志而具有内在价值。自由，作为人类理性本质的一种属性，使得人性有了内在价值。

关于"我们为什么应当是道德的？"这个规范性问题的回答，康德认为并不是因为绝对命令的可普遍化的检测性，而是因为通过敬重道德法则的情感对内在价值的认可，我们应当是道德的。就康德的立场而言，对自由作为有理性的人类的基本属性的认可，是回答规范性问题的起点。然而，康德承认，我们确实不知道自由作为一个先天综合概念在我们的实践领域是如何可能的。但是，只要我们能够从一种自然主义的观点认识到自由的能力，[①]我们就可以拒绝他的先验限制。我们可以接受康德有关规范性问题的回答源于我们人类具有某种崇高和尊严。为什么我们应当基于人性的内在价值而承认我们的道德性呢？当然，也许这并非我们规范性的唯一来源，但它却必然是最本质的一个来源。

很显然，就康德的理论而言，绝对命令或道德法则作为一种可检验程序，表现的是一种逻辑结构的规范性。如果绝对命令或道德法则没有能够关联于我们的人性而表现出一种敬重的情感，那么它就不可能解释规范性所需要的实践性动机。只有当绝对命令或道德法则关联于人性的情感时，这种逻辑结构的规范性才被赋予了一种价值和兴趣，才相关于我们的生活意义给出了规范性的辩护。然而，我们不得不承认，康德试图在道德实在论的立场为道德规范性提供的辩护失败了。尽管康德可以通过把意志和理性相关联而为行动者的行动理由提供客观规范性的来源说明，但是这种客观性只是在结构上辩护了客观性。一旦它试图为行动者给出实际生活中的道德规范性时，它

[①] 基于我们可以向我们自己发问我们为什么应当是道德的，我们就能够确定我们所具有的自由、独立人格。

就无能为力了。那么,基于自由意志和理性的心理图式为道德规范性提供积极的辩护还有其他的可能途径吗?科斯嘉德为此做了不懈的努力。不过,在我们进一步考察科斯嘉德的工作之前,我们还需要进一步对康德有关道德行动的动机进行澄清。

二、康德论意志行动的道德动机

在解释人类道德行动的动机时,一直存在着休谟主义和康德主义的争论。按照休谟主义,在影响我们的意志或触发我们的行动上,情感是我们的意志采取行动的根本动机,理性单独决不能成为意志的动机,"理性是,且应该仅仅是激情的奴隶"(休谟,1980:453)。按照康德主义,纯粹实践理性通过自身可以直接决定意志指导行动。二者孰是孰非?这并不是一个能够简单回答的问题,因为二者之间的争论不仅涉及理性和情感在行动动机中的作用问题,而且还涉及对实践理性概念本身的怀疑。[1] 因此,我们在这里对康德道德哲学动机问题的研究并不试图完全解决行动动机和实践理性的所有问题,而仅仅试图通过回到康德对于道德行动动机的看法为这些纷争提供一个重新思考的线索。笔者将表明,同样是谈论道德行动的动机,康德和休谟主义者(甚至和一些康德主义者)关注的焦点是有所不同的:对于康德而言,道德首先是源于理性而具有普遍必然性的法则,[2]对道德动机和行动的探讨在于这种法则如何触发行动者;而对于休谟主义者而言,道德首先源于我们的感性经验,[3]对道德动机和行动的探讨在于寻找感性对象和主体之间的关系。换言之,康德谈论的是具有客观普遍性的理性如何内在地触发我们,而休谟主义者谈论的是欲求的外在对象如何通过感性触发我们。

一般来说,认为外在对象刺激我们做出行动是人的本能,这是一个得到普遍认可的共识。但是,康德却向我们表明,理性可以触发我们做出道德行动。康德的这种观点引起了许多人的质疑。在这里,我们试图站在康德的立场对这些疑问进行澄清。为了达到这个目的,在这里,我们将如此安排:首先,鉴于康德通过意志来解读实践理性产生了很多误解,我们将首先在概念上明确康德所提出的意志概念;其次,基于康德在解释实践理性的动机时总

---

[1] 科斯嘉德(Christine M. Korsgaard)、维勒曼(J. David Velleman)和华莱士(R. Jay Wallace)等人对实践理性提出的挑战做了出色的回应,参见 Korsgaard C. 1996a:311-334;Velleman J. D. 2000:170-199;Wallace R. J. 2006:15-42。

[2] 在康德看来,道德必须是对所有有限理性存在者都具有绝对的必然性,因此,关于人性的道德不能来源于感性,而只能来源于理性,参见康德,2004b:389,396。

[3] 休谟明确地提到我们之所以有道德的区别是因为我们有快乐和痛苦的感觉,参见休谟,1980:510-516。

是把它和实践原则相结合来谈,我们将分析行动所具有的不同实践原则的本质;最后,基于康德对纯粹实践理性的动力解读,我们将分析作为实践原则的道德法则何以内在地成为行动的动机。

(一)意志与任意

无论是休谟主义者还是康德主义者都承认,行动及其动机与意志是直接关联的,因此关于康德的行动动机理论可以从意志概念入手分析。按照康德的看法,只有出于义务的行动才具有道德价值,这种价值源于行动意志不考虑欲求能力的一切对象而发生所遵循的意志的原则,这个原则是仅仅发生在理性存在者里面的法则表象自身。康德把这样一个意志称为"善的意志"。这个概念被认为是康德道德哲学的起点。然而,善的意志概念在康德那里并不是一个十分清楚的概念,根本原因在于,就意志作为一种行动能力而言,它在康德的道德哲学中有着十分丰富的内涵,我们有必要先考察意志作为一种行动能力所具有的实质。借鉴康德研究专家阿利森的分析,"康德用意志(Wille/will)和任意(Willkür/choice)这两个术语分别刻画统一的意愿能力的立法机能(function)和执行的机能,他也同样将该能力称为意志。因此意志不仅有一种广泛的意义,在此意义上它指涉意愿或意志的整体能力;而且有一种狭窄的意义,在此意义上它指涉该能力的一种机能"(阿利森,2001:188)。那么,就关涉道德的"善的意志"概念而言,其中的意志到底是什么意思呢?基于阿利森的解读,这需要我们首先对意志和任意做一个考察。

事实上,康德对于意志的界定源于西方文化的传统,按照这种传统,意志概念首先是指一种意愿(volition)活动,它具有一种功能上的作用,体现在行动主体身上则表现为一种欲求的能力。[①] 康德遵循这种传统,当他在阐明意志与任意的区分时,就是从意愿与欲求能力概念出发的。按照康德在《道德形而上学》导论中的说明,"欲求能力就是通过自己的表象而成为这些表象的对象之原因的能力"(MM6:211)。通过首先界定欲求能力,康德进而探讨了人的各种心灵能力,并通过把欲求能力和人的意愿相联系,比较明确地得到了有关意志和任意的区分:

> 从概念上看,如果使欲求能力去行动的规定根据是在其自身里面,而不是在客体里面发生的,那么,这种欲求能力就叫做一种根据喜好有

[①] 当代法国著名哲学家弗朗索瓦·于连(Francois Jullien)认为,在西方自古以来的传统中,意志概念一直被认为是一种意愿活动,体现为一种功能性的概念,参见于连,2002:90-105。另外,法国哲学家吉尔·德勒兹(Gilles Deleuze)在解读康德时所使用的超越的方法也是把意志作为一种功能来解读的,参见德勒兹,2002:3-14。

所为或者有所不为的能力。如果它与自己产生客体的行动能力的意识相结合，那它就叫做任意。但是，如果它不与这种意识相结合，那么，它的行动就叫做一种意愿。如果欲求能力的内在规定根据，因而喜好本身是在主体的理性中发现的，那么，这种欲求能力就叫做意志。所以，意志就是欲求能力，并不（像任意那样）是与行动相关来看的，而是毋宁说与使任意去行动的规定根据相关来看的，而且意志本身在自己面前真正说来没有任何规定根据，相反，就理性能够规定任意而言，意志就是实践理性本身。

就理性能够规定一般欲求能力而言，在意志之下可以包含任意，但也可以包含纯然的意愿。可以受纯粹理性规定的任意叫做自由的任意（free choice）。而只能由偏好［感性冲动、stimulus（刺激）］来规定的任意则是动物的任意（arbitrium brutum）。相反，人的任意是这样的任意：它虽然受到冲动的刺激，但不受它规定，因此本身（没有已经获得的理性技能）不是纯粹的，但却能够被规定从纯粹意志出发去行动（MM6：213）。

从上述康德的描述可以看到，任意指的是欲求能力与产生客体的行动能力的意识的结合，也就是我们前面所引的执行机能，而狭义上的意志则并非针对行动，而是与使得任意去行动的规定根据相关，这也就是说，意志只是作为一种立法上的机能。然而，从另外一个角度来说，既然欲求能力的规定根据是内在的，那么它就可以内在地在理性中被发现，又因为这种理性能够规定一般的欲求能力，那么它也是与行动相关联的。基于这种看法，一种包含了任意概念的广义意志概念就呈现出来了，即意志是作为意愿能力的整体。

基于以上分析我们可以看到，不论是对意志的狭义解读还是广义解读，就意志作为一种欲求能力把规定根据置于主体的理性中时，意志自己成为自身的根据，因而表现为一种实践理性。就狭义上而言，意志是一种纯粹的实践理性；就广义上而言，意志则是关涉于行动规定根据和行动者之间的关系的普通实践理性。因此，如果我们就广义的意志以及任意都与行动相关而言，我们进一步的探讨就可以通过联系行动的实践原则而展开，正是借助实践原则的展开，我们可以更进一步地看到作为善的决定根据的道德法则是如何与意志紧密相连的。

（二）两种实践原则：法则与准则

康德在谈论行动的实践原则时提到了关于实践原则的两种方式，即主观意愿的准则和客观有效的普遍法则。但事实上，由于康德在不同文本中对二者有着不同的表述,二者的区分也就并非如上表述的这么简单明晰。尽管我们无须否认康德的主体思想是一以贯之的,但研究者之间的差异也凸显了康德这两个概念之间的张力。因此,我们有必要对此做深入的考察,以便澄清这两个概念,进而把握康德思想的实质。

基于前面阿利森的解读,意志概念与任意概念被完全区分开来,进一步而言,与此相关的法则和准则也被分别归于意志与任意。按照他的解读,"法则绝不能成为准则,反之亦然;相反,准则可以符合(或未能符合)法则"(阿利森,2001:124-134)。理由在于:第一,所有准则之所以是主观的,是因为它们都是理性行动者自由选取的策略。也就是说,准则只能是任意的产物。第二,客观的实践法则不是被解释为准则的候选者,而是对每个理性存在者都有效的纯粹概念。这也就是说,客观实践法则是纯然理性控制下的意志必然。[1] 阿利森认为只有明确了这样一种区分,法则针对准则的规范性才能够得以保留。这从康德一个脚注里的表述可以得到支持:"准则是行动的主观原则,必须与客观原则亦即实践法则区别开来。准则包含着理性按照主体的条件(经常是主体的无知或者偏好)所规定的实践规则,因此是主体行动所遵循的实践原理;而法则是对每一个理性存在者有效的客观原则,是主体应当行动所遵循的原理,也就是说,是一个命令式。"(G4:421)这也就是说,准则总是主观性的,是理性行动主体主观上意愿的原则,因而对应于执行功能的任意;法则则是剥离了一切主观感性经验条件,在任何条件下都普遍有效的客观原则,因而对应于立法功能的意志,也即纯粹意志。

然而,这里存在的一个问题在于:当我们说法则对应于意志时,是就意志作为完全以理性为意志根据的纯粹意志而言,但在实际的道德实践中,行动的主体却是不完全以理性为意志的规定根据,而是同时也受到病理学的感性刺激影响的人。正是如此,理性必然规定意志,从而一个行动者被认为是客观必然的行动也是主观必然的这样一种情形对人来说就并非绝对的,对我们而言,"客观上被认作必然的行动在主观上就是偶然的",而意志所遵循的法则表现于我们人身上时也就成了带有强迫性质的命令式。

因此,就我们作为有理性的存在者但又总是受感性刺激的影响而言:一方面,出于理性,我们的意志在实践上有按照法则的表象来行动的能力,即主观与客观能够相符合;但另一方面,出于感性,我们的意志并不总是与客观(法则)相符合。我们的意志表现的永远只是"客观法则与一个并不完全善的意志的关系"(G4:413),按照客观法则对我们意志的规定就只能是一种强制

---

[1] 阿利森对于准则与法则具体的分析可参见阿利森,2001:124-134。

性的命令式。这也就是说,"哪一种通过我而可能的行动是善的,而且它与一个意志相关来表现实践的规则,这个意志并不因为一个行动是善的就立刻去做"(G4:414),康德解释说,这有两方面的原因,"这一方面是因为主体并不总是知道它是善的,另一方面是因为即使主体知道它是善的,主体的准则毕竟有可能违背一种实践理性的客观原则"。(G4:414)

紧接上面的分析,意志与实践规则之间的关系就可以表现为三种:如果一个主体在并不知道一个行动是善的前提下就把它与意志相关的实践规则采取为一个准则,那么这是一个或然的实践原则;如果意志主体预设一个所有理性存在者全都按照一种自然必然性怀有它的现实的目的,并把它作为一个实践规则来行动,那么这是一个实然的实践原则;如果意志主体不以任何行动要达成的任何意图为基础,而只是出于意志按法则表象的行动能力的意念自身来行动,即只以意志活动自身的形式和原则为实践的规则,那么这是一个必然的实践原则。就这三种实践规则都是通过我们而可能的行动,并且与意志相关表现为实践规则而言,它们都是一种出于主观的准则,这与法则作为"一种无条件的,而且是客观的、从而是普遍有效的必然性的概念"(G4:416)截然不同。正是基于此,阿利森坚持认为法则与准则二者决然不能相互转换。

尽管如此,参照康德的文本,我们却会看到有关准则与法则二者之间更深一层的关系,在《道德形而上学的奠基》中,康德说:

> 一个出自义务的行动应当完全排除偏好的影响,连带地排除意志的任何对象;因此,在客观上除了法则,在主观上除了对这种法则的纯粹敬重,从而就是即便损害我的一切偏好也遵从这样一种法则的准则之外,对于意志来说就不剩下任何东西能够决定它了。(G4:407)

而且在这里,康德特意加上了一个脚注说明:

> 准则是意愿的主观原则;客观原则(也就是说,当理性对欲求能力有完全的支配力的时候,也会在主观上充当一切理性存在者的实践原则的东西)则是实践的法则。(G4:400)

从康德用"一种法则的准则"这样一种表述来看,客观原则可以充任为一种主观的原则。换句话说,法则是可以成为准则的。事实上,在《实践理性批判》中,康德也说:

> 如果一个理性的存在者应当将他的准则思想为普遍的实践法则，那么，他只能把这些准则思想为这样一些原则，它们不是依据质料而是依照形式包含着意志的规定根据……一个理性存在者……它们据以使自己适应普遍立法的那个单纯形式，就可以使它们自为地成为实践法则。(Cr5：27)

而在另外一段文字中，康德也说道：

> 它(道德情感)并不用来判断行动，更不充任客观德性法则本身的基础，而只是充任使这个法则本身成为准则的动力。(Cr5：76)

从上述引文可以看出，准则也是可以成为法则的。

因此十分明显的是，我们可以看到，在康德这里，法则与准则也并不是截然二分的。① 基于康德的文本，不同于阿利森的解读，贝克就指出康德在准则与法则概念之间的二分并不是这么截然对立的。按照贝克的分析，康德的实际意图在于建立这样一种三分：

1. 作为以爱好为基础的经验性的、主观的单纯准则。
2. 作为先天的，对于每个理性存在者都有效的客观原则。
3. 既有先天形式又有主观关切的作为准则的法则。(Beck L. W.，1960：81-82)

这与阿利森认为准则与法则的概念是绝对不能互换的存在明显的差异。相较于二者，尽管阿利森为了确保法则对准则的规范性而坚持二者的决然区别是可以理解的，但从康德本人的思想而言，也许贝克的解释是更恰当的。

就法则与准则的起源来看，为了保证法则的普遍有效性，法则必然源于我们的理性，排除一切从经验进行推导的可能性，因而法则必然是先天的；而准则只是因为主体的经验欲求而产生的实践规则，虽然一个规则有可能是先天的，但是一个规则要成为准则则一定是在掺杂进经验内容并以经验内容为主导的情况下构建起来的，所以准则在源头上总是与经验相关的。就这种区别而言，法则和准则必然是不能互换的。然而十分重要的一点在于，无论康

---

① 就准则与法则的关系而言，最关键的一点在于这样一个前提：当康德说准则可以成为法则时，他是就两者作为规则在普遍性上而言；当康德说准则不能成为法则，法则也不能成为准则时，他是就准则作为行动的主观原则，而法则作为一外在的应该遵循的实践原则而言。所以就前一种观点而言，准则是可以成为法则的，而就后者而言，则准则不能成为法则。所以当我们在探讨准则与法则时，首先要弄清楚我们是在何种意义上来说。

德强调的是先天与经验的区别，还是客观与主观的区别，他最重要的意图在于通过行动主体确立道德法则的普遍有效性或者说绝对必然性，这就要求我们从两方面来认识法则和准则的关系。一方面，出于主观的准则能通过自己的理性达到客观的必然性；而另一方面，客观必然的法则因为内在于主体的理性而能成为主观的必然实践准则。

在上述这样一种理解之下，我们能够明白贝克做出的所谓"单纯准则""客观原则"（法则）与"作为准则的法则"三者之间的划分。我们也能清楚地意识到，就康德道德哲学的关注点而言，其重点真正说来恰好在于最后一种。通过准则与法则的这样一种解读，我们现在可以进一步明白康德的意志概念了。

从狭义的意志概念出发，意志作为一种立法的机能，它具有一种完全摆脱感性经验条件限制的先天的绝对必然性，是一种纯粹的意志。先天的"客观原则"作为一种客观的、普遍的原则，自然也不可能受感性经验的束缚，因此永远也不可能成为准则。但是，康德意识到，人作为有限的理性存在者，他的意志不可能不受到感性经验的影响，所以他说："正是因为它应当是一种普遍的实践的世俗智慧，它并不考察任何特殊种类的意志，例如无须任何经验性的动因、完全从先天原则出发被规定的、人们可以称之为纯粹意志的一种意志。"（G4：390）基于这个表述，康德试图表明，没有感性经验刺激的"客观原则"对人而言是没有任何意义的。因此我们可以认为康德提出这样一种纯然不受感性刺激的意志，仅仅是因为它像先验自由一样从道德的角度而言为人的尊严提供了一个基础："这仅仅指的是一个道德存在者的理念，其意志对所有人而言都是法则，不过无须把它设想为法则的创造者。"（MM6：227）这也就是说，狭义的意志①在康德这里更多地处在一种远离人的道德实践的彼岸世界里，它唯一的作用只是出于人的道德需求而必须做出的假设，因而是起着一种消极的作用。

与狭义的意志概念不同，广义的意志概念把立法机能与执法机能融在一起，它把理论理性的纯粹意志拉到了人的道德实践领域。一方面，人因为理性而追求一种可能的先天的、无条件的实践原则；另一方面，人在这个追求的过程中总是伴随着与感性经验束缚的斗争。就前者而言，理性总是希求产生

---

① 在本书中，狭义的意志仅指意志单纯作为一种立法的机能而言。从这个意义上来看，无论是人所能具有的纯粹意志还是神圣意志都属于这个范围。至于纯粹意志与神圣意志的区别而言，关键在于神圣的意志只有法权而没有任何义务，也不可能有任何与道德法则相抵触的意志行动；而纯粹意志则指的是意志只以理性为唯一的出发点，它既能够存在于有理性的人身上，也可以用在神圣的意志上，参见康德，MM6：227。

一个完全排除任何经验因素影响，而只是就自身而言就是善的意志，在这种意志之下，作为实践原则根据的法则才可能是绝对的不受感性经验控制的，因而能达到普遍必然性；就后者而言，人作为自然世界的成员是一个不争的事实。正是在追求不受感性经验的控制①和必然处在自然世界这样一种张力的影响下，人能够因为理性对感性经验的胜利而获得某种崇高与尊严。人不但通过理性而为自己立法，而且能够克服感性经验的刺激，仅仅出于对自己所立之必然法则敬重的动机而服从道德法则。通过分别考察人出于理性和出于感性的不同角度，康德完成了法则与准则的关系联结：普遍的法则因为内在于人的理性而成为主观的准则，而准则则因为仅仅出于服从理性的客观的、必然的要求而成为法则。意志概念作为一种实践理性在行动与行动遵循的实践规则中体现出一种道德性，这样的一种意志必然是广义的意志概念，即自由意志的概念。

很显然，作为独立于外在原因的自由意志，它意味着意志自身就是自己的原因，因此，自由意志能够为自己给出法则。换言之，由自由意志自身给出的法则就是自律的法则，它是对行动者主体的一种规范性主张。然而，这个法则的内容是什么在这里并不清楚。不过，就目前的分析而言，我们需要确定的是康德想要表达的是一种规范性的主张源于我们的自由意志。按照康德的观点，"意志不是仅仅服从法则，而是这样来服从法则，即它也必须被视为自己立法的，并且正是因此缘故才能服从法则（它可以把自己看作其创作者）"（G4：431）。相比于意志为自己给出法则，其他东西都是意志的他律，也就是说，意志是不自由的。康德说："如果意志……在它的某个客体的性状中，寻找应当规定它的法则，那么，在任何时候都将出现他律。在这种情况下，就不是意志为它自己立法，而是客体通过其与意志的关系为意志立法"（G4：441）。按照康德的这种观点，规范性的法则只能因为意志的自律而给出法则，而任何其他的意志他律都不能给出规范性的法则。这意味着，规范性的权威只能来源于我们的自由意志强加给我们自身的法则。在这里，康德表达的是，任何能够作为我们行动规范性的东西，都必须通过我们意志的自律才能够成为行动者的东西。

但是，仅仅因为自由意志是自我强加的，我们就说它是道德规范性的来源是很奇怪的。在这个意义上，自由意志仅仅表示我们人类作为自由的行动

---

① 阿梅里克斯把人自己主动避开感性经验刺激而选择以理性的道德法则为其行动的准则看作善的意志的第二种解读，即"一般能力"（general capacity）的观点。阿梅里克斯认为这种观点最大的问题在于它不能用来标记基本的道德的区分（例如：好人和坏人之间的区分）以及在个人具体的道德评价中没有明确的关系，参见 Ameriks, 2003：199-201。

者能够做出自由的选择。作为一种选择行动,我们可以选择不同的规则作为我们的行动原则。例如,如果我通过说谎可以获得钱,那么我就会撒谎。很显然,如果我们说撒谎作为一个原则具有规范性的权威是十分荒谬的。如果这种情形发生了,那么根本就不存在道德主义者和不道德主义者的区别了。因此,十分明显,我们不能仅仅因为我们的自由意志就具有了道德规范性的权威,我们必须进一步考虑自由意志法则所包含的内容。康德认为这种对内容的考虑就是有关道德法则的可普遍化。在康德看来,正是这种可普遍化造就了道德规范性的权威。

（三）作为实践理性之意志的动机

上面我们已经考察了康德基于理性而对法则和准则做出的区分,但留下一个问题:一个包含立法机能和执法机能的意志概念是如何产生实践性的呢? 对于康德来说,理性是在实践中处理意志的决定根据,因而理性总具有客观实在性。但问题在于,康德一方面否认纯粹理性的实践性可以从概念分析中得到论证,一方面又否认纯粹理性的实践性是一个经验的事实,那么理性如何能够具有实践性就成了问题。事实上,康德也承认,我们目前的理性认知很难解释为什么实践理性必然具有实践性,但是康德乐观地认为,既然我们在日常生活中感觉到了实践理性所具有的实践性,那么我们至少可以谈论实践理性是如何对行动者产生实际影响的。换言之,康德认为我们可以解释实践理性为什么具有动机(Bewegungsgrunden)。然而一个不争的事实是,康德的伦理学理论自产生以来就一直面临着动机解说乏力的批评。那么,在动机解说的论证中,二者到底孰是孰非? 要想回答这个问题,我们首先需要从动机的概念谈起。

按照情感主义者的看法,一个道德判断必须能够促动行动者采取行动,而在这一点上,理性完全是惰性的(休谟,1980:452-453,497)。因此,为了说明道德判断的驱动力,我们就必须借助情感或者说人类感觉。但是很显然,康德拒绝情感主义者对道德行动动机的这种解释,他坚持认为道德行动的动机只能来源于人类的理性,而不可能来自人类的情感或人类感觉。原因在于,康德认为一切从情感或人类感觉来寻找行动动机的做法都不可避免地要依赖于我们所欲求的经验对象,而任何基于经验对象获得的对于行动的指导原则都是偶然和不确定的,道德原则作为对所有的理性存在者都有效的普遍原则不可能源于此。基于此,康德认为,我们对于道德原则及其动力的寻找应该从人的理性本质入手,也正是在这个意义上,当我们谈论康德的动机理论时,我们需要明确地意识到,康德所谈的动机并不是一个外在的对象或环境对一个行动的促动,而是行动者内在具有的能够产生行动的动力

(Triebfeder)。这个动力来源于理性,是"存在者意志的主观决定根据,而这个存在者的理性凭其天性并不必然合乎客观法则"(Cr5:72)。

从康德对道德动力的看法可以得知,康德对于道德动机的说明主要在于强调何以人的理性本质能够影响人的道德行动。既然他坚持认为来源于情感或人类感觉的东西依赖于某种外在的对象而是经验偶然的,因而绝不能成为普遍有效的道德法则的动力,那么理性作为人的本质属性因为其内在性和普遍性而成为人在意愿行动中能够做出道德选择的唯一来源,理性的法则就是人类意志选择道德行动的唯一动力。然而,一个切实存在的现象在于,人是具有感性和理性的双重存在者,我们的意愿行动同时受着感性和理性的双重影响,虽然理性是我们人作为行动者的内在动力,但感性也同样可以成为行动的内在动力,所以对于我们的道德行动而言,真正需要说明的是,理性的法则何以战胜感性的法则而成为我们的行动原则。要想回答这个问题,我们需要从康德所持有的动机观念的起点谈起。

对于康德而言,人的道德性在根本上源于我们人所具有的双重性格——感性和理性。正是因为我们属人的意志在选择行动时既有可能受感性的诱惑而选择不道德或非道德的行动,也有可能受理性的指导而选择道德的行动,属人的意志才不是神圣的意志、完善的意志,属人的意志才会有出于道德、合乎道德和违背道德的区分。但是正因为这种不完善性,属人的意志才是自由的意志,才真正表达了人类自我决定的能力。人正是在自我决定的实践行动中发现,尽管我们可以因为纯粹的实践理性而意识到一种归之于行动的客观法则,但是人的感性本质总是在这个过程中妨碍着它。就人的感性本能总是在实践行动中妨碍着人依赖于理性法则行动而言,康德承认说,人的道德行动总是受到人的感性所影响的。既然属人的意志作为不完善的意志总是受到感性的影响,那么单纯的对于理性法则的意识就不可能仅仅依赖理性自身就必然地遵守它。出于理性的纯粹实践理性法则作为一种道德法则,如何在与感性的争斗中成为影响人的意志主观准则,就是康德需要给出说明的。

按照康德的看法,虽然属人的意志总是受到感性的影响,因而总是经验的,但是为了普遍道德法则及其对属人意志的影响之缘故,我们对理性法则之于属人意志动力研究"唯一的途径就是谨慎地决定,在什么方式之下,道德法则成为动力,以及因为动力是法则,那么什么东西将作为那种决定根据对人类欲求能力的作用发生于这种能力之前"(Cr5:72)。以此观之,康德试图做的是预先寻找纯粹实践理性对意志的影响,而不是借助后天经验的方式来考察纯粹实践理性对意志的动力影响。现在,纯粹实践理性必须不借助后天经验对属人意志产生影响,那么纯粹实践理性对意志的影响就必须是直接的。① 问题在于,即使纯粹实践理性对意志产生了直接的影响,但这样一种影响如何产生出指向经验对象的道德行动却依然是一个谜。为了解决道德法则的动力问题,康德不得不面对出于理性的道德法则和感性之间的关系。

一方面,康德强调说道德法则作为单纯的法则形式只能通过理性表现出来;另一方面,康德也不得不承认道德行动总是要指向感觉的对象(即使是通过理性)。显然,道德的理性法则必然地要对感性产生影响。虽然康德坚持认为道德要求理性法则直接决定意志,但不可否认的是,意志不得不总是和感性相关才指向行动的对象,而理性法则却显然又不能直接地决定感性,因此,对于康德来说,虽然他不可能接受理性法则直接决定感性而产生出来的道德感,但是他也不可能完全拒绝道德感。既然道德法则不能直接决定道德感,而道德感又是道德法则产生行动所必需的动力,那么唯一可能的就是道德法则对道德感产生一种间接的影响。那么这种间接影响是如何发生的呢?

按照康德的观点,属人意志并不必然遵守道德法则,是因为我们的感性本质总是有一种对于经验对象所具有的快乐与不快乐的倾向(inclination),这种倾向对属人意志的影响是导致这种失败的根本原因。既然道德法则不能直接产生道德感,那么道德法则作为意志的主观决定根据的唯一可能性就是通过对这样一种倾向进行限制,进而影响感性情感。现在我们需要探讨这种限制到底是如何发生的。

康德认为就人的理性本质而言,道德法则要求属人的意志无条件地遵守它,这种对于法则的遵守是道德法则对意志进行决定的形式特征和行动自由的基础,它具有必然性。然而,人所具有的双重特征使得这种应然的必然性对人来说带有某种强制,这种强制使得行动者感受到某种痛苦。事情何以如此?原因在于,就人类的感性本质而言,我们有着追求快乐和因为追求快乐不成功而痛苦的天然倾向,道德法则作为意志的决定根据拒斥行动者基于感性追求快乐,因而导致了一种痛苦的感觉。不过,康德并不满足于道德法则与感性快乐在争夺有关意志控制权上的消极作用,他还给出了一个积极的说明。② 按

---

① 恩斯特龙(Engstrom S.)关于纯粹实践理性对意志的影响为什么必须是直接的给出了两点说明,具体论证参见 Engstrom, S. 2010: 97。
② 康德并没有解释他为什么不满足于道德法则对于道德感的消极作用。但是我们不难发现,这在根本上源于我们人类的本性更乐于从积极的角度去认知一个东西。当然,对于康德来说,道德法则对于道德感的积极作用是十分明显的,道德法则通过对感性欲望的挫败揭示了纯粹实践理性作为一种高级的能力能够自主决定我们意志行动的根据,凸显了我们的实践自由,让我们唤起敬重的情感。不过,一个不容忽视的要点在于,对于康德而言,感性上快乐与痛苦并不必然等同于理性判断上的善恶好坏。

照康德的看法,道德法则所掌管的道德判断关注的不是快乐与否,而是善好与恶坏,道德法则通过对感性欲望的挫败揭示了纯粹实践理性作为一种高级能力能够成为自主决定我们意志行动的根据,凸显了我们的实践自由,让我们唤起了一种积极的敬重情感。然而,严格说来,敬重的情感是基于纯粹实践理性的认知而产生的,完全是一种认知内化,而一种感性的情感则完全是外在刺激引起的,基于理性认知的敬重情感是如何可能的呢?

在康德看来,道德法则和人类情感都以某种方式影响着倾向,①因此道德法则通过倾向也就可以间接地影响人类情感。通过分析倾向,康德给出了理性的道德法则对于情感的间接影响。按照康德的主张,"一切倾向共同(它们也能够归入尚可容忍的体系,而它们的满足便称作幸福)构成利己主义(solipsismus)"(Cr5:79)。利己主义又被康德分别描述,一种是对自己过度的钟爱(philautia),另一种是对自己惬意的利己主义。"前者特别地称为自私(Selfstsucht/selfishness),后者特别地称为自负(Eigendunkel/self-conceit)"。(Cr5:79)纯粹实践理性把自私自然地和先于道德法则活动于我们之中的自爱仅仅拘囿于与这个法则符合一致的条件之内,因此自私也被称为自爱(Selbstliebe/self-love)。与此不同,纯粹实践理性对于自负而言首先是平伏,"因为在与道德法则符合一致之前先行出现的自大的主张,都是微不足道和毫无根据的,因为唯有对与这个法则符合一致的意向的确信,才是一切人格价值的首要条件"(Cr5:79)。就自负而言,只有就自大单单依据感性这种偏好才是道德法则所瓦解的。

依上可以看出,自爱和自负为了确保自身作为一种准则的有效性,就成为一种我们病理学上自我确定的偏好。但这种偏好在根本上指向的是作为某种人格的有效性,包含了某种准则,因此区别于那些可以简单归于动物的感性欲望。换言之,自爱和自负的偏好尽管是出于人类的感性本质而具有的情感表达,"虽然通过其准则完全不适用于普遍的立法,却仍然仿佛造就了我们整个的自我"(Cr5:80),它们试图为包含理性和感性双重特征的自我给出一个普遍的立法。正是在这个意义上,自爱成为这样一种偏好,依照其意愿的主观决定根据的自我,试图成为一般意志的客观决定根据;而自负,依赖于这种自爱,成了这样一种偏好,即试图使自身成为立法的和无条件的实践原则,也就是试图成为普遍客观的道德法则。然而,一旦自负试图为我们的意

---

① 康德并没有明确地表明道德法则或人类情感是如何影响倾向的,但他认为包含在经验对象中或快乐或不快乐的体验决定了我们的倾向,从这个意义上来说,感性的情感和倾向在本质上都是情感,而出于理性的道德法则则可以限制或修改倾向,参见 Cr:21-22,72-73。

志给出这样无条件的实践原则,纯粹实践理性就会排除自爱对于这个原则的影响,进而也就会对自负进行贬损,出于理性的道德法则作为意志的决定根据,在我们的自我意识中贬损我们,"这种东西在其是肯定的和决定根据的范围之内,自为地唤起对它的敬重,于是,道德法则也在主观上是敬重的根据"(Cr5:74)。至此,我们可以看到,何以基于理性认知会产生出一种敬重的情感。

从本质上来看,人性包含了感性和理性两种性格,感性通过情感影响着我们的意志做出行动选择,而理性则通过意志对人性的偏好进行限制或修改而间接影响情感,因此出于理性的道德法则先天地会排除倾向以及使倾向成为无上实践条件的偏好。正是在这种排除过程中,理性的道德法则对情感产生了间接的影响:一方面,理性的道德法则本能地否定感性作为意志行动的原则,从而导致自我的痛苦感,因而是消极的;另一方面,理性的道德法则作为一种理性意识,在与纯粹实践理性主体的关联中感受到倾向的刺激而不断地贬损感性自我,并同时在与贬损的道德法则的关联中形成对于法则的敬重情感,因而是积极的。虽然严格说来,出于理性的道德法则作为一种认知之力并不是一种情感的发生,"但是因为这条法则排除了抵抗,所以依据理性的判断,清除障碍也就等同于对因果性的一种肯定的促进"(Cr5:75)。因此,出于理性的道德法则对感性产生的作用就其积极肯定的一面而言,构成了道德法则施加于意志自身的动力,即敬重的情感。

现在我们对康德有关道德动机的思想做一个小结。可以看到,从意志概念入手,通过区分广义和狭义的意志概念,意志概念在康德那里作为一种欲求能力把规定根据置于主体的理性中时,意志成了自身的根据,表现为一种实践理性。当意志作为一种实践理性可以成为自身的决定根据时,我们很自然地进入理性法则自身是否可以成为促动行动动机的考察之中,而且,这种论证也额外地反驳了有关实践理性是否可能的疑问。通过详细分析,可以看出,对于康德而言,理性法则因为其特殊的内在性和普遍客观性而可以被称为作为意志的准则的法则,这为沟通出于理性的道德法则和道德行动的动机做了一个很好的铺垫。正是因为所有理性存在者都必然具有的理性法则内在地存在于每一个行动者的人性之中,出于理性的道德法则才能够在人性中对情感产生影响,从而成为意志行动的动机。虽然康德像休谟一样承认情感才是行动的直接源泉,但康德从来没有否认纯粹实践理性自身内在地就可以成为意志的决定根据,可以成为道德行动的动机。在这里可以看出,康德和休谟之间的裂痕也许并没有后人渲染的那么大。虽然我们不能否认情感在休谟那里的首要性和理性在康德这里的首要性之间的差异,但我们同样可以看到,当休谟主张理性单独不能成为意志的决定根据时,他意在主张情感必须参与其中,而当康德主张纯粹实践理性可以产生行动的动力时,他意在主张情感的产生是受到理性影响的。

三、科斯嘉德对道德规范性问题的证明

现在,让我们从康德转到科斯嘉德。尽管被看作一个康德主义者,但是科斯嘉德对规范性的辩护却并不完全与康德相同。她在部分地吸收了康德相关思想的基础上,发展出了一种关于规范性解释的建构主义理论。她认为规范性的观念关联于对道德的辩护及其正确性,在本质上是源于我们人类的反思心灵。按照卢克·罗素(Russell L.)的说法,科斯嘉德的主张是一种辩护的强硬要求。这种要求是这样的:为了表明道德拥有辩护性的规范性,仅仅表明道德是必然实践的和道德判断在事实上激发我们行动是不够的,我们必须为我们所有的道德信念和实践提供积极的辩护性理由。(Russell, L. 2009: 208)。在她看来,有关道德规范性的激发性解释虽然通过把必然的激发性考量归因于道德判断而得到实现,但这却只是道德规范性问题的一部分,我们仍然需要进一步追问这些动机是否合理。这也就是说,我们需要在激发行动的动机之外为动机的合理性提供进一步的辩护。而且,按照辩护的强硬要求的观点,这些辩护必须是一种积极意义上的辩护。换言之,没有否定的理由反对某个动机并不表示这个动机就是得到辩护的,甚至试图通过实践必然性为道德提供辩护也是不充分的。科斯嘉德写道:"很明显地,如果我们继续提出我们是否能够认可我们的道德本质的问题,我们就必须诉诸某些标准,通过它我们可以判断道德是好或是坏。道德必须通过这样一个观点得到认可或拒绝,即这个立场自身把主张加诸我们身上,因此,它自身至少是潜在地规范的。"(Korsgaard, C. 1996b: 54)从这里我们可以看出,科斯嘉德认为一种辩护的强硬要求必须是一种自我决定的方式。正因为如此,科斯嘉德认为,只有坚持一种康德式的意志自主的道德法则优先论,一种辩护性的道德规范性才可能得到满足。那么,科斯嘉德是如何为一种强硬道德要求提供辩护的呢?这种辩护又是否合理呢?

一般而言,虽然科斯嘉德的解答方案被看作是一种康德式路径,但事实上她采取的是一种并不完全相同于康德的构建主义方法。在科斯嘉德的辩护性过程中,她试图通过以下三个方面进行建构性的说明:第一,她通过康德式的绝对命令建构起规范性的理由;第二,她主张这些理由反映了我们的实践同一性,即自我描述是在自我赋值的过程中实现的;第三,我们每一个人都分享一个共同的实践同一性,即每个人都是一个反思的人,她把它等同于

一种道德同一性，进而，基于这个理由，我们把其他的人看作有尊严的理性行动者。接下来我们就要详细分析科斯嘉德的这种建构性思路并评价其是否合理。

（一）绝对命令的规范性

我们首先考虑科斯嘉德第一步的辩护。科斯嘉德认为，绝对命令作为理由的来源已经得到了辩护并且不需更进一步的说明。在科斯嘉德看来，"一个人必须基于理由行动"（Korsgaard，C. 1996b：99 n.8），这是由人类意识的反思结构决定的。这也就是说，人类意识的反思结构使得人必然处在实践推理的过程中。遵从康德的观点，实践推理是一种意志，而意志对于有理性的人而言就是一种自由的因果性，这种因果性能够独立于任何意志之外的因素而被确定。换言之，实践理性就是自由意志。对于自由意志而言，它因为是一种因果性而必然遵从一个法则或原则，从而必然给出一个原因的概念；同时，因为它不依赖于任何外在因素而能够给出原因，所以它必然是自己为自己给出法则，也就是说，自由意志也就必须是意志自主。"意志在所有行动中都是它自己的法则，仅仅表明这条原则：不按任何准则行动，除非按照同时能把自己作为一条普遍原则对象的法则行动。"（G4：424）只有在一个普遍法则之下，"它才不强加任何外在的限制于自由意志的活动，而只是简单地源自意志的本性。它描述的是一个自由意志为了展示自身而必须做的东西"（Korsgaard，C. 1996b：98）。自由意志的法则也就是绝对命令。① 综上所述，绝对命令辩护了一个可能的道德理由。

然而，绝对命令果真在一种积极的意义上为一种理由概念辩护吗？按照科斯嘉德的看法，通过绝对命令检验的自由意志就是它自己的权威，这也就是说，一个拥有自由意志的行动者通过绝对命令的检验树立起了自己的心灵和意志的权威。科斯嘉德试图表明，正是这种权威性使得我们可以为我们的行动寻找理由。但一个可能存在的问题在于：即使我们可以把心灵和意志看作是行动者在慎思和最后行动中依靠的基础，但这并不能为我们的实际行动给出一个积极辩护意义上的理由。那么，我们说一个行动者的心灵和意志拥有一个权威，因而不再需要被确立，这是什么意思呢？也许正如罗素所言，心灵和意志的权威性只能被理解为一种对实践推理的必然限制（Russell，L.

---

① 这里值得注意的是，科斯嘉德提出了绝对命令与道德法则的区分。对于康德而言，绝对命令就是道德法则，但对于科斯嘉德来说，绝对命令是使得主观准则能够普遍化为法则的检验程序，而道德法则却是根据一个在有效的合作系统内所有的理性存在者都能认可的准则而行动的指导原则。正是因为这区分，科斯嘉德具有创见性的有关"同一性"的思想才显得特别重要，参见 Korsgaard，C. 1996：99-100。

2009：218）。只有在这个意义上，我们的慎思和行动才最终都必须追溯到我们的心灵和意志。但如果这就是科斯嘉德辩护的全部，那么她基于自由意志的绝对命令为规范性理由给出的辩护就绝不是她强调的一种积极的规范性辩护。原因很简单，如果这种观点是对的，那么任何出于我们心灵和意志的自主行动就都是可以得到辩护的，这显然也就包括了有意作恶。

为了坚持认为通过了绝对命令检验的东西就是行动者有义务去遵守的一个无条件的理由，科斯嘉德试图通过区分绝对命令和道德法则的方法来构建她的论证。科斯嘉德认为，绝对命令给予了自由意志最起码的一个限制条件，它要求我们只根据我们能够意愿它成为法则的准则行动，通过它，我们可以排除一些不符合这个标准的准则。但是对于科斯嘉德来说，绝对命令并不能完全给出道德的内容。因此，我们需要一个更进一步的道德法则。这个道德法则应该具有如下的效用：一个行之有效的合作体系内的所有理性存在者都会同意把绝对命令当作行动的依据。科斯嘉德认为，绝对命令通过进化为道德法则就具有了实际内容。科斯嘉德试图表明，自由意志通过受制于道德法则而拥有了义务，因而成为规范性的来源。

（二）实践同一性

为了看清自由意志是如何受制于道德法则，科斯嘉德采取了她论证的第二步，即诉诸作为反思的合法终点的实践同一性。具有实践同一性的行动者在采取某个行动时自己提供出行动的准则并且通过心灵的反思认可把它看作一条法则，这样，行动者的行动准则也就被给予了行动理由的地位。被反思的心灵所拒斥的某种实践同一性的法则带来了义务，理由表达了行动者的同一性和本性，行动者的义务源于同一性所禁止的。

科斯嘉德认为，自由意志所依据的每一个法则，都对应着一个自我观念。当心灵在反思时，似乎有什么东西凌驾于你所有的欲望之上，这个东西就是"你"。例如，如果一个人反思时所依据的法则是道德法则，即普遍适用于共同体中所有理性存在者的法则，那么他就是把他的自我当作目的王国中的公民，而一个把利己主义法则作为其反思依据的人则是把他的自我置于利己主义者的概念之下。事实上，正是一个人构想自己的方式产生了其自由意志可能依据的法则。换言之，一个自我便引申出一个法则。依据某个法则做出反思性认可，便意味着保持某种自我的实践同一性；反之，违反某个法则，便破坏了与此相应的实践同一性。

科斯嘉德试图表明，各种实践同一性是深刻而重要的。因为这些实践同一性自身是既可以主动包容又可以被动承受的东西，这种特质使得我们通过反思可以衡量这些实践同一性对我们而言是否真的如此重要。我们的实践同一性,通过一种主动包容的态度,而不是被动承受的态度,为各种实践同一性提供出的法则赋予了价值。

然而在这里,科斯嘉德的辩护并不是十分清楚。从表面看来,科斯嘉德似乎辩护了一种所谓的人格完整性或同一性。但是"同一性"的问题因为她在不同意义上对"自我"概念的界定而变得模糊。在她看来,一般而言,我们的同一性是建立在我们不同的实践角色基础之上的。然而,她又说道:"处在角色之下的责任观念唤起的实践同一性概念并不是唯一的。"她同时也提出了这样一种表达:"如果我(I)做了,我(I)将不能与我自己(myself)一起生活。"(Korsgaard, C. 1996b:101)在这里,"我做了"的意思是指一个行动者违背了那些因为角色规范而应该去做的事情;但是科斯嘉德用"我"和"自我"标示出的两个"自我"概念却很难理解。按照她自己的说法,"我自己"应该指的是那个我必须拥有以便保持我之为我的完整性或同一性,那么"我"指的就是能够进行反思的心灵或自由意志。按照这种解读,作为心灵的"我"如果要行动,就必须满足一个不知从何而来的完整性或同一性。在这个意义上,这种同一性显然不是指的源于实践角色的同一性,而是某种先天形式上的同一性。但是按照她的构建主义原则,正是立足于实践,作为主体的"我"才在具体的环境中构建出一个实践同一性和一个道德实践同一性。如果我们倾向于认为科斯嘉德坚持的是一种建构主义的实践论,那么科斯嘉德对同一性的辩护必然表现为一种实践的自我保存。

事实上,科斯嘉德也更倾向于如下一种实践论上的建构主义。按照这种观点,科斯嘉德认为实践同一性是道德理由追问过程中必然的自然终点,实践同一性不再需要反思。对于实践同一性来说,无非就是一个让它呈现出来或违背它的最终选择。正如上面提到的,违背实践同一性在科斯嘉德看来包含着巨大的损失,甚至比一个人失去生命还要严重。在自我保存的意义上,我们必须遵守实践同一性,因为只要一想起不能自我保存我们就会在实践中退缩。① 然而,这样一种辩护显然不是对规范性的一种积极辩护。为了表明一种积极的辩护,我们必须进一步追问我们不应当损害自己的理由。事实上,当我们面对一些极端不道德的行动时,我们宁肯选择死也不愿妥协,正如科斯嘉德自己主张的:"大部分人宁愿死也不愿意失去他们的同一性。"(Korsgaard, C. 1996b:161)那么在这种情况下,为我们的实践同一性进行辩护就不可能仅仅被说成是出于自我保存的原因。至少存在道德原因而自杀的行动,而这些行动是得到积极辩护的。这也就是说,在自我保存之外,我

---

① 尽管这种现象并不是客观必然的,但是一般而言,我们的日常生活行动确实如此。

们有着另外的某种标准作为我们实践同一性的辩护。

科斯嘉德显然注意到了这一点,她主张说保存一个人的实践同一性并不是单纯的自我保存,实践同一性还是对一个行动者自我赋值的描述。因此,当我们自我损害时,我们可以被看作是为了保存我们的同一性价值。科斯嘉德明确地表明,违背自我概念就是丧失了个人的完整性或同一性,"你将不再是你所是的那个人了"。一个行动者就再也不能自我赋值,不能寻找到生活值得过和行动值得做的意义。"对于你所有的实践性目的来说,这种情况是跟死一样糟糕,甚至是比死还要糟糕的事情。"(Korsgaard, C. 1996b:102)

现在我们要问,我们的自我保存和自我赋值为我们的规范性来源提供了积极的辩护吗?答案显然是否定的。即使我们同意说自我保存和自我赋值是实践同一性得到辩护的条件,但是关于自我保存和自我赋值却依旧存在一种倒退的追问:自我保存的标准何在?自我赋值是何以可能的?为了应对这种挑战,科斯嘉德试图把实践同一性和道德联系起来。这也就是科斯嘉德提出的第三步的辩护方法。

(三)道德同一性

在最后一步的辩护中,科斯嘉德试图联合我们的行动理由并确保它们是道德的理由。但是很显然,某些实践同一性并不是道德行动的合适来源,比如恐怖分子把自杀式袭击当作是实现某种所谓崇高目的的行动理由。在这种情况下,科斯嘉德如何表明一个特殊的实践同一性就是能够正确地提供道德义务的实践同一性呢?

正如科斯嘉德自己意识到的,一个处于现实社会的行动者,总是拥有诸多的社会角色及相关的实践同一性,因此,他也就拥有多种构想自身同一性的方式。不同的实践同一性要求的法则不尽相同,这就使得不同的实践同一性按照不同的实践法则可能导致彼此的冲突。理所当然地,这些彼此冲突的实践同一性法则不可能都能通过绝对命令和道德法则的检测,例如科斯嘉德所举的理想化的黑手党成员的例子(Korsgaard, C. 1996b:183)。更为重要的是,个人成长总是基于相关的环境因素,个人所拥有的这些基于角色的实践同一性也都只能是一种偶然性的标准,而科斯嘉德想要表达的实践同一性却是一种普遍必然性。一种具有普遍必然性特征的实践同一性被应用于各种可能冲突的经验实践是如何可能的呢?

针对上述挑战,科斯嘉德试图通过诉诸作为人类实践必然的道德同一性概念进行辩护。科斯嘉德相信,作为反思人类的自我概念就是正确的实践同一性,这种同一性总是应当在我们的行动中完全被表达出来,而且她相信"它是一个能产生道德正确行动的充分厚的和详细的自我概念"(Russell, L. 2009: 222)。尽管科斯嘉德自己也承认,我们诸多的实践同一性中充满了偶然性,甚至某些我们最深厚的关切也只是我们误打误撞才具有的,这些实践同一性所要求的众多法则本身并不具有普遍必然性;但是在她看来,一种经过自我反思的检测的偶然性必然会过渡到一种普遍的必然性。因为只有通过这种过渡,出于我们心灵的一种行动原则才可能成为道德法则。

在科斯嘉德看来,各种不同的实践同一性的法则构成了可能的道德法则的材料。这些法则进入心灵的反思结构,通过"只有对共同体中的每个理性存在者都有效"这一裁断标准而成为道德法则。与此相应,虽然这些实践同一性要求的法则都可以产生相应的义务,但是,并非所有的义务都是道德义务,只有一种道德的同一性才能够确立起我们的道德规范性。科斯嘉德说道:

> 人类意识有一个反思结构树立了我们的规范性问题。因为这个我们要求行动的理由、一个正确和善的概念。基于这样一个概念去行动转向了对你的同一性的实践概念的拥有,在这个概念之下你为自己赋值,发现你的生活是值得过的,以及你的行动是值得承担的。这个概念对你来说是规范性的,并且在某种情形下能够强迫你,因为如果你不允许自己被你的任何同一性概念所掌控,那么你将没有理由去行动和生活……如果你没有你的同一性的规范性概念,你不会有理由行动,又因为你的意识是反思的,你将完全不能行动。(Korsgaard, C. 1996b: 122-123)

可以看出,科斯嘉德试图说明,我们的反思心灵是一种根本意义上的实践同一性,即道德同一性。如果我们已经认可说各种实践同一性是能够给予我们各种规范性义务的,那么这些不同实践同一性的来源就只能源自我们更为基本的心灵反思结构。这也就是说,如果我们想通过各种实践同一性赋予不同的东西以价值,我们就必须首先肯定我们反思心灵的人性以价值。只有确定了人性的反思结构本质上是规范的,我们才有理由行动。因为我们确实能够按照某些理由行动,那么我们出于人性的反思结构的理性行动是可能的,所以我们的人性确实是有价值的,我们的人性就是目的自身。按照这种解释,人性作为最根本意义上的道德同一性给予我们规范性的义务,这种规范性源于我们人性的反思结构,对于所有人性来说,都是一样的。在这个意义上,人性是自身的目的,我们的规范性义务不可避免地来自人性,基于人性的实践推理是客观的,一个理性行动者把自己设想为目的王国的公民,认为自己是共同体中理性存在者的一员,也就是必然的、不可逃避的。

正是从根本的道德同一性出发,各种实践同一性才在一个共同体中展现出我们自身与他人的关系。只要不违反道德同一性,各种实践同一性通过各自的角色实践认可不同的价值才使得我们的生活是有意义的。事实上,在科斯嘉德看来,一个人把自己设想为目的王国的一个公民,就是设想自己在不违背道德同一性的前提下以某种方式与他人相互联系。一个人在道德同一性的基础上,通过自主地把某些法则采纳为自己的理由而建构各种不同的实践同一性,这意味着我的理由是我的实践同一性的一部分,我建构我的实践同一性。因此,我并不先于我的理由而存在。理由,作为处在共同体中的各种实践同一性的组成部分,任何时候都是公共的。道德的理由与义务在不冲突的情况下从来都不曾取消各种实践同一性的法则而作为行动的理由,它们在成为理由的过程中持续地发生着作用。

科斯嘉德试图表明,通过一种先验的论证,实践的反思心灵结构作为我们的道德同一性为我们道德行动的规范性提供了积极的辩护。科斯嘉德也试图表明,康德意义上的道德义务通过我们的实践同一性落实成为现实的义务。承担义务,也就是使我们自己的生活必须保持在由我们的角色和计划决定的轨迹上,而不受懒惰、自私或怯懦的诱惑,承担义务就是我们日常事务的一部分。

然而,在这个辩护中,科斯嘉德可能面临的问题是关于心灵反思结构的实践同一性:到底是因为把自己反思为目的自身而成就辩护性的规范性,还是仅仅因为反思的能力而成就一种激发性的规范性? 如果是后者,那么她终究不能为道德的规范性提供一种积极的辩护理由。如果是前者,那么一种心灵的反思结构只能通过一种先验的论证才能为实践行动提供辩护性的规范性,这显然也不是她所谓的积极的理由。但是如果一种反思结构不是被先验证明的,那么它又如何能够把一个自我分离于被假设的所有欲求之上而来评价那些欲求呢? 一个自我又如何分离于被假设的所有标准来评价基本标准呢?

(四)基于反思心灵对道德规范性辩护的失败

事实上,当科斯嘉德试图满足辩护的强要求时,自我的概念是无内容、无广延的。或许,借用科斯嘉德自己对工具理性的批判是十分适宜的,自我的概念或道德同一性的概念与她批判的工具理性概念一样,并不能单独成立(Korsgaard, C. 1996b: 67)。正如工具理性原则必须通过联结某些具有规范性特征的东西并把它们变成为我们的欲求目的才能具有规范性一样,自我的概念或道德同一性的概念也只有关联于某些具有客观规范性的东西并把它们变成自我或道德同一性运用于其上的东西，才能具有实质意义上的辩护性。换言之，道德同一性的概念要么是空的，要么只能是具体的各种实践同一性概念。当然，我们可以也需要接受说，各种实践同一性都具有形式意义上的源自我们的自我反思心灵的道德同一性概念，但是这个概念只能是一种消极意义下的辩护，而不是一种对于规范性的强硬的积极辩护。事实上，任何一种实质意义上的规范性辩护都源自我们的反思心灵与我们所处的客观世界的关系。因此，不是自我的反思心灵单独构成规范性的来源，或者说，我们的反思心灵只是把属于我们所处的客观世界的规范性本质反映到我们身上，从而使我们的生活具有了规范性。但是，这种看似合理的说明在实质上并不能为我们的行动理由给出道德规范性上的说明。在我看来，即使我们有理由相信科斯嘉德认可对规范性的解释必须要说明一个行动的发生动机，但是她的实际论证却并没有向我们展示这一点。

基于上述这些挑战，休谟主义者认为在我们的欲求和实践之外，没有对它们的积极规范性辩护也许是对的，我们并不能假设拥有一个无条件的积极性的规范性辩护。我们最好认识到我们对强辩护要求的无能。只要我们认识到这个事实，我们就能揭露反思、辩护的观念，在更加有限的框架内是如何更加适合于我们的道德生活的。那么，一种休谟式的规范性主张是怎样的呢？它又是怎样为我们的规范性现象提供说明的呢？这是我们接下来的一章所承担的任务。

第四章　休谟主义对理由规范性的证明

与康德主义试图为道德规范性提供一个强辩护不同,休谟主义有关规范性问题的回答更多聚焦实践激发性。人们对于休谟主义的关注也更多地停留在其行动动机理论和工具理性之上。很多研究者认为,休谟主义仅仅在行动动机的意义上为道德规范性问题提供了实践激发性的解释性说明,但却并没有为道德规范性问题提供一个客观普遍性的辩护。原因在于,休谟主义的实践理性观点常常被等同于工具主义,而他们的道德规范性理论也因这种工具理性观点遭受批评。

然而,本章通过论证试图表明,许多被归于休谟主义的观点其实并非休谟本人的思想,因此很多相关的批评并不公允。为了看到这一点,我们将基于休谟的文本重新分析其动机理论;在此基础上,我们将表明,尽管休谟接受了工具主义的观点,但他却严格地把它限制在有关行动的经验欲求和与之适当相关的完成手段上。在道德规范性问题上,休谟虽然接受工具主义作为行动理由的要求规范性,但他同样对理由规范性给出了他自己的客观性辩护。

一、休谟论行动动机

休谟式动机理论[①]作为一个教条在道德心理学和行动哲学中产生了深远的影响。一方面,它作为休谟道德理论的核心对立于康德的道德理论,这种对立最直接的影响就是产生了有关行动理由的激发性和规范性的争论;另一方面,它作为实践理性的典型成了工具主义的代表,这种典型性导致的结果就是产生了理性和欲求在行动理由中到底扮演了什么角色的争论。然而十分遗憾的是,这些争论在很大程度上导致了人们对于休谟哲学理论的误

[①] 休谟式动机理论泛指人们归之于休谟的一个广泛阵营,而本书的标题用的休谟动机理论试图澄清的是休谟本人关于动机的思想。

解,这种误解直接来源于以下两个观点:其一,欲求和信念作为两种不同的心理状态分属感性和理性;其二,理性应该仅仅作为激情的奴隶发挥一种工具性的价值。然而,上述两种观点对于道德哲学应该担负的责任相较于人们归之于休谟导致的哲学上的混乱而言言过其实了。

在本部分,我们将通过论证表明,休谟的动机理论与我们习惯性地归之于他的休谟式动机理论是存在差异的,与此同时,很多由于休谟式动机理论导致的不良影响其实不应该归于休谟。为此,我们将基于休谟的文本重新考察欲求和信念的本质。与很多研究者把休谟式的动机理论放诸内在理由和外在理由争论的大背景下进行讨论不同,[①]在这里,我们试图诉诸休谟有关欲求和信念的观念都是一种自然主义的心灵倾向概念对休谟式的动机理论进行重新审视,清除很多因为把欲求看作一种单纯的现象学观点对休谟动机理论带来的困难,进而改变人们对休谟动机理论仅仅作为一种工具主义的看法。无论是休谟论者,还是反休谟论者,当他们把一种传统的休谟式动机理论当作休谟本人有关行动理由的观点并进行立论或驳斥时都是不正确的,[②]至少对休谟来说,并不是十分公平的。

(一)欲求的本质

什么是欲求?按照休谟的观点,欲求是激情(passion)的一种,而激情则属于某种特定的情感(feeling)。为了看清激情、欲求和情感之间的关系,我们需要分析休谟关于感觉印象和反省印象的区别:

> 一个印象最先刺激感官,使我们知觉种种冷、热、饥、渴、苦、乐。这个印象被心中留下一个复本,印象停止以后,复本仍然存在;我们把这个复本称为观念。当苦、乐观念回复到心中时,它就产生欲望和厌恶、希望和恐惧的新印象,这些新印象可以恰当地称为是反省印象,因为它们是由反省得来的。(休谟,1980:19)

通过上面这段表述,我们可以看到,快乐或痛苦等这类感觉构成了欲求和厌恶等这类激发性激情的原因。进一步地,快乐或痛苦的观念不但产生了激发性的激情,它们还使得我们相信它们存在或将会存在。这也就意味着,欲求这

[①] 现代行动哲学中这种争论最早可以归咎于伯纳德·威廉姆斯,参见 Williams, B. 1981。

[②] 事实上,关于行动理由的说明一直都存在着比较大的争议。这种争议主要存在于行动理由到底是一个客观事实还是一种主观心理态度的争论,参见 Grice, G. R. 1978: 209-220; Smith, M. 1994: 95。与此相应,有关行动理由的争议也存在于认知主义者和非认知主义者之间,更有甚者,也有人质疑行动理由概念本身,参见 Foot, P. 1978: 156。

类印象都是通过被我们的感觉感知到而呈现出来的某种心理性情感,借用史密斯的术语,我们称之为"现象论观念"(phenomenological conception)。① 然而,作为情感的欲求并非我们在认识意向性行动动机时的全部。因为按照这种观点,欲求仅仅只是一种情感,这也就意味着欲求只是一种特定的现象性内容,欲求只能通过我们的感觉得到确认。在这个意义上,如果我们认为欲求观念可以被认识,那也只能是主体通过感觉感知的方式确认。这也就是说,当且仅当一个主体通过感觉确信他欲求去做某件事时,他才欲求去做那件事。② 正是在一种现象论观念的解释之下,反休谟理论的动机观才批判说,休谟有关欲求的看法并不能解释为什么我们在道德生活中做出许多我们显然并不欲求做出的意向性行动。然而,这样的批评是站不住脚的。因为十分明显的是,欲求并不仅仅是一种情感,欲求作为一种激发性激情是心灵中快乐或痛苦这类情感,或者对快乐或痛苦的一种确信观念的偶然印象。这种偶然印象并不仅仅是一种现象性内容,它还包含有心灵反思之后的命题性内容,这是单纯的感觉不具有的。正如史密斯恰当指出的,"欲求的归属可能以'A 欲求那个 P'的形式给出,其中'P'是一个命题句",而单纯的感觉,比如说痛苦,并不能以"A 痛苦那个 P"的形式归咎于 A(Smith, 1994: 107)。如果这种观点是正确的,那么现象论观念就不是对欲求的一种合理解释,我们应该寻求对欲求的其他可能解释,这样一种解释显然应该能够同时解释欲求的感觉性质和命题性质。对于这样一种解释我们并不需要刻意寻找,因为休谟自己就已经为此给出了说明。

在《人性论》"论影响意志的各种动机"这一节中,休谟认为很多形而上学家经常会产生一种错误,即他们认为一种猛烈的情绪会对行为产生影响,而一种与此同类的平静的情感则被认为没有对行为产生影响,或错误地被归结为理性的力量。然而,休谟明确地表明,存在着一种和理性具有相似特征的平静情感,这些情感"虽是实在的情感,可是它们在心灵中却产生很少的情绪,而且多半是由它们的效果被人认知,而不是由它们的直接的感觉被人认

---

① 史密斯区分了强现象论观念和弱现象论观念,前者把欲求完全看作是感觉,认为欲求本质上只是具有一种特定的现象性内容的状态;后者则认为欲求不但具有现象性内容,而且具有命题性内容,参见 Smith, M. 1994: 104—112。
② 笔者的这个观点受益于史密斯,但是和他有所区别。在史密斯看来,如果主体处于一个带有特定现象性内容的状态中时,当且仅当她相信自己处于一个带有那种内容的状态中,由此,史密斯开始批判这样一种观点:"一个主体当且仅当她相信自己欲求去做某件事时,她才欲求去做那件事。"参见 Smith, M. 1994: 105。但是在笔者看来,史密斯直接把一种现象论观念联系到相信这种状态,而没有表明它是通过感觉还是理性的反思是容易引起混乱的,因为这在根本上关涉信念到底是感觉还是理性的问题,这对于信念和欲求作为心理状态的归属极其重要。

知的"(休谟,1980:455)。十分明显,这种平静的情感与作为一种直接通过感觉而得到确认的激情不同,它是通过效果被人所知道的。这也就意味着,平静的情感不是一种通过现象性观念而被认识的状态。现在,既然休谟提出的平静的情感并不是一种现象性观念,那么它可能是什么呢?

考察休谟的观点,既然一种平静的情感是通过效果被人认知的,那么我们可以合理地推断,平静的情感是作为一种通过理性而被认知的功能性状态。按照这样一种功能性状态的观念,遵照史密斯的解读,"我们将会把欲求去做某件事φ视为具有某一组特定倾向,在条件 C 之中对ψ的倾向,在条件 C'中对χ的倾向,等等,在其间,为了获得条件 C 和 C',主体必须尤其具有某些其他的欲望,并也具有手段—目的的信念,即关于去做φ时倾向于ψ、去做φ时倾向于χ,等等。"(Smith, M. 1994:113)。在这种情况下,欲求作为一种功能性状态使得平静的情感可以通过非事实性的认识论而被分辨出来,我们可以称之为倾向性状态的认识论。欲求作为一种倾向性状态,一方面具有认识论的特征,即具有某种命题性的内容;另一方面具有情感感知的特征,即具有某种现象性特征。前一特征使得欲求具有命题性内容这一特点可以得到合理的解释,后一特征使得欲求作为一种主观的心理情感能够展现欲求与行动动机之间的关联得到证明。在这里特别值得强调的一点在于,一种倾向性状态的认识论并不是很多休谟论者所主张的因果性观点,而是一种建立在人的心理习惯基础之上的倾向性认识。①

遵循史密斯的观点,一种欲求的倾向性观念使得我们可以解决许多面临的问题。概括而言,可以包括以下几个方面:第一,一种倾向性的观念通过解释一个欲求怎样可以具有倾向性内容而关乎何为一个欲求,而欲求的命题性内容也在这样一种功能性状态中得到说明;第二,一种倾向性的观念使得对于欲求的一种认识论约束成为必需,即欲求的认识论必须允许主体在关于他们具有的欲求上是可错的;②第三,一种倾向性的观念通过欲求是不是某些感情在特定条件下形成的倾向,既可以解释"某些欲求本质上具有现象性内容",也可以解释"某些欲求完全缺乏现象性内容";第四,一种倾向性的观

---

① 这一点十分重要。很多休谟论者正是因为没有注意到一种倾向性认识和因果性认识的不同而不能解释欲求所具有的命题性内容,继而不能跳出把欲求仅仅看作是一种现象论观念的看法,这在根本上动摇了休谟的动机理论。这种观点明显地表现在斯特劳身上,他认为休谟相对于"强烈的情感"区分出来的"平静的情感"会导致"欲求被设想为作为行为的原因",参见 Barry Stround, 1977:166。

② 这一观点主要体现在把欲求处理为现象论观念时可能导致的一个原则性错误,即"当且仅当主体相信他们欲求去做某件事时,他们才欲求去做那件事",参见 Smith, M. 1994:106。史密斯通过两个反例证明了现象论观念的这种错误,参见 Smith, M. 1994:107。

念因为关注主体做事情时的条件获取而要求欲求与信念具有某些关联;第五,一种倾向性的观念使得我们可以了解,即使欲求和信念相关,但我们仍然可以通过适应指向的差异恰当地区分欲求和信念。

综上所述,通过展示欲求作为一种倾向性的概念,我们一方面可以保持欲求作为动机应该所是的心理状态,另一方面又可以使得欲求所具有的命题性内容得到说明。然而,欲求作为以一种倾向性的概念并不能完全明晰休谟的动机理论给我们带来的困惑。因为休谟的动机理论在本质上主张动机包括一个欲求和一个适当相关的手段—目的的信念。而"信念"这个概念在休谟那里到底具有什么内涵在目前的情况下并不明晰,这需要我们进一步考察。

(二) 信念的本质

在休谟看来,信念表达的是行动者的一个认知性命题态度(propositional attitude),它可以给出有关行动主体和世界的关系性说明。这种说明通过信念而具有的以下两个特征得到细化:第一,信念作为一种意向性状态具有"心灵向世界"(mind-to-world)的适应指向(direction of fit),这使得作为行动主体心理状态的信念可以和世界联系起来;第二,信念作为一种意向性状态在本质上依赖于人的感官。按照休谟的观点,一个信念的拥有涉及行动主体通过感官的反复作用而具有的印象,这是心灵关联于世界的形成方式。[①] 然而,因为休谟在根本上是一个怀疑论者,所以他并不相信信念是通过人类的反思获得的,相反,他认为信念是通过习惯形成的,这一点尤其明显地表现在他对因果关系的看法上。他认为基于习惯性联想的因果推理让我们有了关于对象和事态的信念。休谟虽然认为信念是推理的,但是作为推理唯一形式的因果推理却不是理性反思的,而是一种习惯性的联想。为了更好地理解休谟有关知识的思想,并进而理解休谟有关动机的思想,我们有必要仔细考察休谟有关信念本质的思想。

按照休谟的观点,"当一个对象的印象呈现于我们的时候,我们立刻形成它的通常伴随物的观念;因为我们可以把这点作为意见或信念的定义的一部分,即它是与当前印象相关联或相联结的一个观念"(休谟,1980:111)。在这里,信念就是一种观念,而观念来源于我们的感官印象。然而,如果这就是休谟关于信念的全部,那么信念和欲求在本质上就没有什么区别。因为按照

[①] 事实上,休谟在主张信念来源于印象时,还区分了信念和观念。按照他的看法,这二者之间的区分可以按照活泼性和生动性加以说明,参见休谟,1980:114-117。徐向东对休谟的这一区分做出了一个细致的说明,参见徐向东,2006:294-295。

休谟的观点,欲求是激情的一种,而激情又是一种特定的情感,所以信念作为一种感觉(sensation),印象和欲求作为一种情感(feeling),具有同样的本质,至少是具有相似的本质。既然休谟认为欲求和信念是两种不同的东西,并且二者彼此不可以相互转化,那么一种很合理的推测就是上述休谟给出的说明并非有关信念的全部。事实上,休谟紧接上面的论述马上又提及了信念和观念的区别:"一个对象的观念是对于这个对象的信念的一个必需的部分,但并不是它的全部……那个差异必然存在于我们构想它的方式中。"(休谟,1980:112-113)在休谟看来,观念和信念的差别在于心灵构想的方式差异上。问题在于,这种差异是什么呢?

事实上,就观念和信念都来源于印象而言,这二者并没有本质上的区别,因为这是我们与世界联系的本质:客观世界的对象正是通过我们的感官在我们的头脑中形成当前印象。不过,一旦我们和世界通过当前印象相关联,我们就进入了心灵构想,观念和信念的不同在这一层面开始显现出来。按照休谟的观点,虽然观念和信念都是与当前印象相关联,并且与之靠近而被产生出来,但是二者通过心灵被产生出来的方式却是不同的。对于一个观念来说,我们是通过感官的直觉把握产生出一个观念,或者通过想象力产生出一个观念,按照这种心灵构想方式呈现出来的观念既可以为真,也可以为假。[①]与此不同,虽然信念也可以被看作是关联于一个当前印象的观念,但它是对于观念的"一种强劲而稳定的概念化"(休谟,1980:115)。正是通过这种概念化的心灵方式,我们彻底地把观念和信念区别开来。如果说观念是我们的心灵通过直觉或想象力加于一个对象的当前印象,那么,信念则不是通过简单的直觉或想象力可以达到的,它"并不是我们加于一个对象的简单概念上的某种新的观念"(休谟,1980:666),而是当前印象通过反复呈现被心灵感觉到的反思印象,这种反思印象因为反复的原因而具有比一般观念在程度上更加强烈的生动性和活泼性。[②] 然而问题在于,通过区分印象的生动和活泼与否来区分观念和信念,或者说欲求和信念,我们就真正把握到了二者的根

[①] 徐向东对此做了一个示例说明。对于"金山"这样的概念我们可以拥有一个观念而不必相信它。或者,即使"金山"这个概念实际所包含的内容被证实并不存在,我们也依然可以保持它的内容。徐向东试图以此来说明观念和信念的区别。客观地说,徐向东的示例很好地说明了二者之间的区别,但是从这个示例并不能从本质上区分信念和观念,参见徐向东,2006:294-295。

[②] 因为休谟坚持一种怀疑论的观点,所以他否认这种反省印象是源于理性的作用,而仅仅是一种心理习惯以及基于此的心理倾向。另外,徐向东在解读休谟观念与信念的差异时,也认为这种信念是一种非反思性的信念,不过,在笔者看来,当他在紧接的文本中使用"反思印象"时,这表明了他自身的一种矛盾,参见休谟,1980:295-296。

本差异吗？或者说，这种区别到底在何种意义上有助于我们理解二者的不同？答案并不那么显明，我们还需要对信念做进一步的分析。

按照休谟的观点，观念作为一种知觉方式是信念的必要条件，但并非其充要条件，因此，信念绝对不是一种单纯的观念，同时，信念也不是印象。那么，信念作为一种知觉方式到底是什么？它是如何进入心灵成为一种心灵活动的呢？

休谟认为，"知觉并不是推理……并没有运用任何思想或活动，而只是通过感觉器官被动地接纳那些印象……只有因果关系才产生了那样一种联系，使我们由于一个对象的存在或活动而相信，在这以后或以前有任何其他的存在或活动"（休谟，1980：89-90）。很显然，信念作为人类心灵的活动是一种通过感官而对对象存在或活动的相信，它是心灵主动推理活动的一种结果。然而，按照我们前面的分析，信念具有"心灵向世界"的适应指向，它反映的是心灵对于客观对象的被动接受。这二者之间是一种悖论吗？回答当然是否定的。然而，要对信念的这两种不同表述做出一个圆满的说明，我们还有进一步的细节需要澄清。

因为信念被看作是心灵主动推理活动的一种结果，所以我们首先有必要阐述一下推理和信念之间的关系。在《人性论》中，休谟提及了他对推理和信念的独到之见。在他看来，被全体逻辑学家所普遍接受的一个确立原理是错误的，这个原理认为"知性的作用根据通俗的看法分为概念、判断和推理，并在于我们给它们所下的定义……推理的定义是：借着指出观念间的关系的中介观念把那些观念分离或结合"（休谟，1980：114）。然而，休谟通过"存在观念"的例子分析认为，"存在观念并不是我们用来与对象观念结合起来的一个独立观念"（休谟，1980：114-115），并不是能够借助于把两个差异的观念结合起来这种方式形成一个复合观念的一个独立观念，存在观念无须应用两个观念，也无须借助第三个观念作为命题的中介，就可以运用我们的理性进行推理。按照休谟的看法，这种推理无非就是想象我们的对象的特定方式。按照这种理解，我们人类心灵发挥的知性作用无非就是对于对象的概念化，"在这个场合下所出现的唯一显著的差异就是：我们在这个概念上加了一种信念，并因而相信了我们所想象的那个事物的真实"（休谟，1980：115）。对于休谟而言，推理是对某个对象的概念化观念做某种不同方式的构想而已，而"信念只是对任何观念的一种强烈而稳定的概念，只是在某种程度上接近于一个先前印象的那样一个观念"（休谟，1980：115）。

很显然，休谟拒斥了经院哲学家们普遍接受的推理概念，而把推理的概念直接转换成了心灵构想客观对象的活动，这样一种活动才是真正的推理，真正的推理并不是通过其他中介观念来联结两个观念,而是直接从结果推断出它的原因,而这种活动的结果只有信念一种。正是借助于因果关系的概念,休谟最终明晰了信念的本质。那么,休谟到底是如何把信念的本质明晰出来的呢?

按照前面业已分析的休谟的观点,信念关联于当前印象,并与之"靠近",而且"被产生"。不过,吊诡的是,一方面,信念本身并非印象;另一方面,信念的强力和活泼性却是由当前印象赋予的。那么,信念和印象到底是一种什么关系呢? 对于这个问题的澄清需借助于因果关系。在论及信念的原因时,休谟说道,"只有当前印象,才能被认为是观念和伴随它的那种信念的真实原因"(休谟,1980:115)。这也就意味着,无论是观念还是信念,最终的根源都在于当前印象,正是通过当前印象,客观对象关联于人类心灵,当前印象凭借这一特殊功能在源头上构成了整个的知觉系统。在这个意义上,推理和信念作为当前印象的一种概念化衍生,二者都是一种被动的"心灵向世界"的适应指向。然而,心灵并不会停留在此,它还会主动进行推理。"这个知觉系统被习惯(您也可以称之为因果关系)把它和另一个知觉系统联系了起来。"(休谟,1980:128)这另一个知觉系统是什么? 按照休谟的看法,一旦第一个知觉系统通过习惯或因果关系被连接于另一个知觉系统,那么心灵就进而思考另一个知觉系统中的观念,"因为它感觉到它在某种意义上是必然地被决定了去观察这些特殊观念,而且决定它这样做的那种习惯或关系不容有丝毫变化,于是它就把它们形成一个新的系统,也把它们庄严地称为实在物"(休谟,1980:128)。换言之,第一个系统是仅仅依赖当前印象而指向客观对象的记忆和感官,而第二个系统则是在此基础上心灵主动推理形成的对于客观对象的信念的实在性判断,是心灵运用习惯或因果关系形成的信念系统,是心灵的主动推理,这与第一个系统作为一种被动的"心灵向世界"的适应指向是不同的。正是通过区分出两个知觉系统,我们明晰了信念在休谟文本中既是心灵主动推理,又是心灵被动适应世界的这种看似矛盾的表面论述。不过,这里依然存留的一个困惑在于,习惯或因果关系是如何让心灵产生一种被动向主动变化的内在转向的? 为了回答这个问题,我们需要从两个方面入手。

首先,我们需要明白,因果关系在休谟这里扮演的是什么角色。在《人性论》第三章第二节《论概然推断;并论因果观念》中,休谟认为"一切推理都只是比较和发现两个或较多的对象彼此之间的那些恒常的或不恒常的关系"(休谟,1980:89),而且,"当两个对象连同它们的关系呈现于感官之前的时候"(休谟,1980:89),我们只应该称之为知觉,"唯一能够推溯到我们感官以外,并把我们看不见、触不着的存在和对象报告于我们的,就是因果关系"(休谟,1980：90)。按照休谟的看法,因果关系是唯一能够"使我们由于一个对象的存在或活动而相信、在这以后或以前有任何其他的存在或活动的关系"(休谟,1980：89-90)。换言之,心灵只有联结因果关系才能超出"直接呈现于感官之前的对象,去发现对象的真实存在或关系"(休谟,1980：90),构成真正的推理。这也就解释了为什么休谟通过结合信念和习惯或因果关系而把心灵关联于客观对象,把心灵的这种主动推理称为真正的推理。十分显然,因果关系的原则是真正使得心灵能够从被动的知觉印象转换为主动推理的契机。然而,这种契机是如何发生的呢？这就让我们转到了有关心灵内在转向的另一方面。

休谟在论述心灵由当前印象转换为信念时说："当心灵由一个对象的观念或印象推到另一个对象的观念或信念的时候,它……是被联结这些对象的观念并在想象中加以结合的某些原则所决定的。"(休谟,1980：110)那么,休谟指的"某些原则"是什么呢？休谟在表述中用到了类似关系、接近关系、因果关系和想象四种。不过,他强调,这四种关系终究就是一种,即因果关系。那么,在休谟这里,因果关系到底具有什么内涵呢？休谟说,"因果概念只是向来永远结合在一起并在过去一切例子中都发现为不可分离的那些对象的概念"(休谟,1980：111),而它的唯一来源就是经验。原因有两个：其一,一个对象产生另一个对象的能力不可能仅仅从它们的观念中发现出来;其二,理性也绝不可能决定因果关系这种推理。关于第二个原因,让我们多说一点：按照休谟的看法,理性要么直接论证因果概念的存在,要么通过概然推断论证因果概念。[①] 在理性的直接论证中,它遵循的一个原则是"我们所没有经验过的例子必然类似于我们所经验过的例子,而自然的进程是永远一致地继续同一不变的"(休谟,1980：106-107)。休谟认为这样一条原则明显地相悖于自然实际上是多变的这一事实。在理性的概然推断中,休谟则反驳说,概念推断发现的是对象间的关系,而不是发现观念本身间的关系,它总是在某种程度上必然依赖于我们的记忆和感官印象,所以它是建立于我们所经验过的那些对象和我们没有经验过的那些对象互相类似基础上的假设。

回到我们试图解决的问题,心灵之所以能够从一个对象的观念或印象推到另一个对象的观念或印象,其原因在于,通过观察,心灵的经验告诉我们,

---

[①] 理性的功能是否仅仅像休谟在这里提及的这样简单,显然是值得怀疑的。至少很多康德主义者就不会这么认同。事实上,康德主义者和休谟主义者根本上的分歧就在于他们对理性概念的理解不同。在这里,我们只能按照休谟所理解的理性概念进行合理的推断。

一类对象的存在总是伴随着另一类对象的出现,而且这两类对象总是处在接近和接续的秩序中。换言之,通过观察,我们发现,在某些场合两类对象的发生总是处在接近和接续的状态中,通过多次的心理经验,上述两类对象在发生上的接近和接续成了一种恒常现象。正是通过观察和经验在心灵上产生的一种恒常结合,我们彻底地完成了由对象产生印象,由印象产生观念,由观念产生信念的习惯心理。正是习惯,使得我们在对象与印象,印象与观念,观念与信念,一类对象和另一类对象的接近和接续等各种经验中表现出了一种因果关系。① 尤其重要的是,运用习惯,我们运用发生过的和正在发生的推断将来可能发生的,在这个意义上,习惯就是因果关系。② 然而,十分显然的是,习惯作为一种非反思的心理作用并不能因为观念的不断重复和恒常结合就必然产生一个作为当前印象结果的信念。只有当习惯使心灵感觉一种倾向时,一个对象的当前印象或观念才会通过形成一种结果的观念表现为信念。心灵的自然倾向保证了内在转向的可能,原因在于印象和信念同是心灵的状态;虽然二者之间存在被动和主动的差别,但是在同一个心灵中发生观念的转移和强力以及活泼性的转移却是十分自然的事情。

（三）动机：欲求—信念机制

借助前面的分析,我们可以看到,休谟有关欲求和信念概念的理解都可以还原为一种自然主义的心灵倾向概念。这种观点对于休谟动机理论和行动理论的考察具有十分重要的意义。这一结论不仅可以清除很多因为把欲求看作一种单纯的现象学观点对休谟动机理论带来的困难,而且可以改变人们对休谟动机理论仅仅作为一种工具主义的看法。就前一工作而言,史密斯已经给出了一个出色的证明,③笔者在这里则试图借助史密斯的成果对后一工作做一尝试性的推进。

根据有关休谟动机理论的一个正式表达,"在时刻 t 的 R 组成了行动者 A 去做φ的一个动机性理由,当且仅当存在某种ψ,以使一种 A 去ψ的适当相关的欲望,以及一个当她去φ时将会ψ的信念组成了在时刻 t 的 R"(Davison,

---

① 休谟明确地表明,因果概念作为永远结合在一起而不分离的对象的概念是如何可能的是我们无法知道的问题。这一表述充分体现了休谟谦逊的自然主义立场。同时,这也为康德发展先验唯心论提供了契机,参见休谟,1980：111。

② 很显然,在这个意义上理解的因果关系和我们在一般的知识论意义上理解的因果关系有一定的出入。我们在这里探讨的因果关系指涉的是它如何在人类心灵中被发现的,强调的是因果关系在人类心灵中的形成原因。也只有在这个意义上,我们才可以说习惯心理和因果关系是等同的,二者表示的是一种即刻的心理观念和另一种接近和接续的心理关系的恒常结合现象。

③ 参见 Smith, M. 1994：92-129。

D. 1980:3-20)。在这里,欲望和信念必须适当地相关,而这种相关性的寻找被认为是理性寻找满足欲望的工具性功能。简言之,如果一个行动者欲求某个对象O,那么理性就应该产生一个满足这个欲求对象O的手段M。用休谟自己的表述,"理性是,并且也应该是情感的奴隶,除了服务和服从情感之外,再不能有任何其他的职务"(休谟,1980:453)。这也就意味着,理性在人的行动领域仅仅是作为一种工具帮助欲求达到目的。然而,结合上面的论述,按照休谟的理论,理性在动机理论中并不仅仅是一种工具性的作用,而是一种构成性的理论。不过,要想明了这一点,我们首先得排除以下一种错误的观点。

按照这种错误的观点,欲求具有世界向心灵的适应指向,而信念具有心灵向世界的适应指向,动机完全源于欲望的推动,而无关乎信念。这种观点被大多数的休谟主义者所持有。然而,有必要澄清的是,休谟本人并不应该属于这个阵营。因为不论从什么角度而言,休谟都很难被看作是持有这样的观点。我们分而论之。

基于适应指向理论的解释,欲求的目的在于实现,实现是世界对于它们的适应;信念的目的在于真,真在于它们对于世界的适应,前者是行动者主动向世界索求,后者则是行动者被动符合世界。因此很显然,出于主体意识的行动动机只能源于主体的欲求。然而,摒弃欲求作为现象论观念,①通过适应指向理论区分欲求和信念对休谟来说是不合适的。② 按照我们前面的分析,信念在休谟这里尽管是指向实在物的真假判断,然而它却经历了从被动的感官印象到心灵主动推理的内在转向。因此,我们用一种截然二分的方法来区分这两种心理状态显然是不合适的。当然,质疑者会进一步怀疑说,在休谟心灵内在转向观念下得出的信念是一种或然的概念,并不同于信念在知识论上要求的确定性概念。毋宁说,这恰是休谟哲学中需要摒弃的心理主义路线和怀疑主义路线。这一疑问在知识论确定性的要求下也许是站得住脚的,事实上笔者本人也拒斥休谟的这一立场。然而,放在行动哲学领域,我们考察的是行动动机何以可能的问题,既然心灵内在转向观念下的信念作为一种或然性终究是现实的,那么我们应该换个角度来考察。这也是我们排除休谟属于休谟主义者阵营的第二种考察。

---

① 参见 Smith, M. 1994:104-112。
② 维勒曼对符合方向这个概念做出了批判。他认为这个概念会导致两个不同区分的混淆:一个是认识性和意动性之间的区分;另一个是接受性和指示性之间的区分。这种混淆可能导致的结果就是同样的精神状态看起来可能具有两个不同的符合方向,参见 Velleman, J. D. 2000。笔者认为维勒曼的这种批判是有意义的,因为这使得我们在应用符合方向来区分信念和欲求时更加谨慎。

按照第二种观点,行动者具有一个欲求,无论好坏,理性都应该寻求实现欲求的最佳方法,理性只有在欲求伴随有某种判断或意见时才能发挥作用。这主要发生在以下两种情况:"第一:当不存在的对象被假设为存在时,那么在这个假设上建立的情感。第二,当我们将任何情感发挥为行动时,我们所选择的方法不足以达到预定的目的,我们在因果判断方面发生了错误,这时那个情感可以说是不合理的。"(休谟,1980:454)事实上,正是这里的表述使得休谟持有理性工具主义的思想深入人心。然而,如果接受笔者在上面分析的信念经过习惯形成一种心理倾向的观点,那么,我们就绝对不会忽视休谟如下表述:

> 心理倾向的持续显然完全是依赖于心灵所想象的那些对象;而且任何新的对象都自然地给予精神一个新的方向,并且把心理倾向改变了,相反,当心灵经常地固定于同一个对象上,或者顺利地、不知不觉地顺着一些关联的对象向前移动时,这时那种心理倾向就有了长得很多的持续时间。(休谟,1980:118)

这里的表述意味着,只要作为有命题性内容和适应指向的欲求属于心理倾向,那么在源头上它总是依赖于客观对象的,与此同时,只有当欲求转化为一个信念,并且通过习惯寻得导致那个欲求的内在原因时,一个欲求的实现才是有可能的,并且仅仅是一种或然性的可能。换言之,欲求虽然必然要求理性寻找实现的手段,然而欲求在行动中如何得到实现却取决于经验观察中展现的实际情况。正是在这一过程中,理性通过分析经验观察的例子和欲求一起构成了真正的行动动机。不但欲求要求理性寻找实现的方法,理性也在实际审慎中纠正欲求,从而产生真正的动机性理由。

类比休谟在考察产生不确定性程度的信念时的观点,包含有欲求和一个与之相适应的信念的动机机制在实际行动中的实现也取决于实际的经验场景。一个欲求有可能仅仅是妄想而没有能够实现它的方法,也有可能仅仅在它还是一个念头而根本就没有关联任何的方法形成任何配套信念时就转瞬即逝,也有可能在自身中包含着相互矛盾的诉求……并非所有的欲求都能成为一个真正的行动动机,构成我们的行动理由。事实上,只有在理性参与进来构成动机的一个组成要素时,一个真正的动机才得有可能。理性并非不参与行动。在这个意义上,当休谟说理性在指导意志方面不能反对情感,理性也不能单独指导意志时,他是对的;但是当他说理性仅仅应该是激情的奴隶时,他就错了。

二、工具主义的规范性及其批判

继承休谟的观点,在休谟主义者看来,一个道德规范性的理论必须解释人们是怎么样和为什么按照道德考虑慎思、决定和行动的,没有解释道德考虑是怎么样激发我们的理论是缺少说明的充分性的。这也就是说,一个道德规范性的理论必须解释道德判断的发生机制。因此,不可或缺的,道德规范性就必然关联于行动发生的动机。按照罗素的说法,"我们解释道德判断的激发性力量的需求可能被描述为我们解释道德规范性的需求"(Russell, L. 2009:209)。在休谟主义者看来,一个行动者 A 通过意识到一个对自己来说是规范性的道德理由 R 而被激发采取一个行动这个事实充分说明了道德拥有激发性的规范性。

无论是休谟主义者,还是其反对者(尤其是以康德主义者为代表的理性主义者),他们都认为有关规范性来源的休谟式观点是一种依赖于欲求的观点,而且这种观点通常被联结于一种工具主义的观点,以至于工具主义者基本上都成了休谟主义者的同义词。然而,到底何谓工具主义,却引起了极大的纷争。[1] 这个纷争不但源自哲学家对工具主义的不同看法,更重要的是,哲学家对工具主义者与休谟的关系提出了不同的看法。[2]

(一)休谟的工具主义思想

在具体分析休谟有关工具主义的思想之前,我们首先来看看什么是一般性的工具主义思想。事实上,工具主义的思想被归结于休谟主要源自他的这段著名宣言:"理性是,且应该仅仅是激情的奴隶,除了服务和遵循激情之外决不能伪装成任何其他的东西。"(休谟,1980:453)在休谟主义者以及很多反对者看来,激情就是欲求,[3] 而有关理性的奴隶身份的表达则被定位于理性的工具主义作用,即理性的作用就是为了满足欲求而寻求手段。最简单的表达就是:如果一个行动者欲求某个对象 O,那么理性就应该产生一个满足这个欲求对象 O 的手段 M。[4] 理性的作用就只是产生一个追求欲求目的的辅助性动机。至此,休谟式的有关理性的工具主义呼之欲出:一个行动者欲求某个目的,他就必须同时欲求达到目的的手段。因此,理性的工具主义也

---

[1] 在这里需要澄清的一点是:就哲学史而言,工具主义的思想并非最早来源于休谟,事实上,早在亚里士多德的伦理思想中我们就可以看到工具主义的雏形了。本书探讨的工具主义只是集中于近些年来有关规范性的来源问题而产生的对休谟动机理论的解释。
[2] 米尔格伦提出了休谟与休谟主义者之间的关系质疑,参见 Millgram, E. 1995:75-93。
[3] 事实上,这个看法被整个当代哲学圈子所接受。
[4] 在休谟这里,工具主义原则同时被看作是他的动机理论。

可以称为手段—目的式推理。

然而,尽管上面提到的那段引出工具主义思想的名言确实无可争议地是从休谟的著作中引出来的,但对于休谟本人而言,他自己从来没有提出工具主义的概念,更为重要的,作为工具主义核心的"欲求(desire)"概念甚至也不是休谟的"激情(passion)"概念,因此,休谟是不是持有这样一种工具主义概念是值得怀疑的。为了弄清休谟在那段文本中的真实意图,让我们回到休谟的文本中来寻求答案。在《人性论》第二卷第三章第三节"论影响意志的各种动机"中,休谟明确地提到他谈论行动动机问题想要达到的两个目的:"第一,理性单独决不能成为任何意志行动的动机;第二,理性在指导意志方面决不能反对激情。"(休谟,1980:451)基于休谟的文本,我们可以对休谟的论证进行两个方面的重构。第一个重构的论证框架是这样的(休谟,1980:451-452):

1. "知性或是依照论证进行判断,或是依照概念推断进行判断,所以它的作用有两种方式:一方面,知性所考虑的是我们观念的抽象关系;另一方面,知性所考虑的是仅仅为经验所报告于我们的那些对象的关系。"

2. "抽象的或论证的推理……绝不影响我们任何的行动……"

3. 经验推理按它自身也不能产生实践的结论。

4. 因此,"理性单独决不能产生任何的行动,或者给出意愿"。这就是说,推理不能产生实践的结论。

从上面的推论过程可以看出,对于休谟而言,他只是主张单纯的理性根本就不能影响我们的行动,也不能产生任何实践的结论。① 这也就是说,在休谟看来,单独的理性根本无法为我们的行动提供一种激发性的动机,进而,也就不可能构成我们行动的规范性来源。不过,在这里,休谟并没有否认说理性可以影响或产生情感。因此,我们并不能得出结论说他主张所有的知性,也即推理,都是工具性的推理。

为了进一步求证我们的结论,我们继续看休谟在接下来的文本中给出的第二个论证框架(休谟,1980:453-454),具体的重构框架如下:

1. "激情是一种原始的存在……并不包含有任何表象的性质。"这也就是说,激情并不表象任何其他东西。

2. 只有作为复本的观念和它们所表象的那些对象的符合关系才形成真理与错误,知性判断是唯一能产生这种联系的东西,所以激情既不能是正确

---

① 米尔格伦从上面这个类似的重构中得出结论认为休谟在这里主张没有实践推理这样的东西。笔者认为这是站不住脚的。在休谟的论证过程中,他一直强调的是无法从单独的推理过程产生实践的结果,但是他并没有否认实践推理。事实上,休谟想要强调的只是理性必须与激情结合才能产生实践的结论,参见 Millgram, E. 1995:75-93。

的,也不能是错误的。

3. 理性只通过真理和错误关注自身。

4. 因此,一种激情不能被理性所反对或者认可,心灵的实践状态也不能通过推理而产生。

从上面的推论可以看出,对于休谟而言,激情和理性是两种完全不同的东西,应用的领域是不同的。因此休谟说:"理性和激情永远不能互相对立,或是争夺对于意志和行动的统治权。"

尽管从上面的论证重构可以看出,休谟坚持认为单纯的理性既不能产生实践的结论,也不能直接地激发一个行动,但并没有证据表明休谟否认我们可以对激情做出知性的判断。事实上,休谟认为:"激情只有在伴随某种判断或意见的范围内,才能违反理性。"(休谟,1980:454)按照这样的原则,休谟认为激情在以下两种意义上可以被称为不合理的:"第一,当不存在的对象被假设为存在时,那么在这个假设上建立的情感(如希望或恐惧、悲伤或喜悦、绝望或安心)是不合理的。第二,当我们将任何情感发挥为行动时,我们所选择的方法不足以达到预定的目的,我们在因果判断方面发生了错误,这时那个感情可以说是不合理的。"(休谟,1980:454)不过,即使是在以上两种情况下,休谟强调的也只是激情在联结知性判断之后才可能变得不合理,但严格来说,不合理的是判断。这充分表明,激情作为一种不同于理性的原始存在,从根本上来说是不存在正确与错误的说法的。作为一种正确与错误表达,只有在做出了知性判断的情况下才是可能的。总而言之,休谟在讨论有关意志的动机时,他所讨论的并非反思性的合理性,而是讨论知性意义上的理由,也即抽象的或说明性的推理和手段—目的推理。这些推理形式并不直接影响我们的行动,而是把我们的判断指向原因和结果以及手段与目的的关系。

知性对我们的行动有影响,但是仅限于检查我们的行动是否跟随推理的原则。休谟同样认可对手段—目的推理的违背。手段—目的推理原则只有在我们欲求一个目的并且相信存在一个手段—目的的联结的时候,它才要求我们采取一个合适的手段。休谟并不认为意志和行动、理性和激情是必然对立的,他认为只有在激情被批判为不合理时,它们才是对立的。而且,休谟认为当情感和激情有缺陷时,理性通过作为手段和目的的合适联结的判断形式会修正它们,并指引它们遵守理性的判断。事实上,这从休谟强调反思性判断所具有的影响可以看出(休谟,1980:454 – 455)。正是在反思性判断中,手段—目的推理很明显地被描述为一个具有规范性指导的原则。我们的激情遵循理性,"不是因为理性缺少规范性力量,而是因为理性告诉我们,当激情倾向于采取不合适的手段追求一个有效的目的时,要对它们做出修改和重新思考"(Pauer-Studer,H. 2009:194)。通过反思,我们会发现,对于一个行动者来说,意愿一个目的,但是却没能意愿达到那个目的的手段,这是完全可能的。对于休谟而言,一个行动者可以通过放弃目的或所要采取的手段履行手段—目的推理。因此,当一个行动者有意地忽视那些选择时,违背手段—目的推理就是可能的。然而,对于休谟来说,很明确的一点在于,因为激情完全是不同于理性原始存在,只要它们没有通过知性的判断而发生联结,那么理性无论是试图对激情做出辩护还是谴责,这都是不可能的(休谟,1980:454)。"理性的功能是帮助我们察觉原因和结果之间、手段和目的之间的合适关系。但是手段—目的推理并不允许或帮助一个行动者去评价目的和欲求的价值之类的东西。"(Pauer-Studer,H. 2009:195)手段—目的推理并不能告诉我们有关我们信念的真值或者目的和欲求的善或价值。后者假设了有关真值标准和实践反思的判断。休谟通过令人迷惑的欲求概念暗示了手段—目的推理的有限性:手段—目的推理通过自身并不允许欲求的价值性评价。

(二)有关休谟式的工具主义的批判

按照科斯嘉德的看法,拥有道德理由的必要条件是行动者自主的能力,也即意志的自主。在她看来,只有如此,一个行动者才能够为他自己的人性赋值,使之成为目的本身。在这个意义上,合理性指涉的不仅仅是人有推理能力,而且指的是人类心灵的自主性,一种理由的规范性正是通过后者在绝对命令的情形中被给出的。在她看来,独立于人类心灵的外部规范性事实并不能为我们为什么应该遵守这些法则提供一个理由(Korsgaard, C. 1997:240)。这样的一种外在主义会让我们遭遇两个标准:道德的标准和工具合理性的标准。道德的要求可能让我们冷酷,因为外在的规范性事实和我们行动之间的动机连接消失了,而合理性的要求如果是外在的逻辑真理和规范性事实,则可能造成没有任何理由是合理的这一结果。基于这种担忧,科斯嘉德对工具合理性原则提出了改进。在她看来,因为休谟式的手段—目的式的工具主义只能满足合理性要求的规范性而无法满足理由的规范性,所以必须被康德式的推理概念所淘汰。工具理性为了获得道德规范性就必须同时具有评价目的的功能,而对一个目的的评价性接受只可能基于一个人的自由意志。这也就是说,工具理性只有在同时被看作是一个自由、理性的意志构成性条件的情况下,才能具有道德规范性的力量。因此,工具合理性的原则部分地是心灵的自主,也就不再是与我们的激发性理由没有关联的外在理性真理。如此一来,在科斯嘉德这里,工具理性不再是一种外在于理由评价的实践原则,而是一种内在主义的能动性法则。这也就是说,工具合理性的原则就是能动性和意愿的构成性原则(Korsgaard, C. 1997:244)。

基于上述这样一种主张,科斯嘉德认为休谟并不能把工具理性构建成一个规范性的要求。因为按照休谟的方法,一个人只要拥有一个目的,并且以一个有效的方法追求它,那么他就是理性的。目的都是被一个人所拥有的欲求设立的。但是欲求都是任意的,仅仅取决于我们的激情和倾向,而一个目的是否值得追求就取决于欲求的强度。无论一个人欲求什么,这个人都有理由采取最有效的方法去实现那个目的。但是在这种情况下,手段—目的的推理的原则对目的的价值是漠不关心的,它只是告诉我们手段与目的之间的关系,给出有关我们如何实现已经接受的特定目的的最佳方法的信念,它只是确定行动理由的必要条件。在科斯嘉德看来,工具合理性原则只有在目的具有价值,并且是无条件的价值的语境中才具有规范性的权威。因此,在她看来,只要有关于目的的规范性力量,就存在采取相关手段的规范性要求。如果一个行动者意愿一个目的,那么在他是一个理性人的意义上,他就应当采取相应的手段,这是布鲁姆提出的狭义视域的应当。

事实上,科斯嘉德之所以持有这样一种观点,完全是因为她认为"工具原则只有在我们把自己看作是能够为自己立法的情况下才是规范性的——或者,用康德自己的术语,如果我们把自己的意志看作是能够立法的"(Korsgaard, C. 1997:246)。在科斯嘉德的语境中,意愿(willing)就是好的意愿,因此,要求—关系和理由—关系的区分也就混为一体了。因为意志自主的观念,做决定和选择的自由,联结于道德法则,那么意愿对象就被好的或有价值的目的定义了。如此一来,既然目的是好的,一个行动者就有了一个理由去追求这个目的,与此相应,这个行动者也就有了采取相应手段的一个理由。但事实上,通过有效推理建立起来的规范性并不能被用于评价目的和手段的规范性身份,这是两件不同的事。因此,在科斯嘉德看来,休谟缺少任何的概念化资源去区分一般的和好的欲求,任何人都会被他遵守工具原则的欲求所驱动。如果我们把一个人的目的与他所偏好的相等同,那么一个人就有可能会被他所想象的那些激情和欲求所引导。但是如果任何愿望都为我们给出一个理由,而不需关注它的内容,那么我们就总是实践合理的了。因此,科斯嘉德认为休谟对工具理性的解释破坏了实践合理性的概念,因为如果按照这个看法,根本就不存在所谓的不合理行动了。

基于科斯嘉德对工具原则的解读,我们可以以两种方式重建经验主义的立场:第一个版本是"如果你有一个理由去追求某个目的,那么你就有一个理由采取达到那个目的的手段"。第二个版本是"如果你要追求一个目的,那么你就有一个理由采取达到那个目的的手段"(Korsgaard, C. 1997: 233)。尽管科斯嘉德认为第二个版本是能够完美诠释休谟的工具理性观点的,但是她却同时指出,这与休谟的另一个推理原则——不能从"是"中推出"应当"——相对立。至此,科斯嘉德总结说,休谟的实践理性概念只能告诉我们实现目的的手段,但却无法解释我们的目的是如何被决定的以及它们是什么。因此,休谟的工具理性是无法给出规范性要求的。

(三)实践理性的不同运用

不过,值得注意的是,科斯嘉德和康德之间存在一点不同。按照科斯嘉德的看法,工具合理性原则只有在目的具有无条件价值的语境中才具有规范性的权威,而且在她看来,只要有关于目的的规范性力量,就存在采取相关手段的规范性要求。如果一个行动者意愿一个目的,那么在他是一个理性人的意义上,他就应当采取相应的手段。按照她的这种看法,意愿就联结于一个自主反思的特别概念,这个概念是被道德法则束缚的意志自主概念。然而,对康德而言,他并不认为实践理性只有在认可道德价值的情况下才能具有科斯嘉德所说的规范性权威。事实上,按照康德的看法,在意志自主的自我立法之外,实践理性的原则有时也可以作为准则的外部规范性限制,因而也可以是一种假言命令。这种假言命令有两类:第一类是技术原则。这类原则是一种分析性的命题,中立于价值,对于目的而言,不存在是否合理或是好是坏的道德价值评价。休谟式的手段—目的推理原则在这个意义上表现的就是一种结构合理性,手段—目的推理作为一个有效的知性原则,它独立于道德价值评价的问题。第二类是审慎原则。这类原则是非—分析形式的命题,它处理的是有关实践经验的幸福目的,实现幸福目的的手段的价值取决于它们能够恰当地实现特定的幸福目的。幸福因为源于经验而具有不确定性,所以作为实现幸福目的的相关手段也是不确定的,在这个意义上,并不存在手段必然从目的中分析得来这样一种形式。这也就是说,在这种情形下,手段—目的推理原则并不是单纯的结构性考查,而是关乎目的的道德评价。康德有关假言命令的观点表明他与休谟一样是认可工具主义的实践推理的。这也就意味着康德肯定了理性作为一种工具主义的实践推理是可以为行动的规范性给出辩护的。

因此,与科斯嘉德不同,尽管康德在道德规范性的意义上为行动给出了绝对命令,但他从来都没有把工具理性的思想排除。对于康德而言,我们应该在规范性意义上行动的根本原因在于我们是有着能动性的理性人,而并不是首先因为我们把某种所谓的人性作为有价值的目的肯定了下来。康德很明确地说,绝对命令的根本原则只是在于避免理性推理的矛盾。所以从根本上来说,康德唯一承认的道德规范性就是合理性要求的规范性。①

三、对休谟规范性思想的辩护

(一)要求的规范性和理由的规范性

为了看清康德主义者和休谟主义者有关规范性的争论,我们可以借用赫林德所用的两个术语,即"合理要求的规范性"(normativity of rational requirement)或"要求的规范性"和"理由的规范性"(the normativity of reasons)。所谓合理性要求的规范性,是就理性的逻辑推理形式而言,它指的是联结诸如一致性、融贯性、蕴涵(entailment)和手段—目的推理等要求的规范性。所谓理由的规范性则指的是针对行动,我们有什么可评价的理由作为我们采取行动的强制性力量。很显然,有关逻辑要求的规范性来源与理由的规范性来源是不一样的。合理性要求需要的是不违反逻辑的形式标准,这些标准是价值中立的,这种规范性源于理性的逻辑推理能力。因此,合理性的规范性要求并不能回答我们应该怎么做之类的问题,有关这类问题的回答是对我们拥有的行动理由的重要性做出评价的事情。理由的规范性力量取决于我们通过理性对某些东西的价值的强制性辩护。对于休谟主义者来说,要求的规范性只有在联结于激情或欲求时,这种规范性才能作为道德行动的一个理由体现为激发性的规范性。与此不同,康德主义者认为理性不仅仅作为一种推理能力,而且作为一种原始的存在能够独立激发出实践的行动。正是在对理性的本质的看法上,产生了两个阵营有关规范性问题的争论。不过不管对理由做何种解释,二者都承认合理性要求的形式条件是道德判断的基本规范。

在清楚了两种规范性的区分前提下,我们对道德规范性做进一步分析。部分支持休谟的学者认为,理性的工具主义推理作为一种逻辑形式上的规范性,并不提供对欲求目的的评价,因此,逻辑上有效的实践推理并不能单独为一个行动者创造一个做某事的好的理由。这也就是说,手段—目的推理的要求并不能发展出一个实际行动的理由。工具合理性原则只是意味着:如果一个行动者有一个目的 E,并且相信采取做 M 是实现 E 的(最佳)手段,那么一个行动者要实现 E 的规范性要求就是采取手段 M。但是一个行动者实际形成追求某个目的 E 的意图并不为行动者创造一个理由采取实现 E 的手段。因此,通过命题内容之间的逻辑联系给出的推理诚然是一种规范性的要

---

① 康德不同于休谟的地方在于他认为意志行动是必然由实践理性给出的,而不是欲求;休谟则认为是激情和欲求联系于意志行动,理性只是激情的奴隶。

求,但却仅仅是一种推理的正确性,而不是实践过程中的理由规范性。

(二) 布鲁姆的"应当操作者"观点

为了更好地理解休谟主义者的立场,澄清一些康德主义者的反对,我们分析布鲁姆的相关看法是大有裨益的。布鲁姆认为,"要求—关系"和"理由—关系"的关键区分可以通过集中于"应当—操作者"所拥有的不同视域得到明确,这主要取决于"应当"是否表达了一个规范性理由或者"应当"是否表明了一个合理性的规范性要求。如果是前者,"应当"关联的就是一个取决于主观评价的好的理由,我们可以称这个"应当"为一个狭义视域的操作者,在这种情况下,理由并不是客观的、必然的,理由—关系只是一种松散的、分离的关系。如果是后者,"应当"关联的就是一个事实,我们可以称这个"应当"为一个广义视域,在这种情况下,无论主体的欲求、信念等主观状态如何,客观事实作为一种规范性关系的条件联结,确保了规范性的客观必然性,这也就是说,规范性要求是一种非—分离的规范性关系。显然,工具合理性的规范性只能是在广义视域的操作者的条件下才成立。只有在广义视域的"应当—操作者"的情形下,规范性的关系才是一种客观必然的关系,手段与目的才是一种非—分离的关系。但是十分显然,在这种情况下,规范性关系表达的只是一种没有价值判断的知性推理的真值条件。

事实上,在广义视域的操作者的情形下,"规范性要求都是基于命题内容之间的逻辑关系"(Broome,J. 2000:82)。逻辑关系是规范性的来源。这也就是说,对于工具推理而言,假设工具推理为一个行动者提供了采取某个手段的一个理由的说法是错误的。手段与目的作为一种非—分离的规范性关系是一个整体。这种规范性的有效性只针对主体已经给出了的欲求目的,即主体在意愿一个目的的同时必然规范地要求与之相应的手段。但是工具主义在这里并不谈论目的本身作为理由规范性的价值好坏。工具合理性既不给予目的任何种类的价值,它的规范性身份也不通过目的的价值以任何的方式被触及。工具合理性是一种中立于好坏的理性要求(Broome,J. 2000:98)。

然而,如果上述观点就是休谟主义者给出的全部,那么他们根本就还没有给出我们道德行动的理由。在这一点上,我们不得不承认的是,康德主义者直接把握住了道德规范性问题的关键。当然,我们也必须要承认,基于合理性要求的规范性同样是我们人类生活的一部分,而且是很重要的一部分,不过在这个意义上,康德主义者从来也不是休谟主义者的反对者。因此,现在对休谟主义者来说,如何给出一种具有理由评价性质的规范性才是关键,因为正是这一问题构成了我们道德生活的本质。

（三）休谟有关道德规范性的一般思想

回到休谟,我们可以看到,他事实上给出了道德规范性意义上的理由说明。在休谟那里,不是理性,而是情感,不但指出了与理性一样的逻辑上的一致性和融贯性,而且指出了关于一个行动在道德上的合适性和理由的有效性。[①] 在《人性论》第三卷第三章,休谟通过一种一般立场所需要的几个要求把一种客观性的形式带进了他的道德判断概念。第一个要求是我们不应该从一个特殊的立场,而是应该从一种"同情"的情感出发来评价人的品性。这种情感对于我和他人来说都是一样的,至少,对于那些和我同处一个狭窄的圈子里的人来说是一样的。第二个要求是我们必须根据一般规则来评价一个人的特征(休谟,1980：623-628)。休谟有关一个人品性的质量和缺陷达到一致的方法可以扩展为在评论道德原则或判断时,理性达到一致的普遍方法。这也就是休谟为我们提供的一种规范性解释。在休谟的道德概念中,我们也可以观察到基于义务行动的观念。休谟认为,正是通过反思我们的人性和我们所生活的实际处境,我们发现了这样一种同情和一般规则,通过它们,我们把自己的感情和性情置于批判的道德评价之下,一种客观的形式成了我们道德判断的标准,一种道德评价的理由规范性被给出了。当然,这种客观性只是限制于休谟所说的狭窄的圈子里。

正是这种有限性,遭到了科斯嘉德的批评。站在康德主义的立场,她认为理性的绝对命令针对的必然是所有的理性存在者,只有让每个理性存在者都通过了检验,道德的规范性才能成为一种应当,因此,在科斯嘉德看来,休谟的一般法则是无法建立起道德规范性的。在她看来,在某些特定的情形中,违背一个规则看起来是合理的,因为这种违背比严格遵守某个规则产生了更好的结果(比如规则功利主义的考虑)。在这种违背的慎思中,我们假设了在特定情形中对理由的特殊考量,这个理由不能通过规范性地应用仅仅指向自身是一般种类的性情的一般规则给出。我们需要一种能够扩展至对我们所有性情都能反思的检验方法。为了拥有一个包含特定倾向情形的可行的规范性概念,我们必须把所有的特定动机和倾向都包含进反思的检测中。而满足这种检测的唯一条件就是康德式的基础:"检查是否我们所有的倾向都构成了好的理由也就意味着询问是否这些理由都能成为我们的一个法则。"(Korsgaard, C. 1996：89)自我立法意义下的自主是规范性和责任的来源。

[①] 也有些学者对此存在异议,蕾切尔·柯亨(Cohen, R.)就认为休谟有关情感的解释只是心理学上有关一致性的原理解释,参见 Cohen, R. 1997：827-850。

但是在赫林德看来,科斯嘉德认为休谟诉诸一般规则的危险性只有在这样一种情况下才会发生,即我们假定把严格坚持规则看作是绝对地优先于特定的理由。但是这样一个规则的盲目崇拜会破坏每一个道德理论的合理性。在他看来,休谟有关反思性认可的检测与康德的检测有着同样的立场:反思性认可是反思性的评价,它自身并不要我们抽出特定的倾向、感情或者性情。我们的道德判断不是基于我们当下的感觉,它们在被情感污染的情形下需要被反思和被修正,在这种情形下,其他人和其他品行会靠近我们。所以,为了纠正我们主观道德认知和感觉的怪异,我们不得不接受某些稳定的和一般的立场。这种一般立场是一种指出我们的感觉和感情可能是什么的客观性立场。我们的道德判断是我们的感觉的反思性和周全性的表达。

休谟并没有把一般规则理解为从一般立场而言在反思中我们必须要遵循的规范性策略。休谟把一般规则介绍成对这样一些情形的控制:在这些情形中我们的激情都归结为想象,而不是真的对象和原因。一般规则都是提醒我们在原因和结果之间有特殊关系的可能性的手段,它们向我们指出在哪些地方我们的想象没有正确地或完全地表征我们的激情和引发激情的东西之间的真正联结。一般规则创建了一类有时影响判断,但总是影响想象的可能性(休谟,1980:627-628)。当然,休谟也谈到了命令我们的判断和观点的一般原则(休谟,1980:626),但是这些原则只是那些批判反思的标准,这些标准构成纠正我们的情感的一种方法(休谟,1980:624)。这些原则是不偏不倚的标准,而不是通过我们的主观立场形成的偏见。不偏不倚也不是那种忽视道德相关性(诸如特殊的倾向和性情)具体细节的一般性形式。

在这里,我们只是给出了休谟有关道德规范性的一般思想,而对于休谟道德规范性思想的真正了解,只有在最后谈论道德规范性的本质时才能真正给出。

四、休谟式的结构规范性

规范性构成了我们道德生活的一个本质特征,这是一个事实。人既是规范的主体,也是被规范的对象。作为主体,我们是理性的存在者,有自发性,能够进行自我反思和自我立法,总是试图追求合理性的规范性。但是作为被规范的对象,我们作为理性的存在者是有限的,我们的理性能力并不能无中生有,我们的道德不可能是无缘之见,它必须是针对我们人性和人类生活条件的某种经验性实践,如此,我们的道德才可能得到辩护,我们才具有辩护理由的规范性。事实上,笔者认可休谟所说的激情和理性是两种不同的原始存在,但不可否认的是,二者同样都是人性的组成部分,因而必然具有某种统一性。在笔者看来，基于激情的欲求力而认可某些与我们人类相关的客观对象是值得欲求的东西，基于理性的推理能力和反思能力而肯定人对客观对象的控制力，二者的结合构成了我们道德生活的规范性。激情，通过理性的反思和调节把欲求的客观对象限制在逻辑推理的范围之内；理性，通过激情的欲求力把给出的客观对象作为有意义的价值赋予我们的生活。

就休谟的道德理论而言，我们发现了手段—目的推理的工具主义所具有的规范性指导意义。借用赫林德的术语，这是一种合理性的规范性要求。合理性的规范性事实上联结的是诸如一致性、融贯性、蕴涵(entailment)和手段—目的推理等要求的规范性。它需要的是不违反逻辑的形式标准，这些标准是价值中立的。因此，合理性的规范性要求并不能回答我们应该怎么做之类的问题。关于应该怎么做的问题寻求的是一个价值上可评价为好或坏的理由，在休谟这里已经超出了工具理性的范围。但是尽管如此，关于我们应该怎么做的理由思考必须在合理性的形式条件的框架下来考虑。这也就是说，在工具推理所遵循逻辑一致性上，人类生活被赋予了一种广义的合理性的规范性。

在有关行动理由的规范性分析中，休谟认为激情是行动者产生行动的来源，理性的规范性只是作为一种工具性的结构限制着欲求。换言之，休谟认为激情解释了一个行动的激发性动机，而理性确保了一个行动对规范性的工具主义结构的服从。然而，理性真的只能具有这种工具性的使用吗？在这一点上，笔者相信休谟错了。我们在有关康德的道德理论的分析中已经表明，理性可以直接把自己当成对象而产生情感动力。事实上，休谟的错误在于他主张行动的发生根本上并不关联于理性，但是只要审视一下我们的经验生活，我们就会发现理性并不需要总是被看作情感的奴隶，理性判断自身就可以直接关联于行动而赋予我们的生活以规范性。不过，有关这样一种规范性判断的分析我们最好放到后面的章节再来讨论。

第五章　内在理由概念的规范性

在前面两章,我们已经分析了康德主义和休谟主义有关行动的理论,我们看到了它们在解释行动的规范性所强调的不同侧面。在这一章,笔者试图通过考察伯纳德·威廉姆斯(Bernard Williams)有关内在理由的观点而继续深化这个主题。为什么笔者要把视野转向威廉姆斯呢?原因有两个:第一,许多哲学家相信通过某些具有规范性特征的道德概念来解释规范性现象是一种很好的尝试。在这些解释方法中,理由的概念被认为具有解释规范性现象的典型性意义,借用拉兹的看法,"所有那些规范性(概念)的规范性就在于它是理由,或者它提供或关联理由"(Raz, J. 1999: 67)。威廉姆斯对内在理由概念的探讨无疑是这种分析的一个典范。第二,威廉姆斯的思想在某种程度上可以看作是休谟式观点和康德式观点的融合。尽管威廉姆斯一般被认为属于休谟主义的阵营,但在某种意义上,他却对规范性问题做出了康德式的辩护。当然,换种说法也许更加适宜:基于我们理解规范性的旨趣,也许从一种康德式的视角来理解威廉姆斯的内在理由概念更具有说服力。如此一来,通过威廉姆斯的思想,我们不但可以很好地把握康德主义者与休谟主义者的一些不同,而且可以清楚地把握道德哲学中有关规范性的思想。

虽然自威廉姆斯提出内在理由概念伊始,有关它的争论就没有消停过,但是,通过追寻和深化威廉姆斯的解释,我们有理由相信他对内在理由概念的探讨为我们解释规范性的问题提供了很好的视野。在《内在理由和责备的模糊性》一文中,威廉姆斯通过两个问题表明了他提出内在理由概念的目的:"'A 有一个理由去做 φ'(A 表示的是一个行动的主体,φ 表示主体采取的一个行动)这种形式表述的真值条件是什么……?当我们说某人有一个理由去做某事时,我们说的是什么?"(Williams, B. 1995a: 35)基于第一个问题,有些哲学家认为威廉姆斯试图通过内在理由的概念提供一个有关理由的"概念化内容",[①]借用威

[①] 斯科罗普斯基认为,既然威廉姆斯质疑外在理由的可理解性,那么内在理由就是对某种东西成为一个理由的概念化内容的分析,参见 Skorupski, J. 2007: 79。

廉姆斯自己的说法,就是鉴定出一个行动理由的"必要条件";基于第二个问题,另外一些哲学家认为威廉姆斯实际上是在一个"标准规范性的意义上"为行动的理由提出一种实质上的好的辩护,①借用威廉姆斯的看法,我们可以称之为一个行动理由的"充分条件"。事实上,威廉姆斯自己相信内在理由的概念表达的既是一个行动理由的必要条件,同时也是它的充分条件。作为一个必要条件,内在理由表达了对一个行动理由真值条件的说明,即一种要求性的说明;作为一个充分条件,内在理由表达了对一个行动理由的辩护性说明。② 为了分别说明内在理由的这两种情形,我们将从两个方面来表述威廉姆斯的内在理由概念。最后,我们将分析有关内在理由概念的一些批评及其应对。

一、真值条件表述:从动机内在主义到认知内在主义

(一)内在理由的概念说明

遵循威廉姆斯提出内在理由的其中一个目的,"A 有一个理由去做 φ"或"有一个理由使 A 去做 φ"这样的表述表达的是什么东西构成了一个理由陈述的真值条件。在这个意义上,威廉姆斯明确地主张所有的行动理由都是内在理由。在他看来,一个东西被称为内在理由的前提条件是它必须关联于一个行动者 A 的"主观动机集合"(威廉姆斯称之为 S),这个 S 表示的是行动者 A 的各种现存动机状态。为了强调他在这里有关理由的考虑是对一种有关真值条件的考虑,威廉姆斯特意使用了一种否定的表述:"如果没有某个来自 S 的合适要素,那么一个内在理由陈述就会被证明为虚假的。"(Williams, B. 1981:102)如果我们认可一个东西关联于行动者的 S 是它成为一个行动理由的必要条件,那么毫无疑问地,那些被认为与 S 没有关联的东西就不可能

---

① 斯坎伦认为当代有关"理由"的争论并不集中在对"某个东西可以被看作一个理由"的可理解性和现实性的争论之上,而是集中于人们什么时候具有一个标准规范性意义上的理由概念,以及这样的理由概念在他们的行动中扮演着什么角色的问题。按照斯坎伦的解释,一种标准规范性意义上的理由就是某个可以为一个行动者在考虑某事或意愿做某事时提供辩护性支持的东西,具体说来,也就是能够为具有主观能动性的行动者在形成信念或采取行动的过程中提供辩护的东西。基于这种视角,斯坎伦认为威廉姆斯所讨论的内在理由和外在理由也是在一个标准规范性意义上来使用的,参见 Scanlon, T. 1998:18-20。
② 在这里值得注意的是,当笔者在本书中使用"辩护性"概念时,如果没有特指,它代表的是一个广泛意义上的规范性解释。事实上,在解释规范性的过程中,一种规范性的辩护包含形式意义上的辩护和实质意义上的辩护。当斯坎伦把威廉姆斯的内在理由概念置于他所谓的标准规范性意义下时,它也只能在这种广义的规范性解释下才能够成立。在这种解释下,内在理由满足的是一种最小意义上的形式辩护,但是它不一定满足一种实质意义上的辩护。

成为一个行动的理由。然而,一个东西要怎样关联于S才能成为一个行动的理由呢? 正是对这个问题的回答,产生了关于内在理由概念的混乱与争论。

不可否认,在某种程度上,这种混乱的源头肇始于威廉姆斯自己的表述。对于威廉姆斯而言,尽管他通过内在理由概念想把握住的是,对于我们道德生活而言,什么东西既可以说明我们行动发生的机制,又能为我们的行动提供实践的辩护,然而,当威廉姆斯把准休谟式的方法作为内在理由的表达形式时,对它的误解与争论就变得不可避免了。尽管我们有理由相信威廉姆斯首先想做的工作只是确立起一个行动与行动者主观内在性的必然关联,也即说明一个行动理由得以成立的必要条件,但这种对理由内在主义观点的探讨因为所采取的准休谟式的形式变得颇具争议,更为重要的是,因为准休谟式的形式,当威廉姆斯试图在辩护的意义上为行动提供实践合理性的支持时,一个行动的理由得以成立的条件就只能是一个行动者通过合适的方法关联于已经存在的经验性的主观动机。因为一个行动只被看作是关联于休谟式的主观动机集合,一种实践合理性就理所当然地被看作是基于欲求意义上的"程序合理性",而我们唯一能做的就是通过"健全的慎思路径"发现它们。

然而,换种角度,我们就有充分的理由相信威廉姆斯的内在理由概念为我们的行动和道德在说明性和辩护性的双重意义上提供了规范性的辩护,我们也会看到,一种非休谟式的解读能够更好地展现内在理由的实质。通过一种非休谟式的解读清晰地展现了内在理由的实质后,回过头来看那些集中于威廉姆斯准休谟式的批评,我们会发现很多对威廉姆斯的指责和批评是没有充分根据的。

(二) 准休谟式解读

按照威廉姆斯对内在理由的说明,并非所有来自主观动机集合S的要素都能成为内在理由。某个来自主观动机集合S的要素要想被看作内在理由还得满足下面这样一个条件:"只要S中的某个要素D(D代表广义上的欲求)的存在基于错误的信念,或者A关联于采取φ去满足D的信念是错误的信念,那么D都不会为A给出一个做φ的理由。"(Williams, B. 1981:103)这也就是说,如果来自主观动机集合S中的某个要素基于一种错误的信念之上,那么一个内在理由的概念就不会产生。为了说明这一点,我们来看看威廉姆斯给出的例子:当一个人想要喝杜松子酒和药酒的混合物时,他发现在他前面的桌子上摆了两瓶东西,他坚定不移地相信它们恰好就是杜松子酒和药酒,而实际上它们是汽油和药酒。那么,他有理由把桌上的那瓶汽油倒进药酒里然后喝下去吗? 很显然,这个人理所当然地会认为他有理由这样做,许多人也会如此认为,然而,威廉姆斯认为他没有理由这样做。在威廉姆斯看来,在这个人的主观动机集合 S 中,实际存在的欲求 D 是喝杜松子酒和药酒的混合物,而通过把汽油混合进药酒这个行动并不能满足他的主观动机集合 S,因此,这个人没有理由这样做。这个例子表明,如果基于一个错误的信念,那么一个行动者 A 并不能通过他的主观动机集合 S 给出行动理由。[①] 现在,借用斯科罗普斯基的表达,我们可以把威廉姆斯的内在理由概念表述为这样一种形式:

  a. 当且仅当采取 φ 将服务于行动者 A 的 S 中的某个动机时,A 才有一个理由去做 φ。(Skorupski, J. 2007: 75)

在这个表达中,一个行动者采取的行动必须服务于某个主观动机。这也就是说,通过采取某个行动,已经存在于行动者的某个主观动机必须得到满足或实现,只有在一个行动的采取能确保一个主观动机被实现的前提下,一个内在理由才得以为真。现在,十分清楚的是,如果一个行动者实际上基于某些错误的信念采取了某个行动,那么这绝对不是威廉姆斯所认为的一个行动理由。在威廉姆斯的思想中,一个内在理由并不等同于导致一个行动者产生一个行动的原因。对于一个行动的原因而言,它虽然同样关联于一个行动者的 S,但它强调的只是这个行动得以发生的事实,而不论这个行动与行动者的主观动机集合 S 中的某个要素 D 的关系是否正确。然而,对于内在理由而言,它强调的是一个被采取的行动与促使这个行动得以产生的主观动机集合 S 中的某个要素 D 的满足或符合关系,一旦主观动机集合 S 中的某个要素 D 被确立下来,那么能够满足这个 D 的一个行动也就被确定了下来,这个行动使得这个 D 被满足的真值条件显然就不取决于行动者个人的信念,而是一种客观必然性的标准。因此,对威廉姆斯而言,内在理由不但解释了行动产生的主观动机,而且成为一种能在客观普遍的立场上进行判断的说明机制。这也就是说,内在理由自身就有一种规范性的力量。因为这种规范性,内在理由不但可以用来判断一个行动者自身的行动,而且可以被用来判断其他行动者的行动,一个第一人称的行动者既可以通过普遍化被视为第三人称意义上的行动者而被批评、谴责和建议,也可以通过转化成第三人称意义上的行动者为自己辩护。

[①] 在日常的情况下,我们笼统地把基于某个行动的结果而寻求到的原因都称为理由。但是为了避免混淆,在本书中笔者把这种广义的行动理由称为行动原因,以便区别于威廉姆斯在内在理由意义上使用的行动理由。

尽管内在理由通过关联于行动者的主观动机集合 S 而能成为动机的解释,通过客观必然性而可能成为一种普遍的规范标准,但对内在理由来说,可能存在的问题却是:一个行动者既有可能相信一个对他来说事实上不存在的内在理由(S 错建于错误信念,S 到 φ 的联结不正确),也有可能他根本就无法认知到一个存在的内在理由(拥有 S 但不知道,拥有 S 且拥有到 φ 的正确联结但 A 不知道)。对于前者,关系到威廉姆斯所提的健全路径解释,我们将在下一部分做出解释。在这里,我们首先分析有关后者的解释。

(三)认知内在主义解读

让我们首先来分析威廉姆斯关于纯洁(chastity)的例子:假设我认为你提出的"采取行动去做某件事"是不纯洁的,所以我认为你有理由避免做它。也许你明白我把你"采取行动去做某件事"叫作不纯洁,但是你说你不是这么理解不纯洁这个概念的。在这里,我假设我用不纯洁这个概念表达的是某个共同体文化所代表的一种严肃的道德观念,但是你因为生活在不同的共同体文化而完全无法理解我所做的这种描述,你还是十分困惑于为什么"采取行动去做某件事"是不纯洁的,因此你实在没发觉我所做的描述能给出理由让你不采取那个行动。在这个例子里,我们说你不能认识到我基于某种共同体文化给出的描述是一个让你不采取某种行动的理由。现在,你有没有理由避免采取那个行动?对于这个问题的回答牵涉不同文化对同一个概念的不同理解,也许存在很多不同的回答。不过在这里笔者想假设的是一种可以被看作是内在主义的回答,即你实在没有能力认识到笔者所说的因为文化差异而造成的概念不同而没有理由避免采取行动去做那件不纯洁的事。在这里,认识能力指的是理解一种完全和你的思维不同的观念,而不是指你对某件事的理解力。通过这个例子,笔者试图表明,一个行动者只有按照他自己的思想理解一种观念,某个事实或事实集合才会成为他实际采取某个行动去做某事的理由。借用斯科罗普斯基的表达:

b. 只有在 A 有能力认识到 X 的获取会成为 A 去做 φ 的一个理由的时候,X 才成为 A 去做 φ 的一个理由。(Skorupski, J. 2007:88)

在上述命题中,X 并不是主观动机集合中的一个元素,而是某一事实;对于事实 X 而言,它关联的是一种认识的能力,而不是某个主观动机集合中的要素。如果我们认为一种认识能力并不是主观动机集合中的一种要素,那么在这里呈现出来的理由概念就只能是威廉姆斯在讨论中使用的外在理由概念。然而,外在理由概念是威廉姆斯所拒绝的。那么我们如何可能既辩护威廉姆斯认为只存在内在理由的主张,又辩护一种看起来是外在理由意义上的能力概念?

在这里,明白威廉姆斯是在一种真值条件的意义上寻求内在理由的思想十分重要。对于威廉姆斯而言,无论是行动与主观动机集合的关联还是一种认识能力与行动的关联,它们都只是使得一个内在理由得以成立的必要条件,或者说,是内在理由必须包含的构成要素。威廉姆斯说,"如果 A 有一个理由去做 φ 是一个真命题,那么行动者 A 基于那个理由应当做 φ 就必须是可能的"(Williams, B. 1995a:39)。很显然,认识能力与主观动机集合一样为内在理由提供了辩护的前提条件。不过在这个意义上,一种应当首先必须是基于一种能力之上,一种能力作为必要条件就必须加进内在理由的概念中。尽管一种认识能力并不是主观动机集合中的某个要素,但毫无疑问,它也同样属于一种内在主义的主张。而内在主义的主张就直观来说,表述的正是行动动机的发生机制(徐向东,2004:200)。

如果我们认可说一个行动理由的概念必然既具有动机发生机制的说明性,又具有规范性的辩护性,那么基于认识能力的内在主义观点——借用斯科罗普斯基的术语,我们称之为"认知内在主义"(Skorupski, J. 2007:89)——显然能够满足这个条件。如果我们说一个行动在关联于主观动机集合时通过欲求和信念的集合产生行动的动机,那么认知内在主义就是理性认知直接形成信念并进而产生行动的动机。换言之,认知内在主义通过理性能力直接激发一个行动,一种自主的能力是内在理由得以可能的必要条件。① 在这个意义上,康德显然也是一个内在主义者,他强调说一个自由意志能够自己为自己立法,也就是认为自由意志能够通过自己的认知能力而直接把自己看作是行动的理由。② 在认知主义的观点下,内在理由的概念既可以解释一个行动发生的机制,也可以辩护一种规范性的力量,这也就是威廉姆斯所说的说明与规范的叠加关系。

通过上面的分析我们可以看到,一种主观动机集合与一种认识能力都属于行动者的某种内在属性,二者都可以成为内在理由得以可能的必要条件,虽然直观而言,前者好像更容易被认为是从一个行动产生动机的角度说明了

---

① 理性认知是否能够不借助经验欲求就直接产生一个动机,这是休谟主义者与康德主义者的根本不同。在休谟主义者看来,理性单独是不可能给出行动的动机的,任何动机都源于对某种外物的欲求。但是康德主义者认为理性通过自我反思单独就能够给出一个行动的理由,而且这是唯一的绝对命令。

② 在这里,自由意志只是在一般意义上被看作一种选择的能力,而并没有强调任何先验的行动原则。

行动的发生机制,而后者则更多地被认为是从效力要求方面为一个行动的规范性辩护提供说明,①但对于威廉姆斯而言,无论是强调内在理由与主观动机集合的关联,还是指出内在理由基于一种认知能力的前提条件,二者都是说明性与规范性一体的。

二、健全慎思路径

上面我们提到,内在理由在关联于一个行动者的主观动机集合时,很有可能因为错误的信念而造成它不能成为一个真正的行动理由,无论这种信念的错误是基于主观动机集合S,还是基于主观动机集合S到φ的联结。为了排除这种错误的信念,威廉姆斯提出了"健全慎思路径"的概念作为内在理由的限制。尽管对于威廉姆斯来说,一种健全慎思路径的提出是内在主义要求的必然,但是因为这个概念,内在理由的概念却受到了更大的挑战。为了明晰威廉姆斯提出这个思想的真正意图并澄清一些相关的误解,我们有必要仔细分析这一思想。

什么是一种健全的慎思路径?我们需要分两步来回答这个问题:首先,对于威廉姆斯而言,一种健全的慎思路径服务的对象是个人的主观动机集合,而不是某些先验的东西。在这个意义上,不是那些先验的东西,而是那些相关于经验实践的东西,才能够进入慎思的范围之内。其次,因为一种健全慎思路径的思考服务于对错误信念的排除,所以一个内在理由作为一个行动理由必须为行动提供理性的支持,换言之,通过一种健全慎思路径的思考,一种合理性的概念必须被给出。综合上述两点,威廉姆斯对一种健全慎思路径的思考也就是给出一种实践合理性作为行动者的行动理由。②

---

① 徐向东认为内在理由的概念基于两个直观:第一,作为行动理由的内在理由概念必须能够说明行动的产生,包括理由能够被认知与理由能够构成动机。第二,作为行动理由的内在理由概念能够为行动提供理性支持的东西。他认为第一个直观指出了作为行动理由的内在理由概念与行动者主观动机集合的联系,而第二个直观则表明在某些条件下第一人称的赋予必须符合第三人称的赋予。在这里值得注意的是徐向东对第二个直观的分析,他认为基于第二个直观,威廉姆斯在把内在理由赋予为一个行动理由时指出了一种第三人称和第一人称意义上的对称性要求,正是这种对称要求使得内在理由受到了某些实践合理性的约束。很显然,徐向东做了一种自然主义的解释。在这里,如果我们坚持认为威廉姆斯持的是一种对内在理由的真值条件探索,那么自始至终,威廉姆斯只是在理论上指出了内在理由得以成立的必要条件,内在理由对行动的说明都只是在可能条件的意义上提出的动机性说明和规范性辩护,参见徐向东,2004:195-198。
② 尽管有关实践合理性概念的探讨存在很大的纷争,不过本书在此并不试图进入这种纷争。在这里,笔者通过实践合理性的概念只是想表明威廉姆斯是在一种实践的意义上给出内在理由的。因此,本书重点不在于从概念上分析何为实践合理性,而是表达一种实践合理性的思考在威廉姆斯内在理由概念中所起的作用。

（一）健全慎思路径与主观动机集合的关系

我们首先来看第一步，因为一种健全慎思路径服务的对象是主观动机结合，所以那些无法直接被确定为经验性的动机因素就不在考虑的范围之内，或者，它们只有在进入了主观动机集合之后才会成为考虑的对象。据此，那些据说被认为有可能是先天的道德原则或长期审慎的关注则因为可以直接忽略主观动机集合中的任何要素而不能进入一种健全的慎思路径进行考察。威廉姆斯明确地说道：

> 有别于审慎的和道德的考虑，作用于有关事实和推理的这个一般观点的基础十分地简单：任何理性慎思的行动者在他的 S 中都有要求被真实地和正确合理地被告知的一个一般兴趣……按照内在主义者的观点，一般而言，已经存在一个理由把有关正确信息和推理的要求写进一种健全慎思路径的观念中，但对于写进审慎和道德的要求而言则不是相似的理由。(Williams，B. 1995a：37)

在他看来，首先，一个慎思的行动者首先关注的是自我主观动机集合中的一般兴趣，如果一个道德的原则或慎思的关注不能首先成为这种一般兴趣关切的对象，那么它们就不可能成为一个行动者的行动理由。其次，在理性慎思的行动者的主观动机集合已经被给定的情况下，通过采取一个关联于主观动机的行动达到动机所欲求的目的的一种健全慎思路径的必然要求也就是给出与主观动机相关的正确信息和可靠的慎思推理渠道。唯有如此，一个主观动机中的要素才能成为一个行动的理由。最后，对于审慎和道德的要求而言，如果它们被认为是一种先天的真理，那么无论主观动机集合是什么，它们都不会因为任何的信息摄入或推理路径的选择而有所改变，那么一种健全的慎思路径也就不适用于它们。当然，如果一种道德或审慎的原则是通过关联于主观动机集合而被发现和确立的，那么它们同样可以适用于一种健全的慎思路径。

（二）健全慎思路径的作用

在确立了一种健全慎思路径与主观动机集合的关系之后，我们进入第二步的分析。通过上面的分析我们已经看到，对于一种健全慎思路径而言，最重要的就是对正确信息与慎思推理渠道的把握。然而，正是在这一点上，威廉姆斯与其批评者发生了严重的分歧。为了方便讨论，我们把有关正确信息和有关慎思推理渠道的内容分开讨论。不过在此之前，明白一种健全的慎思路径立足于行动者的主观认知能力这个前提之上是十分重要的：无论是对信息的正确获取,还是对慎思推理渠道的把握,对于威廉姆斯而言,一个显而易见的前提就是行动者必须有一种自主的能力认识到它们。[1]

对于正确信息的实践慎思而言,它是确保一个行动者的信念为真的根本前提,而一种慎思推理得以正确地满足行动者的主观动机集合,也必须以此为前提。回到威廉姆斯的例子:如果那个人想喝摆在他前面的那瓶东西的欲求是基于他错误地相信那瓶东西就是杜松子酒,那么就事实而言,他没有理由混合那瓶东西和药酒并且喝下混合物。在这种情形中,即使通过一种健全的慎思路径使得行动者可以通过采取某个行动满足那个欲求,但是因为这个欲求是基于错误的信息基础之上的信念,那么那个行动者并没有理由去采取某个行动。因此,对于一种健全的慎思路径来说,获取正确的信息形成正确的信念是十分重要的第一步。通过实践的慎思,一个行动者应该首先排除那些错误的信息,获取正确的信息,形成正确的信念。然而,一种信息的正确获取,总是依赖于我们的理性认知能力。如果一个行动者根本就不具有反思的能力,那么他就不可能对获取的感官信息进行评价,从而辨别出正确与错误的信息。只有通过我们主观的内在认知能力,一种正确的信息才可能被获取,我们才可以进一步确保一个主观动机集合中的要素是可靠的。

然而,就被认识的这个要素能否构成一个行动的理由而言,我们还要正确地考察它与需要采取的某个行动之间的联系。在这种关系中,只有发现某个可能采取的行动能够满足主观动机中的要素,这个要素才会成为行动的理由。这也就是说,行动与主观动机的要素间的关系必须作为某种形式的理性证据而为行动理由提供支持。很显然,主观动机中的某个要素总是作为一个目的而呈现给行动者,相应地,为了满足这个主观动机要素而采取的行动就是达到这个目的的手段。一般而言,我们把这种目的与手段之间的关系称为工具主义的推理形式。一种工具主义的推理形式成为实践慎思寻求行动理由的理性支持的一种限制。很显然,对于威廉姆斯的内在理由概念而言,既然一切行动都根源于与经验的主观动机的关系,那么目的与手段的工具主义推理也就总是表现为一种实践合理性的考虑。这也就是说,一个内在理由的概念成为一个行动理由是通过对工具主义基础之上的实践合理性概念的考

---

[1] 徐向东认为主观动机集合中的要素只有在满足以下三个条件的情况下才有可能成为一个行动的理由,即行动者对主观动机集合中的要素的信念不是假的,而是相关的真信念,与此同时,行动者必须正确地进行思考。他把这些条件称为"认知责任"的思想,参见徐向东,2004:199。事实上,在威廉姆斯的内在理由的表达中,理性行动者所具有的能动性是一个根本的前提,这也是整个现代道德哲学普遍认可的一个基本前提。尽管在这里我们只是在认识论的意义上强调这种能力,但事实上一种认知能力关系到一个行动者的自主性,一种自主性关系到人作为一种自由的存在者。

察而得以实现的。那么,在威廉姆斯的思想中,工具主义推理到底扮演着怎样的角色呢?

(三)一种广义的实践合理性

对于一种严格意义上的工具主义推理而言,通过欲求给定一个既定的目的,那么工具主义推理就应该寻求实现它的最佳手段。按照这个观点,只要给定主观动机集合中的一个要素,那么通过实践慎思,一个满足这个要素的行动也就确定了。然而,威廉姆斯并不把他所使用的实践慎思严格限制在工具主义推理上,对于威廉姆斯来说,主观动机集合中的要素并不必然要关联于一种休谟意义上的情感欲求,而仅仅是一种表达行动动机的"形式"概念(Williams, B. 1981:105; McDowell, J. 1995:69)。因此,一个行动理由考察的主观动机集合不仅仅是某个给定的欲求概念,而且包括诸如评价性情、情感反应模式、个人忠诚和不同的筹划等东西,它们体现为行动者的各种承诺。与主观动机集合不单单限定于情感欲求相配合,关联于主观动机集合的实践推理也就不严格限制于工具主义推理,它也包括更多的可能性,例如,"思考主观动机集合中的要素是如何通过联合时间顺序而被满足的;在主观动机集合中的要素发生无法解决的冲突的地方,考虑哪个要素带有最强的分量;或者发现构成性的解决方案,比如假定某人想要娱乐时,决定什么东西会使得他有一个令人愉快的夜晚"(Williams, B. 1981:104)。威廉姆斯称这些为"合理的慎思程序"(Williams, B. 1981:110)。对于威廉姆斯来说,主观动机集合并不是单纯的情感欲求,而实践推理也不是基于情感欲求基础之上的工具主义推理。尽管在一种广义的范围内,任何实践慎思都不可能逃脱手段—目的式的工具主义推理,然而威廉姆斯为主观动机集合与实践推理赋予的特殊内涵却有助于我们理解规范性的思想。

对于威廉姆斯来说,因为主观动机集合超越了单纯的情感欲求,而可以体现为各种承诺,那么作为一个行动动机的东西也就超越了简单的情感欲求。[①] 既然威廉姆斯把内在理由的表达形式自称为一种"准休谟式"公式,而一种休谟式理论的动机的来源又在于相关的欲求和手段—目的信念(Smith, M. 1994:92),那么我们可以认为一个动机形成的关键并不在于欲求,而在于手段—目的式的信念。这也就是说,不是欲求,而是信念构成了一个行动理由的根本前提。又因为错误的信念不能给出行动的理由,那么构成行动理由的信念必须是正确的,而一个正确信念的形成有赖于我们的认知能力,也

---

① 斯科罗普斯基在指出威廉姆斯内在理由公式不同于休谟的动机理论时,正是通过二者对动机概念的不同理解而辨明的,参见 Skorupski, J. 2007:79-85。

即理性推理能力,最后的结果就是,我们的内在理由源于我们的理性推理能力对正确信念的给出。换言之,即使不需要情感欲求,行动者也可以直接通过理性推理能力给出信念,为行动提供理由。

然而,在内在理由能够作为行动理由的辩护性和规范性说明中,还有几个问题悬而未决:第一,即使基于正确信念,行动者的主观动机集合是否合理也会受到质疑,因为一个行动者的主观动机在实践中总是个人的、偶然的,那么它作为一个行动理由的合理性能否作为一种普遍性的解释通过某种实践检验就是有待考察的。正是在这个意义上,斯坎伦认为威廉姆斯的内在理由概念无法普遍化。第二,合理的慎思程序并不必然能使得一个主观动机集合中的要素成为一个规范性的行动理由,即合理的慎思程序并不必然是辩护性的实践合理性。第三,即使主观动机集合中的要素可以导向正确的行动,但是并不能保证这种导向就是必然的。第四,威廉姆斯认为内在理由是唯一的行动理由使得道德的绝对性受到了挑战。现在我们需要对这些问题一一给予解答。

三、有关内在理由的批评与辩护

(一)对主观动机集合的质疑及其辩护

我们首先通过威廉姆斯的一个例子来分析有关主观动机集合是否合理的质疑。在这个例子中,威廉姆斯假设了一个残暴的丈夫,在他的主观动机集合中找不到任何让他善待他妻子的理由。在威廉姆斯看来,如果我们不认为这个人是基于一种不合理的病态进行思考,那么只要在他的主观动机集合中找不到任何善待他妻子的要素,那么我们就不能指责他不善待他妻子是不合理的。因为对于威廉姆斯的内在理由概念而言,一个能够成为行动理由的东西必须首先满足它与主观动机集合的关联。但是很多坚持外在理由的反对者认为,威廉姆斯的观点不能满足有关理由的普遍说明性条件,甚至会导致理由的相对主义。然而事实上,一种普遍说明性条件在于满足这样一个条件:任何行动者在相似环境下应当采取相同的行动。因为威廉姆斯从来就不曾否认不同的行动者具有相同的理性本质,他显然同意说如果实践推理结构产生了捆绑于每个理性存在者的某种理由,那么每个理性存在者都有着从他的主观动机集合到被这样的理由所要求的行动之间的一条健全路径。因此,对于威廉姆斯来说,上述批评是站不住脚的。

在上述例子中,威廉姆斯承认这个残暴的丈夫有某种缺陷,因而不能成功地被某些我们应该被看作理由的东西激发而善待他的妻子。但是问题在于,对于威廉姆斯的内在理由概念而言,他首先表达的不是一种道德评价,而是辩护某个东西成为某个行动者一个行动理由的必要条件。如果据说是某个行动者的一个行动理由的东西不首先属于某个行动者的主观动机集合,那么我们从根本上就无法理解一个东西在什么意义上被说成是某个人的行动理由。当然,我们可以从一种第三人称的立场对某个人的行动进行评价,而把某个东西看作是一个人应该具有的行动理由,比如说从一种道德义务的角度,在这个意义上,我们当然可以评价说一个人的主观动机集合是不合理的。但是对于一个行动者而言,不论是通过认识推理,还是通过经验感觉,一个东西只有首先成为主观动机集合中的一个要素,这个东西才有可能成为一个行动者的行动理由。因此,当斯坎伦试图从理由判断的普遍性角度指责威廉姆斯的内在理由概念不能满足理由的说明性条件时,①这并不是一个"反对内在主义论立场不可抵挡的论证"(Williams,B. 2001:95)。

事实上,威廉姆斯承认这样一种观点:如果不是这个残暴的丈夫具有某种缺陷,某些考虑作为理由应该能够激发他采取某些行动善待他的妻子。显然,威廉姆斯同意斯坎伦所持的这样一种观点:即使这个残暴的丈夫因为患有轻率的、残忍的、感觉迟钝的等性格缺陷而不能认识到有某个理由善待他的妻子,我们同样可以把一个理由——比如道德义务的理由——加诸他。不过在这种情形下,我们赋予他的理由只是一个非道德价值的评价性标准,我们也只是在这种标准下来说主观动机集合是否合理。但问题在于,对这个残暴的丈夫而言,或者更一般地说,对一个有认知或感知缺陷的行动者而言,威廉姆斯用一个内在理由的概念强调的是某个东西何以使得一个行动者采取某个行动,如果无论这个行动者如何努力,他都无法使得一个据说应该成为他的行动理由的东西进入他的主观动机集合,那就是强人所难了。

(二)对健全慎思路径的质疑及其辩护

不过对于威廉姆斯内在理由的指责不仅局限于评价主观动机集合是否合理,外在理由论者认为威廉姆斯在论证内在理由概念时使用的合理慎思或正确慎思概念是存在争议的。回到关于残暴丈夫的例子,我们假设这个残暴的丈夫某天来到一个小镇旅游,发现在这个小镇里丈夫都对妻子很好,而被

---

① 斯坎伦通过把第一人称经验的行动理由扩展为一种普遍的评价标准而指责威廉姆斯的内在理由概念。按照他的这种看法,第一人称经验首先把自己看作一个具有能动性的存在者而使得一个东西能成为自己的激发因素,同时,通过把能动性表现为人作为一个类的本质特征,基于能动性基础之上的某种东西成了具有普遍性的判断标准。事实上,这里有质疑尤为重要:一种能动性能否进入威廉姆斯所说的主观动机集合?如果能的话,又是在何种限制条件下?至于后者,则牵涉到对道德的不同定义,参见 Scanlon, T. 1998:74, 367。

善待的妻子体现出的某种对于丈夫的敬爱之情让他无比感慨,他突然觉得,这种妻子对丈夫的敬爱之情是值得追求的,回去之后,这个残暴的丈夫决定善待他的妻子。在这个例子中,威廉姆斯显然会同意说这个残暴的丈夫通过认识到妻子对丈夫的一种敬爱之情是值得追求的这样一个主观动机要素而有一个内在理由去善待他的妻子。然而,在外在主义者看来,这个残暴的丈夫因为看到通过善待妻子而可能产生的敬爱之情是值得追求的,由此发生了要善待自己的妻子这样一种观念上从无到有的转变,这种突然的观念转变是一种不同于内在理由概念的外在理由。然而,在威廉姆斯的主张中,"行动的唯一合理性就是内在理由的合理性"(Williams, B. 1981:104)。

因此,正是在如何界定合理的慎思这个观点上,外在主义者与威廉姆斯产生了分歧。对于威廉姆斯而言,"一个慎思的或合理的程序会导致一个人从没有被激发到被激发(去做某事)"。然而,以麦克道威尔为代表的外在理由论者并不这么认为,"与之相反,如此被激发(去做某件事)的转变是开始正确慎思的转变,而不是一个人通过正确的慎思而被影响(去做某件事)"(McDowell, J. 1995:78)。在这里,麦克道威尔承认一个东西总是要通过关联于一个行动者的主观动机集合才有可能成为一个行动的理由,但一个新的行动动机的产生并不是通过对行动者已经具有的主观动机集合的合理慎思所能达到的,而是需要某种诸如非理性的信仰改变等。因此,在什么算作正确的慎思这个观点上,外在理由论者认为威廉姆斯错误地假设了主观动机集合中的要素可以孤立地被用作正确慎思的辩护。在外在理由论者看来,不是主观动机集合中的要素通过正确的慎思导致一个新的动机的产生,而是在主观动机集合之外某个被看作外在理由的东西进入了主观动机集合之后我们才能正确地慎思。

(三)对实践合理性的质疑及其辩护

然而,按照威廉姆斯的看法,一个行动理由的概念首先针对的是某个行动者的特殊情况,某个能够被称为行动理由的东西必须首先关联于行动者的主观动机集合才有可能在第一人称的意义上被称为行动者的行动理由。既然外在理由论者同样认可这个前提条件,那么无论如何,就不存在被称为属于行动者的某个外在理由。因此,即使外在理由论者认为某个没有预先存在于行动者的主观动机集合中的东西通过某种非理性的转变能够进入行动者的主观动机集合而能够成为一个行动理由,这也并不能构成对威廉姆斯内在理由概念的挑战。对于这个所谓的外在理由而言,在还没有进入行动者的主观动机集合时,它并不能被称为行动者的一个行动理由,而当它进入行动者的主观动机集合时,它显然就是内在的了。与此相应,对于威廉姆斯而言,动机从无到有的转变就是一个正确慎思，而并不存在麦克道威尔所说的只有在一个非理性的信仰转变之后我们才开始正确的慎思。事实上，对于威廉姆斯而言，正确的慎思表达的只是通过对主观动机集合的思考而找到行动者的一个行动理由。然而，威廉姆斯的这个思想因为它的主观动机集合概念内容的不确定性而受到质疑。

尽管威廉姆斯明确地说"一个行动者有某个理由去做 φ"，总是要特别地针对这个行动者的主观动机集合，但是到底什么东西可以算作主观动机集合里的要素，威廉姆斯却并没有给出具体的规定。正是基于此，科斯嘉德提出了另外一种有关威廉姆斯的合理慎思观点的疑问。按照科斯嘉德的观点，如果威廉姆斯关于实践推理的看法仍然限定于一种休谟式的框架下，那么他就不可能逃脱手段—目的式的实践慎思。既然威廉姆斯承认主观动机集合可以超越简单的欲求，而可以体现为各种承诺，那么实践推理自身作为一种能力首先就可以得到承诺。既然一个被算作正确慎思的实践推理就是给出主观动机集合与行动理由的合理联系，也就是为行动给出一个动机，那么实践推理自身作为一种承诺就可以直接给出行动的动机。这也就是说，纯粹的实践推理能够独自给出动机。按照这个观点，不是主观动机集合中的要素确定何为实践推理的慎思路径，而是何种可能的实践推理给出了主观动机集合的构成要素。尽管按照一种休谟式的解释，威廉姆斯否认了先验的道德和审慎适用于健全的慎思路径的可能性，但是按照一种认知内在主义的解读，即使威廉姆斯拒绝接受道德和审慎的先验性，他也可以接受实践推理作为一种认知能力通过对自身的慎思给出动机的可能性。只是在这种解释之下，我们就需要考虑什么是实践推理对自身的正确慎思。

按照麦克道威尔有关慎思观念的亚里士多德式的解读，如果一个行动者是一个完全理性的实践慎思者，即智者（phronimos），那么，他就应该被激发去采取某个行动。在这种解读下，无论一个行动者有没有一个属于主观动机集合的要素，他都应该有一个理由去做某件事情。然而按照我们对威廉姆斯内在理由概念的一种认知内在主义解读，麦克道威尔给出的理由概念同样源自主观动机集合中的一个要素，因而是一个内在理由概念。不过即使在这种解读之下，威廉姆斯并不像康德主义者所认为的那样，把某些先验的道德和慎思考虑进来。尽管威廉姆斯可以同意一个实践的智者仅仅通过自身的实践反思能力就给出一种行动的动机，但是这种情形下的实践慎思者是一个完全理想化的模型，是一个博闻强识且天赋异禀的智者，是通过最恰当的方式被培养起来的人。我们当然可以把源自这样一个理想模型化的实践智者的生活看作是一种好的生活，然而对于实践生活中的普通大众而言，这种理想的好的生活只能是一种乌托邦式的理想,①它抽离了具体的实践行动者所具有的不同禀赋和成长环境,并不适宜用作特殊的行动者的行动理由。正如威廉姆斯在评价亚里士多德有关妇女和奴隶的实践生活时所指出的,"在这样一种生活所依赖的(东西)超出了他们的能力、他们的知性和他们可能的动机时,这些人没有理由努力地像一个智者(一样生活或行动)"(Williams,B.1995b:192)。抛开亚里士多德有关奴隶和女人不合时宜的看法,威廉姆斯试图表明的是,对于一个行动者来说,一个据说能够成为一个行动者的行动理由的东西,甚至一个对行动者来说是好的东西必须总是关联于行动者的特殊个性的。这也就是说,一个行动的理由应该表现关于某个行动者的一些特殊东西。正是在这个意义上,威廉姆斯强调说,他有关内在理由的说明正是一种"心理意义上的"强调,因为只有个体心理意义上的不同才真正构成了对于一个行动者来说是特别的东西,而正是基于这种心理意义上的主观动机集合,实践慎思才被赋予了实际的内容。

四、内在理由概念达到的规范性意义

威廉姆斯的内在理由概念首要的目的在于表达一个据说能够成为一个行动者的行动理由所需要满足的必要条件。在威廉姆斯看来,只有在一个理由的概念首先关联于一个人的特殊处境时,它才能对某个人具有说明和辩护的规范性意义。如果不是以一种狭义的欲求概念来表达人类心理,而是以一种内在于人类心理的心灵状态来表达有关"心理意义上的"概念,一个能够成为行动理由的东西就必须首先关联于人的主观动机集合。当然,既然一种休谟意义上的欲求概念并不能囊括这种广义的心理学意义,那么威廉姆斯的"准休谟式"公式就被赋予了完全不同的意义。尽管作为一种实践推理,它仍然满足源于休谟的那种广义手段—目的式的表现形式,但是实际内容已经大相径庭,一个重要的差别就是威廉姆斯的主观动机集合概念为一种实践理性能够依靠自身给出目的提供了可能性。正是在这个意义上,我们对内在理由概念可以做一种康德式的认知内在主义解读。与之相关,一种实践推理的合理性也就不仅仅局限于工具主义的推理。然而,在另一方面,威廉姆斯拒绝对内在主义的公式做先验的诠释,这就使得他区别于康德的先验主义,既然一种实践理性的合理性不能单纯地来自先天的形式,那么经验的要素也就为合理性提供了某些限制,因此,对于威廉姆斯的内在理由概念而言,基于行动者自身的实际处境而提供一种实践合理性就成为解读内在理由的关键。

---

① 显然,在威廉姆斯看来,康德式的"目的王国"也属于这样一种乌托邦式的理想。

至此,我们可以看到,对于威廉姆斯的内在理由概念来说,通过关联于主观动机集合,实践理性必然会把一种目的追求的规范性力量作为理由而加诸行动者,而包括对实践推理自身的认知在内,主观动机集合概念说明了一个行动发生的机制。正是在这个意义上,威廉姆斯认为,一个内在理由的概念必然既是说明性的,也是辩护性的。尤其重要的是,因为一个主观动机集合的概念可以包含实践推理对自身的认知,这使得内在理由的概念为一种道德意义上好的规范性辩护同样提供了充分的余地。那么这种辩护是如何展开的呢?这就把我们带到了有关道德规范性的讨论。为了获得有关道德规范性的本质,我们需要从两个角度来把握这一问题:其一,我们需要从生活实际出发看道德是如何通过不同的人称关系展现规范性的;其二,我们需要切实地为我们的生活提供客观的道德规范性的指导。这正是我们接下来需要处理的问题。

第六章 基于三种人称立场论道德规范性

自古希腊哲学家苏格拉底把哲学的关注点从关注自然转向关注人事开始，规范性的问题就一直是我们的生活和研究所迫切面对的基本事实。正如我们在本书开头就提及的，在柏拉图的《理想国》中，苏格拉底很早就提出了伦理学中最具代表性的规范性问题："一个人应当怎样生活？"（Plato，2000：352D）毫不夸张地说，后来的道德哲学都紧紧关联于这个问题而做出回答。只是到了当代，这个问题才作为一个规范性问题在元伦理学方面凸显出来。按照伯纳德·威廉姆斯的理解，当我们提问一个人应当怎么样做时，这也就等价于为做某事寻求一个理由。①这也就是说，"一个人应当怎样生活？"也就等价于"我们基于什么样的理由去生活？"正是在分析"应当"和"理由"的共性时，我们发现了加诸这个问题身上的某种规范性东西，因而进入对何为一个规范性问题以及对其做出回答的理论探讨。

在本书第二章，我们已经围绕行动者从实践性和客观性的角度为规范性的本质给出了说明。然而，按照一种广义的阐释，规范性包含规则、价值、好坏、应当、要求、命令、理由、合理性等许多概念。正是通过这些概念，规范性渗透于我们的日常思想、判断、决定和评估等各种行动中。因为规范性概念渗透于不同的概念中，我们很难通过精确定义的方式十分清楚地说明规范性的本质是什么，而只能通过描述的方式指出规范性是某种弥漫在我们的生活和行动中充当某种标准的东西，它在不同的情形中具有不同程度的权威性和普遍性。因此，规范性总是通过某个或某几个概念被解说，有关规范性问题的探讨也都集中于那些极具规范性特征的替代性概念的探讨上。在这些概念中，"理由"概念毫无疑问是研究者借以研究规范性最常见的方式。然而，正如我们在前面第二章和第三章多次提及的，理由概念是人的理性反思成功

---

① 参见 Williams, B. 1993: 3。

的结果,我们必然需要依托行动者的理性本质来审查人的行动的理由规范性问题。尽管本书前面的章节已经展示了因为对人性心理的不同理解而呈现出对规范性问题的不同回答,但我们并不是基于完整的人格立场进行的分析。因此,在这一章,我们将基于完整但不同的人格立场来对规范性问题进行分析,这种立场就是道德哲学中的不同人称立场问题。我们希望通过这种分析获得有关规范性问题说明的一些新洞见。

科斯嘉德就指出,"我们如何解释道德行动的问题是一个第三人称的理论性问题,是一个关于理智动物中某个特殊种类为什么按照某种方式表现行动的问题。规范性问题是一个第一人称问题,它针对的是道德行动者必须实际地做道德所要求的事情"(Korsgaard, C. 1996b:16)。因此在她看来,为了成功地回答"一个人应该怎样生活?"这类规范性问题,我们必须把自己置于道德所要求的情形之下。这也就是说,对规范性问题的回答,我们必须通过考虑自己如何在实际行动中体现道德要求的第一人称立场进行研究才是合适的。① 但是与科斯嘉德的意见相左,斯蒂芬·达沃尔(Stephen Darwall)和列维纳斯(Levinas, E.)相信,第二人称立场对道德理论来说拥有一个根本性的地位:正是通过第二人称立场,我们才能很好地理解和把握到道德的规范性要求。② 按照科斯嘉德对达沃尔的总结,在某种意义上,达沃尔的第二人称理由在道德理论中为道德义务提供了基础;甚至,在列维纳斯那里,第二人称立场为道德规范性提供了形而上的基础。③ 除了第一人称和第二人称立场之外,以后果主义为典型代表的目的理论宣称一种客观的、非个人的、不偏不倚的道德规范性观点,我们可以称之为第三人称立场。那么,哪种立场才是对道德规范性问题的最好解释呢?本章的目的就在于通过对这三种立场的分析把握道德规范性的实质。

一、第一人称立场

在科斯嘉德看来,义务在人类生活中无处不在,但要解释义务为什么能够施加要求在我们身上却不容易,我们必须满足对义务作为一种规范性概念的解释完备性和确证性完备性的说明。然而,能够解释人们为什么履行义务

---

① 按科斯嘉德的思想,为了成功地回答规范性问题,有三个条件需要满足。笔者把它们简单概括为指向行动者要求、透明性要求和自身同一性要求,参见 Korsgaard, C. 1996:16-17。在这里需要注意的是,作为第一人称考虑的条件并不是科斯嘉德第一人称立场的实质观点,但她的这三个条件的限制必然导致她所要求的第一人称立场。这在后面的行文中将会得到揭示。

② 参见 Darwall, S. 2006:3-38;Levinas, E. 1969:1-34。

③ 参见 Korsgaard, C. M. 2007:8-23。

的道德规范性理论是从某种第三人称视角出发的解释完备性理论,但它却不必然基于行动者的第一人称视角出具有确证性的完备性。原因在于,第三人称的解释完备性是从理论上关注一个人为什么以及如何道德地行动,而第一人称的确证性完备性关注的是为什么我们应当按照我们的道德观念行动。基于此,如果对"一个人应该怎样生活?"的回答必须同时满足解释完备性和确证性完备性的说明,那么对确证道德义务的说明必须确保行动者持有一种第一人称立场。只有基于第一人称立场进行探索,我们才能确证行动者必须实际做道德所要求的事情。正是在这个意义上,科斯嘉德清楚地说道,"规范性问题是第一人称问题,它是对那个必须实际地做道德要求他做的事情的那个道德行动者提出的问题"(Korsgaard,C. 1996b:16)。

(一)科斯嘉德的反思

按照科斯嘉德的理解,规范性问题作为应该从第一人称立场回答的问题,其实质是一个应该怎样实际采取行动的实践问题。如果一个行动者不把自己置于第一人称的立场,他就总是会对自己必须真实地采取道德要求所规范的和道德坏真的是如此坏之类的问题产生严重的怀疑。一个行动者如果不能感同身受地觉得自己在实际中采取一个行动,他对任何的行动理论就都会存在不真诚和有争议的疑虑,那么,这个行动者很自然地会逃避那些道德理论给出的道德义务。根据这种考虑,科斯嘉德十分肯定地说,所有对于规范性问题的回答必须通过指向行动者作为研究的前提。按照科斯嘉德的观点,站在第一人称的立场上,我们最根本的规范性问题就是"我应该做什么?"的问题。当我们向自身发问"应该"怎么做时,我们实际上假设了我们是理性的、自由的、有能动性能力的人,我们因此能够反思确认自己的行动应该采取什么样的指导原则。

为什么科斯嘉德坚持对道德规范性的确证必须是第一人称视角的反思确认呢?在科斯嘉德看来,规范性问题天生是一个实践性问题。它强调的是作为行动者的"我"从实践的角度有义务"做什么?"的问题。基于这种实践视角,尽管对道德义务的说明是基于情境的求真过程,但有关道德义务的行动必须起源于第一人称的行动者,实践反思是行动不可避免的来源。正是通过断言规范性问题是一个实践问题,科斯嘉德才能坚持认为对规范性问题的确证性回答必须持有第一人称立场。

为了阐明自己的这种第一人称立场,科斯嘉德在《规范性的来源》的第三讲说道,"人类心灵在其本质是反思的意义上是自我意识的"(Korsgaard,1996b:92)。心灵结构具有的这种反思特质必然要求我们思考自身的精神活动,使得我们"能够将注意转向我们的知觉和欲求自身,转向自己的心理活动,我们能够对它们有意识"(Korsgaard,1996b:93),这使得我们能够对这些知觉和欲求进行考量。科斯嘉德进一步表述说,"将我们的注意力转向自身的心理活动的能力,也就是与这些心理活动保持距离并对它们进行考量的能力"(Korsgaard,1996b:93),这种反思能力使我们表现出具有自我意识和自由,进而使得作为行动者的我们要面对在给定情景中选择做什么这样的心灵问题。而这恰好就是第一人称立场的规范性问题。很显然,面对规范性问题,反思的心灵要求我们在做出自由选择时给出理由。这个理由代表我们的选择,"'理由'意味着反思的成功"(Korsgaard,1996b:97)。借用约翰·斯科罗普斯基(John Skorupski)的观点,理由的概念不但渗透于行动、信念和情感等各种概念领域之内,而且作为一个原始的规范性概念,其他的规范性概念都可还原于它。① 规范性问题可以通过有关理由的思想得到澄清。如此一来,"我应该做什么?"的规范性问题就可以转化为"我们有什么(规范性的)理由做什么?"的慎思问题。

遵从杰·华莱士(Wallace,R.J.)的观点,慎思是蕴含着规范理由的第一人称观点的典型特点,而且,这种观点总是预期性地指向未来要发生的行动。②这也就是说,作为行动主体的我通过权衡考虑向我敞开的各种可能行动,试图对自己预期做什么或按照什么原则来行动进行一个有关行动实践的合理解释。慎思在实践过程中通过确定一个行动者有什么(规范)理由做出道德行动或达到关于行动者怎样做的一个决定展现了道德行动的合理性问题是第一人称的观点。如果一个行动者正确地慎思,他将会意识到道德地行动的理由,并且会相应地选择行动,那么,一个给定的行动者遵循道德要求就是合理的。既然行动者的慎思通过道德要求而受到规定,那么道德要求对于给定的行动者而言就是有权威的。在此意义上,一种道德要求的权威通过第一人称的慎思得到了确证。然而,行动者为什么会因为慎思道德要求而被促动去采取行动和做出决定?这些道德的要求又是如何得到证成的呢?为了厘清这些有关道德规范性的问题,我们应该仔细考察科斯嘉德康德式的构建主义观点。透过这种观点,我们可以清楚地看到第一人称立场是如何为道德规范性问题提供回答的。

在回答"道德如何对我们做出要求?"这样的规范性问题时,科斯嘉德首先接受了康德探讨道德哲学的一些基本思想,她像康德一样认为作为行动主体的人是一种"理性存在者",具有理性能动性,意志——按照原则而行事的

---

① 参见 Skorupski,J. 2010:1。
② 参见 Wallace,R.J. 2006:66。

能力——是理性存在者的根本特征,意志的存在实际上表明纯粹理性自身就具有实践能力,意志自身不外乎就是实践理性。①因此,在科斯嘉德看来,规范性问题指向的必然是意志的行动。基于科斯嘉德的康德主义立场以及她对规范性问题必然联结于意志的看法,她认为回答规范性的来源要通过以下几个方面进行:我们心灵的反思性结构、意志的自律以及自我的实践同一性。

  基于上述分析,我们可以描述科斯嘉德对规范性问题做出的第一人称立场解释。在她看来,诚然我们人类自身因为感性本质总是处于各种各样的欲望和爱好的诱惑之中,但是我们会因为自己的理性本质而具有反思的能力。每当我们以第一人称的身份置于道德实践时,面对经验性的诱惑,我们总会因为自己的理性而审慎地反思:"我应该听从自己欲望或爱好的指示而采取一个行动吗?"经过审慎地反思,我们需要决定是否认可在当前的环境下把这个经验性的诱惑当作一个理由。当我们进行如此地审慎反思时,我们也就是把某个认可为理由的东西认可为采取行动的一般原则。出于理性反思的本性,当我们发现一条原则时,我们会继续审慎地反思:"我真的应该认可这样一条行动的原则吗?"进一步地,通过审慎反思,我们会继续追问:"我应该成为一个认可这样一条原则的人吗?"当我们通过审慎反思从一个行动上升到对自己的人格的追问时,我们就必然要认可一个特别的"实践同一性"概念。正是通过实践同一性的概念,我们发现了审慎反思的实践性的一面:我们的反思总是要针对自己所在的具体社会环境而言。在我们的生活是值得过的和我们的行动是值得从事的意义上,同一性的实践观念让我们自己决定把何种刺激因素作为我们的行动理由,这些刺激因素强迫我们。正是通过反思我们作为某个社会共同体的成员,我们认识到自己的思想自我和行动自我的关系,一种立法的权威在实践同一性的概念中体现出来。然而,这种基于社交世界的实践同一性的鉴定都属于偶然的特殊环境。我们如何能够被一种来源于同一性概念的责任(这种责任对实践同一性自身来说并不是必需的)所限制呢?正是在对这个问题的反思过程中,我们发现了支撑所有同一性概念的纯粹形式概念:作为人的本质的同一性概念,科斯嘉德称之为"道德同一性"。这种道德同一性基于我们人的理性本质。通过理性反思,我们发现反思性是理性的基本特征,也是人性的基本特征,反思性达到了对自己人性的一种认可和价值的承诺。道德的规范性要求正是通过我们的反思性认可体现了出来。道德的要求就是奠基于我们的反思性。按照对道德法

---

① 参见 Kant, I. 1996, G4: 412。

则的说明也就是理性行动者对自我意志的法则进行审慎反思的解释,道德规范性的要求也就是行动者对自己意志的"自律诉求"(Korsgaard, C. 1996b:19)。

基于上述概括,我们可以清楚地看到,对于科斯嘉德而言,反思性是我们作为理性能动者的一个本质特征,它贯穿于我们整个的实践行动。与休谟主义者和其他一些情感主义者的看法一样,科斯嘉德同样认为,从日常的道德生活开始,我们反思那些我们自身就有倾向和欲求去做的事情,我们会把某些东西看作我们行动的一个理由,我们也就会接受或拒绝那些声称对我们的行动以及相应的活动具有权威的倾向和欲求。当我们通过反思把某些经验的冲动和刺激看作一个理由时,这就表明我们心灵的反思性结构至少在道德秉性和情感的方向上确立了其规范性。但是,正如康德一样,科斯嘉德认为人的本质是人的理性,人所具有的道德特殊性必然只能来源于人的理性本质。与休谟和威廉姆斯把反思性认可的检验当作对道德秉性和情感的规范性的哲学训练不同,科斯嘉德认为反思性认可的检验不仅仅是确证道德的一种方法,它本身就是道德。这也就是说,反思性认可的检验从欲求的对象转向了自身。因为反思性认可的检验是实践理性的练习,意志则是理性的实践能力,所以当反思性认可的检验转向自身时,也就是在问意志的行动原则在什么意义上可以成为道德的原则。对于这个问题的回答,科斯嘉德分成了两个方面:一方面,遵循康德的看法,意志是自由的,因而能够给出自身的法则,而意志指向自身所确立的原则就是绝对命令原则;另一方面,不同于康德,科斯嘉德认为"绝对命令对我们的选择的唯一限制是,我们的选择要具有法则的形式。没有什么东西能够决定这个法则必须是什么。它不得不是的所有一切就是一条法则"(Korsgaard, C. 1996b:98)。而道德法则是"仅仅根据一个在有效的合作系统内所有的理性存在者都认可的准则而行动"(Korsgaard, C. 1996b:99),因此,需要一个"实践同一性"的概念。通过这个概念,行动者在一个共同体中意识到自己的义务和人格完整性。通过这两方面的分析,科斯嘉德认为人类的反思结构在意志的自律中发现了道德规范性的真正来源。这种通过给予自身以法则的自律就是第一人称立场的本质特性。

(二)德拉蒙德的人格主义

通过上面的分析,我们确实可以看到,科斯嘉德的反思认可在实践的第一人称立场为行动者个人的理由规范性提供了实践来源的说明。然而,问题在于,行动者从第一人称立场提供的理由规范性要求如何超越行动者自身成为对他人的道德规范性呢?换言之,从第一人称立场出发的理由规范性能否成为从第三人称立场来看也普遍客观的立场？如果不能回答这个问题,那么对道德规范性问题进行回答的第一人称立场就很难避免成为独断任意的唯我论。很显然,科斯嘉德认可反思式的第一人称立场理论虽然给予了行动者自身的人性以自我理由规范,但是它却没能成功为其他行动者的人性也具有同样的理由规范性给予充分的论证,她并不能成功地解释为什么你的人性必然对我是一条法则,为什么你的道德要求应当超越我自己给予自身的义务。那么,从第一人称立场出发有没有成功的可能呢？德拉蒙德的人格主义为此提供了一种现象学的径路。

受胡塞尔对价值论和价值意向性之反思的引导,德拉蒙德倾向于认为,具有规范性的"伦理学在这里被理解为一种纯粹理性的和客观的学科,它指向在认知和情感意向二者中都有显示的价值认知"(Smith, W. H. 2012: 47)。对德拉蒙德而言,道德生活不是构建而是揭露价值,而这种价值的揭露最终指向幸福的生活。在这个意义上,德拉蒙德其实持有一种亚里士多德式的幸福观。① 正是基于这种亚里士多德式的幸福观,德拉蒙德认为,在道德生活中,不是康德式的道德法则,而是人格,应该居于道德生活的中心位置。按照德拉蒙德的看法,这种人格,既包括具体经验生活中优秀的人格,也包括更抽象意义上的本真人格。正是基于人格,德拉蒙德认为,我们对于他人的道德义务取决于一种先天的道德敬重的经验,这种经验源自关联于人类生活最好形式的诸善物和诸价值。很显然,因为道德敬重既关联于人格,又关联于人类的生活形式,所以对德拉蒙德而言,道德规范性就衍生于我们自身人格与他人人格之间丰富多层次的情感的、认知的和社会的关系。正是在这个意义上,德拉蒙德对道德规范性的解释持有了一种胡塞尔式的现象学观点。

诚然,胡塞尔本人并没有一个系统的有关道德规范性的理论,但他对实践法则、幸福,特别是情绪(emotion)等对道德生活影响的分析极大地影响了德拉蒙德,所以德拉蒙德才提出了有关道德规范性解释的现象学径路。从根本上讲,与科斯嘉德依赖的康德式径路把对他人的敬重溯源到道德法则或人性的价值不同,德拉蒙德提出的胡塞尔式现象学径路把对道德法则的敬重溯源到我们对他人人格的承认和评价。这种对人格的承认和评价最终依赖我们把他人理解为能够指向繁荣、完全实现理性生活的行动者。那么,胡塞尔式现象学径路到底是如何把他人人格的存在变成加诸我们的道德规范的呢？

按照德拉蒙德在《作为一种道德情绪的敬重：一种现象学径路》这篇文章的论证,我们大概可以把德拉蒙德的工作分为三个步骤来看：第一,就敬

---

① 参见 Drummond, J. 2010: 411-430。

重指出康德式视角与胡塞尔视角的差异;第二,考察情绪概念在道德社会学的分析中所扮演的角色;第三,从胡塞尔式现象学径路展现敬重。

首先,基于敬重作为一种情感在康德那里的特殊性,德拉蒙德从康德有关敬重的思想开始进行分析。按照他的分析,康德其实提供了三种有关敬重的思想:"(1)敬重道德法则这样的基本观念,以及(2)两种敬重人格的不同观念,即,(a)敬重特殊的性格,和(b)敬重人格自身。"(Drummond, J. 2006:3)在这三种观点中,对道德法则的敬重是另外两种敬重的基础。按照康德的观点,敬重道德法则就是出于义务而行动,出于义务行动要求我们敬重立法者,敬重立法者真正表现在那些具化道德法则的选择和行为中。从康德式视角来看,"敬重通过人格把它在道德法则中的原初基础扩展到了他们的行为"(Smith, W. H. 2012:49)。然而,德拉蒙德试告诉我们,一种胡塞尔式现象学视角表明,"对道德法则的敬重预设了把道德敬重奠基如此的其他情感经验(affective experiences)"(Drummond, J. 2006:5)。这就引出了第二步有关情绪的现象学分析。

借助胡塞尔,德拉蒙德告诉我们,把任何对象经验为有价值的东西都包含了一个"表象时刻"(presentational moment)。在这个"表象时刻"中,被描述对象的属性是被领会的"感觉时刻"(feeling-moment),它是被经验中的主体把握到的。也就是说,对象的属性唤起了主体对价值的感觉。很显然,按照这种胡塞尔式解读,"价值自身关联着主体经验的赋值行为,或者情感时刻"(Smith, W. H. 2012:50)。因为对对象价值的感觉建立在对对象被认知的描述属性之上,所以赋值行为本身就是情感行为和认知行为的混合。我们对对象属性的认知把握通过经验其实是一种情感表达。因此,像认知一样,情绪构成了我们所有的评价意图或行动。德拉蒙德认为,敬重作为一种情感也是这样一种评价意图。那么,敬重响应的到底是有关他人的什么属性呢?对他人的承认作为可敬重的情感是如何产生的?

借鉴史密斯的分析,为了把敬重看作一种道德情绪,德拉蒙德必须表明两点:"第一,看作道德的敬重直接指向那些值得道德关注或评价的对象,以及第二,看作情绪的敬重是响应它的对象的某些可赋值属性。"(Drummond, J. 2006:15)关联于他人,敬重也就是我们如何把他人经验为诸如独立的、自由的、有意识的行动者的。按照胡塞尔式的解读,对他人人格的经验有两个时刻:"第一,对他人身体和具体活动的认知承认,以及第二,对另一种自由的、有意识的能动性的统觉意识。"(Drummond, J. 2006:15)通过他人的身体和我的身体的相似性,我不仅认识到其他人的物理存在,而且认识到其他人的意识,认识到其他人作为人格的存在。这是如何可能的?德拉蒙德认为,这是由胡塞尔式的共情（empathy）导致的。

按照共情的观点，在我的认知领域给定我对对象的行动和响应方式，以及他人行为和我的行为的相似性，我能够把"感觉我自己"扩到其他人的活动，并且把握到他有和我同样的经验。德拉蒙德认为，这种共情的模式是我们经验他人、经验敬重的必要条件。正是通过共情，我们把他人经验为适合道德评价的他人，要求我们做出道德响应。我们不是抽象地把他人经验为有意识的存在者，而是通过他人的具体活动感觉到这一点；我们对道德义务的规范不是对道德法则的经验，而是对我们作为物理存在欲求善物的同情（sympathy），对他人欲求善物的怜悯（compassion）。"同情把他人表现为一个要求道德关注的行动者；怜悯促使我们按照这种感觉的必然性为他人实现善物。"（Smith, W. H. 2012：53）史密斯总结说，"共情作为情感时刻是把他人认知把握为如此这般的基础，奠定了敬重的可能性；同情和怜悯作为情感时刻是我们道德交往的基础，奠定了我们对于他人的道德责任。"（Smith, W. H. 2012：53-54）

就情绪概念做了现象学考察之后，德拉蒙德就敬重如何在人身上表现进行了分析。这个分析分为两步。首先，德拉蒙德通过胡塞尔的意向性生活指出，我们所有的评价意图都是被有目的地排序了的。类似一个亚里士多德式的幸福目的论，我们把某些善好置于另外一些之下，甚至我们的理性能动性也是被安排于其中的。大体而言，我们按照两类进行区分：一类是物理的、实质的明显的善物，另一类是不明显的形式善物，包括自由的、理性的能动性的形式善，胡塞尔称为"本真性"（authenticity）。德拉蒙德认为，本真性就是"首先善于认识、善于感觉和善于赋值，能够为我们鉴别某些善物给出理由，明显知道善，并且善于行动"（Drummond, J. 2006：15）。类比于亚里士多德，本真性就是拥有实践智慧。因此，我们也就能够很好地理解，为什么在胡塞尔那里，本真性要求行动者建立一个道德的自我同一性，这个自我同一性其实就是智者和道德共同体的智慧要求。在德拉蒙德这里，他称为对卓越（Meritorious）人格的敬重。

如何敬重卓越人格？我们必然要求按照某种生活秩序进行评价。在这个意义上，对卓越人格的敬重就是一种评价敬重（appraisal respect），是对我们遭遇的被如此安排的生活的合适的情感响应，是对某种共同体生活的实践。然而，很显然的是，任何一种卓越的人格要想作出合适的情感响应，他们都应该满足一些共同的基础，即对自由的、理性的能动性能力的使用和实践。正是通过具体的卓越人格的实现，我们发现道德上值得赞赏的生活的共同基础就是自由和理性的能动性。我们发现单纯拥有这些能力就必然有价值，并且值得敬重。因此,对任何卓越人格的敬重在本质上就是对自由的、理性的能动性的敬重,德拉蒙德称为人格本身,或者叫作本真的道德行动者。本质上讲,评价敬重和承认敬重是等同的,只是就表现形式而言,评价敬重是对自由的、理性的能动性等能力的实践的响应,而承认敬重是对这些能力的单纯存在的响应。因此,从胡塞尔式现象学径路来看,"我们从来没有遭遇单纯地拥有能力的人格;相反,我们遭遇的是已经按照他们特殊的善概念实践那些能力的人格"(Smith, W. H. 2012:55)。在这个意义上,承认敬重先天地表明了我们基于人格本身对他人应该具有道德义务,而评价敬重因为是人格本身的实践展开也在现象学的意义上是先天的。

二、第二人称立场

(一)达沃尔的第二人称立场

既不同于科斯嘉德认为道德规范性来源于第一人称的审慎反思,也不同于德拉蒙德认为道德规范性来源于对人格的敬重,达沃尔对道德规范性的来源坚持一种第二人称立场的看法。按照达沃尔的观点,当我们对彼此的行动和意志做出或承认为一个主张时,我和你所占据的就是一个被称为第二人称立场的观点。第二人称立场最重要的一个特征就在于它始终贯穿着一种"我—你—我"的关系结构。[1] 这也就是说,"我"和"你"这样一种相互依存的关系结构是道德规范性的基础,这与奠基于行动者的自我反思基础之上的第一人称立场有着本质的不同。基于这样一种第二人称立场,达沃尔认为道德的规范性是一种第二人称理由,它是这样一种形式:"一个命令式是说话的一种形式,这种形式意图为一个人所采取的行动给出一类明显的(规范的)理由。"[2]这也就是说,在一种"我—你"的特殊关系结构中,如果对某人做出道德的主张和要求,并期望他把这些当作理由,那么我们就是在一种规范性权威的意义下承认这些人与我们是同样的人。通过分析我们会发现,达沃尔所说的第二人称理由包含了以下几个适当条件:行动参与的双方主体所具有的相互权威,行动者所具有的与权威相呼应的能力(competence)以及行动结果的可解释性。[3]因此十分自然地,通过第二人称立场,一个(语言)表达式的行动(act of addressing)限定了特定的被认识到的道德承诺,第二人称理由也很自然地为道德义务提供了基础,成为道德要求的来源。现在我们就仔细分

---

[1] 参见 Darwall, S. 2006:3。
[2] 参见 Darwall, S. 2006:3-4。
[3] 参见 Korsgaard, C. 2007:8-23。

析达沃尔如何从第二人称立场出发达到对道德要求之来源的说明。

按照达沃尔的看法，因为"我"和"你"是一种相互依存的关系，所以第二人称理由总是联结于一种特殊的第二人称的实践权威，这种权威使得行动者可以对同样处在第二人称立场的其他行动者提出一项道德主张并要求得到他们的认可。在合适的权威要求下的道德主张为第二人称理由意义上的服从(compliance)提供了一个明确的理由。因为第二人称立场是一种相互依存和认可的立场，这也使得一个行动者和其他行动者在相互的意义上承担了彼此的责任和可说明性。如此一来，第二人称权威、有效的道德主张或要求、第二人称理由和责任组成了一个相互定义的圆圈，而第二人称的实践立场就在这个圆圈里得到证实。为了在第二人称的实践立场上把握住道德要求或责任的来源，达沃尔通过斯特劳森的"反应性态度"学说寻求解答。

在批评后果主义关于道德责任的径路时，斯特劳森提出这样一种观点："可欲求性是一类为态度和行动(在其中坚持某人是负有责任的观念存在于他们自己的术语中)提供证明的错误理由。"[1]达沃尔称之为斯特劳森观点。在达沃尔看来，"负有责任的"和"该受责备的"之类的概念因为明确的行动者的相关态度和行动——它们包含在支持人们是负有责任的和该受责任事实当中——而关注规范。"可欲求性"则是把超出行动者的某个目的作为欲求的理由和规范，这与"负有责任的"和"该受责备的"之类的概念是完全不同的。我们可以说，前者关注的是一个事实问题，而后者则是一个规范性的问题。斯特劳森的反应性态度理论相对于斯特劳森观点而言，是对规范性问题的探索。因此，在关于人们是负有责任的和值得责备的意义上，支持人们是负有责任的可欲求性或者说某种东西是可欲求的理由是确保做某事的一类错误理由。换言之，道德规范性的诉求不能通过行为的可欲求性得到解答。

当我们说某人在道德上是负有责任的或值得责备时，这首先意味着这个行动者能够识别到道德理由，并且能够回应我们据此对他做出的评价。在这个意义上，道德责任的概念意味着同处第二人称立场的各个行动者之间存在着某种关系，任何一个行动者在这种关系中对彼此的道德理由和评价产生某种反应，此时，我们才可以说某个行动者是有能力承担道德责任的。举例来说，对于进入这种第二人称立场的人，我们会愤怒、怨恨、内疚、责备等，这些都是斯特劳森的反应性态度。因为这些态度不可避免地包含了"行动者彼此之间对某种行动的预期和要求""预设了要求某个行动者承担道德责任的权

---

[1] 参见 Darwall, S. 2006: 15。

威以及加诸行动者的道德要求",①所以,在行动者彼此处于一个共同体的前提之下,反应性态度也就必然假设了道德要求的权能、行动者彼此都要遵循道德义务的责任以及对彼此的一种可解释性。这也就是达沃尔所认可的道德源于第二人称实践立场。

与科斯嘉德一样,达沃尔的第二人称立场接受康德有关人的尊严和意志自律是道德探讨之起点的观点。但是与科斯嘉德通过意志自律确定第一人称的反思性认可不同,达沃尔通过一种费希特式的解释论证意志自律的第二人称立场。在达沃尔看来,要想理解自由和自律之间的关系,恰当的理解在于将行动者看作这样的主体:纯粹的第二人称致辞(address)总是通过行动者自身自我决定的选择导向一个行动者的意志,同时,行动者把自己表达为一个自由的行动者。这就是"费希特式分析"。② 按照达沃尔的看法,费希特式分析进一步支持"费希特观点":"任何第二人称的主张或'召唤'都假定了一个共同的权能、权威和自由且合理的责任,以及一个由致辞者(addressor)和受辞者(addressee)共同分享且对等互惠地认可的共同的第二人称品性。"③正是通过费希特的观点,无论是致辞者还是受辞者都承诺被假定为自由且理性的人在表达第二人称理由的意义上拥有了一个尊严或权威,都有了共同通过这些理由决定自己的第二人称权能以及包含于其中但却不被还原为欲求和任何结果的动机。意志自律确保了理性行动者平等地拥有了一种权威,这种权威是自由的、理性的,因此,这种被致辞者和受辞者共同分享的权威使得一个道德主张成为一个第二人称理由,并直接加诸自己的意志之上。

进一步而言,为了探讨道德义务与人的责任的关系,达沃尔把目光转向了普芬道夫关于道德法则的神学意志主义理论。按照普芬道夫的观点,道德义务与责任的关联是通过道德法则源于上帝的命令这个事实得到说明的。道德义务是人对上帝的亏欠。按照达沃尔对普芬道夫观点的解释,当上帝向作为理性行动者的人类发出致辞时,人类通过某种方式理解它,使之成为我们的道德义务。在这个意义上,道德义务的概念预设了我们人生来具有接受和理解上帝致辞的能力。对于达沃尔而言,为了使我们人类负有责任,我们就必须假设自己在推理和思想中是能够负责的。如此一来,我们就必须假设自己是从一种第二人称立场主动地认识到上帝的命令,并主动使之成为自己的道德要求。即使从上帝的角度而言,我们的道德义务也绝不仅仅是因为上

---

① 参见 Darwall, S. 2006: 17。
②③ 参见 Darwall, S. 2006: 21。

帝强迫我们或者出于对违背上帝命令可能带来的惩罚的害怕,而是从一种相互理解的第二人称立场把我们人理解为能够意识到道德义务对我们自己的必然性。因此,即使是上帝的命令变成我们道德的义务,这也是要求我们采取第二人称立场,我们必须通过内在地表达我们自己接受的权威性要求而被促动。

通过恰当地整合斯特劳森观点、费希特观点和普芬道夫观点,达沃尔雄辩地指出了为什么第二人称表达总是假设了共同的第二人称权限、责任、致辞者和受辞者作为自由和理性的行动者共同分享的权威。而道德规范性的要求也通过第二人称权威、有效的道德主张或要求、第二人称理由和责任组成的相互定义的圆圈得以说明。达沃尔告诉我们,道德是道德共同体的产物,而道德共同体拥有一个第一人称复述形式我—你—我们这样的结构,从而为我们提供了建构道德规范性的理想的主体间性起点。然而,如果道德约束的是所有的行动者,而且要求他们敬重所有的人格,那么,当达沃尔仅仅从致辞者和受辞者的角度来解释道德规范性时,这种辩护是不是依然是唯我论的第一人称慎思呢?很显然,达沃尔对道德规范性的解释在这个意义上还不够充分,我们就仍然需要对他人具有这样的内在道德权威给予一个说明,这让我们把视角转向了列维纳斯。

(二)列维纳斯的第二人称立场

如果说达沃尔通过概念假设把他人看作自由和理性的存在者,从而为他人给出一个第二人称立场的道德规范性解释,那么列维纳斯就试图告诉我们为什么可以如此这般假设。列维纳斯试图告诉我们,他人要求敬重的道德权威直接植根于我们的经验,是我们社会生活的基本条件,我们的生活就奠基在我们与他人"面容"的第二人称关系中,这种关系展示了自我对于自己和他人的无限责任。列维纳斯相信,这种自我与他人的"面对面"结构既在日常生活和关系中呈现出来,而且这种结构也是我们所有人际关系的先验和定向维度。在这个意义上,列维纳斯认为我们遭遇他人是有关道德规范性的伦理关系,而且,这种伦理关系是不可还原的形而上关系,伦理学在这个意义上是第一哲学。在这里,我们无法给出列维纳斯的详细论证,只能概要地揭示列维纳斯在解释自我与他人遭遇的面对面关系中的几个要点。

首先,列维纳斯向我们提出展示了一种形而上的"无限责任"(infinite responsibility)。列维纳斯在《总体与无限》开篇就指出,"'真正的生活是不在场的。'但我们却在世界之中。形而上学即出现于这一不在场的证明之中,并于其中得以维持。他转向'别处',转向'别的什么',转向'他人'"(Levinas, E. 1969:33)。这也就是说,对于生活的形而上学揭示需要通过"他人"呈现出来。在生活中,我们与"他人"相遇,这是一个形而上的事实。这个形而上的事实就是我们从一个熟知的世界出发,向着一个陌生他乡和彼处而去。对我们而言,最熟知的世界莫过于自我,而最陌生的他乡和彼处莫过于一个绝对的他人。"他人越出他人在我之中的观念而呈现自身的样式,我们称为面容。"(Levinas, E. 1969:50)自我与他人是两个完全不同的存在。因此,我们与他人相遇,这是一个形而上的不可还原的面对面的关系。然而,正是在这种相遇中,世界呈现出来,"我可以将这个世界作为礼物而馈赠给他人,也就是说,这一点是作为在面容面前的在场而产生出来的"(Levinas, E. 1969:50)。基于此,在我们与他人相遇的面对面关系中,我们被召唤出了对于他人的"无限责任"。

其次,列维纳斯指出我们在与他人相遇的面对面关系中的那种无限责任是一种无法拒斥的责任。列维纳斯指出,"对无限责任的呼吁,是对在其申辩姿态(apologetic position)中的主体性的证实"(Levinas, E. 1969:245)。无限责任必然呼唤责任的主体——"我"。"说'我'……意味着拥有一个相对于诸责任来说具有优先性的位置,对于这些责任而言,没有人能够取代我,也没有人能够使我免除它们。无法逃避——那就是我。"(Levinas, E. 1969:245)我不仅拥有一种无限形式的责任,而且,这种无限责任要求我必须对他人及其要求负责。这种无限责任对我而言,来自我作为主体的自身,是先验独自给予的,是我的"总体责任"。成为我,就是在无限责任的召唤中把握自己,构成自己。因此,无限责任对我而言是无法逃避的,我先天地处在与他人相遇的面对面关系中,我对他人的无限责任和总体责任无可逃避。

再次,列维纳斯告诉我们基于无限责任的道德权威并不是一种对称的道德。尽管我先天地处在与他人相遇的面对面关系中,但我与他人并不是处在同样位置的。"我作为我的完成与道德一起构成存在中一个独一无二的同一进程:道德不是诞生于平等,而是诞生于如下事实:无限的要求,侍奉穷人、陌生人、寡妇和孤儿,汇聚于宇宙中的一点。"(Levinas, E. 1969:245)道德独自让我和他人在宇宙中产生出来,但道德出现于我对他人面容的最高命令的响应,出现于我基于走向正义的视角来进入他人的时候。"正义就在于从他人中认出我的主人……正义是对他人之优先性和支配性的承认。"(Levinas, E. 1969:72)很显然,正义在根本上是在我与他人的面对面关系中呈现出我对他人的敬重和无限责任。我作为负责者,对正义而言自然是必要的,但他人,才是正义最终指向的关系中的主人。基于此,我与他人的关系并不是一种互惠性的关系,我对他人具有更多亏欠,具有更多责任,这种亏欠和责任由于来自我和他人相遇的面对面关系中,因而具有先天性,是一种无限的、总体的责任。

通过上述三点我们可以看到,对于列维纳斯而言,我们在与他人相遇的面对面关系中,不可避免地把自己置于道德规范性中,这种规范性表现为我们对他人的无限责任。这种无限责任尽管是一种不对称的道德责任,但却是我们无可逃避的。很显然,就我与他人的面对面关系在本质上是一种主体间性的关系而言,列维纳斯和达沃尔一样,持有的都是一种第二人称点。然而,区别于达沃尔认为第二人称观点是致辞者和受辞者彼此提出要求和认可要求的对称立场,列维纳斯认为二者之间的关系是不对称的。在规范性关系的呈现中,他人相对于我而言具有更优先和支配的主人地位,作为主体的我更多地处于担责和亏欠的地位中。在这个意义上,我对他人的无限责任并不能普遍化,而我相对于他人的位置也不能置换,我和他人并非一种互惠性的关系。然而,如果一种第二人称观点不是建立在一种对称关系上,我们何以保证我和他人,或者我和你作为主体的平等地位?基于不对称道德权威对规范性给出的说明是有效的吗?如果是有效的,我们如何论证这种不对称性?一种不对称的道德权威能够说明普遍的人性尊严吗?这些问题使得列维纳斯的第二人称立场依然充满了模糊性。

三、第三人称立场

对比于第一人称和第二人称立场,第三人称立场持有这样的立场:无论是关于他人还是自己,行动实践的目的都不是直接关联于行动者自身,而是把自己看作是"客观地"或"行动者中立地"。[①] 对于第三人称立场来说,道德规范性源于道德之外的某种作为善好的价值。一般而言,价值被赋予某种事态,而行动的正确与否和道德的规范性就取决于行动是否促进了该种善好目的的最大化。因此,对于第三人称立场而言,行动者总是被置于一个中立的位置,是一种"行动者中立"立场,行动者的行动理由似乎都抽离了主体的任何相关性,而只关乎一个全然客观的善好目的,这个善好目的赋予每一个行动者以同等的权威性,这个立场被认为体现了一种"不偏不倚性"的要求。按照华莱士的看法,从这样一种观点出发,行动者的行动不再关乎他当前的能动性能力,而是变成了应用于所有人的原则。[②] 如此一来,第三人称理由通过一种客观的、非个人的、不偏不倚的权威向我们提出道德要求。在这个意义上,第三人称的规范理由独立于行动者,是一种外在的立法权威。为了更

[①] 参见 Darwall, S. 2006:9-10。
[②] 参见 Wallace, R. J. 2006:66。

好地分析第三人称立场,我们不妨仔细分析一下通常被认为是第三人称立场的代表理论:目的论和实在论。

(一)基于目的论视角的分析

按照一般的目的论观点,实践行动都指向一个行动之外的目的。这类目的被认为自身就拥有价值。一般而言,这类价值内在于各种各样的事态,而事态就是目的。因此,对于行动者来说,事态的可欲求性成了行动者欲求那个事态的一个行动理由,行动者因为可欲求事态而激发出一个促进那个事态实现的行动。事态的可欲求性为行动者提出了一个要求,也就是为行动者给出了一个行动的理由。对于目的论者来说,欲求作为一种意向性的结构在实践的意义上说明了行动者采取一个行动的可能性,一个行动构成理由正在于行动者的欲求总是意向性地指向具有可欲求性的某种事态。可欲求性虽然表达的是事态和行动者的关系,但它表达的却只是一种意向,却并没有特指某项内容。因此,面对经验世界,可欲求性的对象呈现出了多种多样的事态,这些不同的事态在行动者心理构成一种互竞的关系,这就要求行动者做出权衡考虑,然后给出总是促进事态产生出最大可欲求善好的行动。事实上,对于第三人称立场的目的论者而言,规范性的要求在本质上取决于各种有价值的事态对我们欲求的满足,但是因为欲求的对象总是某种外在的事态,所以这种要求总是一种博弈的结果。又因为不同的行动者在不同的环境下总是欲求不同的事态,所以作为规范性理由的道德要求就不可能奠基于任何某一个行动者的目的,而是要求在综合考虑不同行动者欲求的条件下提出某种事态,使之成为一个不偏不倚的目的。

尽管第三人称立场基于一种"行动者中立"的观点在为行动者给出道德规范性要求的解释时更多的是一种说明性的观点,但是因为第三人称立场在解释我们的行动实践时总是关联于欲求,它在解决规范性问题的动机方面却有着得天独厚的优势。按华莱士的观点,当我们解决动机问题时,我们会特别地关注已经采取了的行动,并从第三人称立场关注这类行动。[①]因为第三人称立场关注的是已经发生的行动,所以,与第一人称立场指向行动的预期发生不同,它是一种回顾式的解释性(explanatory)立场。那么,第三人称立场是如何解释行动发生的呢?即如何解释采取一个行动的理由?华莱士认可乔纳森·丹茜(Jonathan Dancy)的观点,尽管我们区分了行动的规范性理由和激发性理由,但是这种区分并不是两类不同理由之间的区分,而是一个理由概念被用来回答两类不同的问题:前者为一个给定的行动者是否有好

---

① 参见 Wallace,R. J. 2006:66。

的理由按照某种方法行动做出回答,而后者则是对动机问题的回答,它详细刻画的是一个给定的行动者对已经采取了的行动的各种考虑。因为同一个理由既可以回答"是否有好的理由按照某种方法行动"这类问题,又可以看作是对"一个给定的行动者对已经采取了的行动的各种考虑"的理由,因此,同一个考虑可以同时被当作规范性理由和激发性理由。又因为适合规范性问题的考虑自身不是心理意义上的状态,而是一种事实,所以激发性理由的考虑也可以去心理化而成为一种客观的事实。①通过一种实在论的解释,华莱士认为,激发性理由明智地维护和实施了自身与建议或支持行动的规范性考虑之间的联结关系。这也就是说,动机考虑的激发性理由包含了规范性的因素而能够在一定程度上解释行动,解释我们日常行动为什么能够符合某些规范。更为重要的是,通过激发性理由的解释功能,我们也能够通过反思我们已经采取了的行动,更好地理解导致我们如此做的理由,理解我们生活中的规范性,为我们的后续行动提供指导。

按照华莱士的这种解释,关于责任的问题从形式上来讲本质上就是第三人称问题。当我们试图为一个行动者的特定行动给出道德规范性的解释时,我们实际上就是站在一种公平的行动者中立的第三人称立场寻求行动者对行动的责任。事实上,对于责任的支持表达的就是我们接受指向一个行动者的一种态度,它包含了在解释这个行动者的所作所为时对反映情绪的接受性以及对应于他表达的反映情绪的性情。因此,当我们说一个行动者因为做了道德上错误的事情而值得责备时,也就等价于说我们对这个行动者的行动感到怨恨或愤慨,继而,我们相应地可以诉诸惩罚的概念。通过第三人称立场,我们把握住某人在某种道德关系的形式中的可解释性。这种特殊的关系就是当我们认为某人负有责任时,同处这种关系之下的共同体成员就都处在共同的道德要求之下,道德要求对共同体的所有成员都有了一种权威,共同体成员的行动只有在这种道德要求之下才是可解释的,可责罚的,可证成的。

(二)基于实在论的分析

通过上一节的分析可以看出,基于目的论进行分析的第三人称立场其实最终对道德规范性持有一个实在论的立场。那么,一种第三人称的道德实在论立场到底意味着什么?它是如何揭示道德规范性现象的呢?我们在这一节需要对这些问题进行说明。

按照实在论的看法,"如果道德要求是真实的,它们就是规范性的,如果

---

① 参见 Dancy, J. 2000:2;亦参见 Wallace, R. J. 2006:66。

存在着他们正确地描述的内在地具有规范性的实体或事实,那么道德要求也就是真的"(Korsgaard, C. 1996b：19)。规范性来自真实的道德要求,而道德要求则来自真实存在的规范性实体或事实。科斯嘉德断言,"实在论者通过论证价值、义务或理由的真实存在,或者更通常地,通过反驳各种类型的怀疑论,来确立伦理学的规范性"(Korsgaard, C. 1996b：19)。那么,实在论者到底是怎样通过规范性的实体或事实来确立道德规范性要求的呢? 尽管这种论证在18世纪的克拉克和普莱斯那里已经很明显地被看到,甚至20世纪早期的普理查德、摩尔和罗斯还大力发展了这种观点,但新近具有典型代表性的观点无疑是康奈尔学派和托马斯·内格尔呈现出来的实在论版本。

按照康奈尔学派的看法,道德属性是一种不可还原的独立的道德属性或道德事实。它们并不需要还原到自然属性,但是像某些自然科学或社会科学一样,能够为我们的道德经验现象提供最佳解释。就像化学中的酸、生物学上的基因并不是我们可以直观到的自然属性,而是为我们的自然现象提供了好的科学解释。道德属性就是这种能够为我们的道德经验现象提供最佳解释的道德实在。亚历山大·米勒(Alexander Miller)把康奈尔实在论的基本观点概括如下:"(1) 当且仅当 P 在经验的最佳解释中是必然出现的,那么 P 是一种真实属性。(2) 道德属性在经验的最佳解释中必然出现。因此:(3) 道德属性是真实属性。"(Miller, A. 2013：276)然而,正如哈曼对实在论者的质疑,道德属性并非在经验的最佳解释中必然会出现的东西,道德属性也不必然是真实属性。① 康奈尔实在论者的观点让人感到奇怪的地方在于,为什么在有关人类道德经验的最佳解释中必然会出现道德属性。或许,在康奈尔实在论者看来,既然我们直觉地接受人类生活中充满了道德规范性,理所当然地,我们也可以直觉地接受导致道德规范性的原因在于存在着道德属性。然而,这两种直觉的差别是明显的。很显然,接受人类生活中的道德规范性现象是一个可以通过经验证实的直觉,但接受存在着一种独立的道德实在却是一种形而上学的臆断。正如麦基所言,要理解一种与我们毫无关系的独立于我们的东西是如何对我们产生约束力的,这是一个很奇怪的问题。②

当然,康奈尔实在论者在一定程度上是可以回应上述问题的,他们并没有直接设定规范实体的存在。既要避免把道德属性还原为自然属性,又要保证道德属性的自然可理解性,最好的办法就是把道德属性随附于自然属性之

---

① 哈曼通过流氓倒油纵火烧汽车的案例表明,在进行道德行为的判断中,最佳解释不是有关道德正确与错误的问题,而是某些自然的事实,参见 Harman, G. 1977。

② 参见 Mackie, J. L. 1977。

上。斯托吉试图通过希特勒的案例来说明这一点。斯托吉论证说，希特勒的道德败坏解释了他为什么煽动仇恨而不顾成千上万人的死亡，而希特勒煽动仇恨而不顾成千上万人的死亡解释了我们为什么相信他是道德败坏的。因此，希特勒的道德败坏也就解释了我们为什么相信希特勒是道德败坏的。[①]很显然，从斯托吉的观点来看，希特勒是道德败坏的作为一个道德规范性判断随附于希特勒煽动仇恨而不顾成千上万人的死亡这个经验事实，而这个经验事实又可以证成我们的道德规范性判断。然而，这里的问题在于，如果我们首先不把希特勒煽动仇恨而不顾成千上万人的死亡这个事实放置在某种道德框架或道德实践中，我们就难以理解何以事实上必然随附有希特勒是道德败坏的这个思想。无论如何，我们都需要首先在煽动仇恨而不顾成千上万人的死亡这个事实和道德败坏之间找到某种关联，我们才能理解道德规范性的这种随附性。

正是我们不得不寄托于某种道德框架或道德实践来理解经验事实与道德属性的关系这个特征，导致康奈尔实在论试图从一种看似第三人称立场来解释道德客观性的努力失败了。如果不关联于人类的实际生存处境，不关联人们在道德经验现象学中的心灵机制，我们不可能从一种看似普遍的客观视角解释人类的道德规范性现象。因此，我们必须和行动者相关给出道德规范性的实践立场。正如徐向东所言，"一个行动者自己的实践慎思立场就是这样一个立场：他从这样一个立场看到了某些东西对他显示出来的意义，通过这样一个立场与其他人打交道。然而，为了从事这些活动，行动者就得理解有关的人类实践。评价性语境本质上是由某些态度和回应构成的，其特征也是通过后者独特地显现出来的"（徐向东，2019：247）。很显然，不关联行动者的道德心理，不与行动者的动机、意义和认识相关，妄图从一种抽象的客观立场给出有关道德规范性的解释显然是不可能成功的。

不过，并非所有第三人称立场的实在论都像康奈尔实在论一样完全不在乎人类心理，从而陷入认知神秘主义。同样持有道德实在论立场，内格尔就从人类的理性心灵机制出发，试图从第三人称立场为人类实践行动的理由规范性提供一种普遍客观的辩护。按照内格尔的看法，我们并不需要接受那些稀奇古怪的形而上学道德实在，我们只需要确定趋乐避苦这样的人类自然利益是否具有加诸我们的规范性特征就行。基于此，对内格尔而言，问题的关键不在于道德实在是某种特别的规范性实在，而在于我们如何客观地考察那些在经验中呈现出来的规范性事实（Nagel, T. 1986：156-162）。在这里，内

[①] 参见 Sturgeon, N. 1988。

格尔采取了一种乐观的理性主义观点。他相信,我们只要驳斥否定理由和价值存在的怀疑论观点,我们就理性地为理由和价值的存在提供了说明(Nagel, T. 1986：141-143)。

内格尔认为,"理性是每个人都能够在自身发现的东西,但它同时有具有普遍权威"(Nagel, T. 1997：3)。而内格尔之所以持有这样的信念,源于他对推理的形式特征的分析。在内格尔看来,诉诸理性为个人寻找普遍性的规范性权威来源是显而易见的,甚至理性是我们用来表述和支持我们对自己的某些理性主张进行批评的根本,否则,批评这件事都变得不可能。这也就是说,理性是我们进行认识、进行道德评价的源头。很显然,内格尔对理性持有一种根本上的乐观的直觉主义,他认为理性自身就会显现出道德规范和认知真假,而且这种显现是从人性内部关乎人的本性的理性心理机制,但它却无关乎个人的主观立场,而是普遍客观的。换言之,这不是一种第一人称立场,而是一种第三人称立场。内格尔相信,一方面,理性不可能来自外在于人性的其他东西,在这个意义上,理性是内在于人性的;但另一方面,理性并不是关联于自我或少数我们的主观精神,而是有关人性普遍客观的东西。那么,问题在于,内在于人性的理性是如何具有普遍客观性的呢? 正是在有关这个问题的回答上,内格尔对理性的乐观表现为一种直觉的先验的唯心主义。

按照内格尔的看法,理性虽然也有限度,但是通过对理性进行先验分析,我们可以揭示出为什么内在于人性的理性具有第三人称的普遍客观性。借鉴笛卡儿有关理性的理解,理性的"我思"从一种外在的角度把理性的自我与一般自我区分开来,如果说一般自我是每个人的第一人称立场,那么理性的"我思"就是从所有人都共同具有的理性推理结构对一般自我进行的第三人称审视。内格尔认为,笛卡儿式的怀疑论向我们揭示,任何经验的内容都是值得怀疑的,唯有理性的"我思"这个结构本身能够先验地向我们表明,我们任何的规范性权威都来自理性自身。正是在这个意义上,内格尔给出了一个很强的规范性结论:理性的客观有效性不依赖任何观点,他甚至称之为"无源之见"。正是通过理性一方面内在于人性,另一方面又具有普遍推理结构这种特质,内格尔向我们解释了理性如何具有普遍客观性。

四、批判性立场

毋庸置疑,科斯嘉德所采取的第一人称立场很好地为行动者提出了道德主张和道德义务:通过道德意志的自律,一个人作为行动者能够完全自制地为自己提供道德的实践原则。通过慎思的能动性的反思特征,一个人自己的责任和道德权威得到了很好的诠释:"自我意识的反思结构必然地把我们置于在我们自身之上的权威和我们作为一个结果对自身也是可解释的这样一种关系当中。"(Korsgaard, C. 2007：10)通过实践同一性的观念,一个人确立了自己的人格完整性和人性的价值。尽管如此,科斯嘉德所采取的自我建构式的第一人称立场也同时面临着一些问题与挑战。

正如她自己意识到的,尽管康德的立场赋予了反思以非常高的价值,但这却是一种理想化的立场。基于这种立场,道德的规范性(如康德对它们的定义)是从一个完全反思的个人的那种理想上派生出来的。然而,完全反思的个人是康德的无条件观念的推论,是一种理性的还原思考,当我们试图通过反思一步步地追溯到一个完全满意的答案时,我们要么假想一个道德完善者,要么在反思的中途戛然而止。对于一个完全反思的道德完善者,我们只能追溯到上帝或者完全理性的道德圣人,而且即使如此,这对于我们一般有限的理性存在者而言都只能是一种没有思想内容的依托幻想;对于反思的中途停止,则要么是反思不够,要么是错误地或者断然地找到某个外在于反思的东西作为价值认可的起点,从而有悖于自我反思的第一人称立场。

对于科斯嘉德而言,她以康德的人性公式作为基础发展了一种实践自我认同的价值理论,在某种程度上提供了一种构建式的非本质的实在论,即每个反思的人最终都必须明白她的人性本身是有着独特价值的,通过把自身置于某个共同体之中,反思的人性认识到自己的实践身份是与很多同样的行动者共处的。这也就是说,通过把康德意义上的人性公式置于特定的实践共同体中寻求纯粹形式的绝对命令的检验,这种实践身份给予了我们严格意义上的道德义务,即我们通过彼此的人性发现了相互之间所亏欠的道德义务。①在科斯嘉德的论证中,她通过从第一人称的行动者反思自己的人性在具体环境中的实践,向后追溯到那种无条件的道德同一性观念,由此确定了反思性的人性所具有的内容和规范效力上的普遍性,因而对道德源于人性自身提供了一个建构性的证成。

然而,抛开道德同一性概念引起的质疑不论,很多批评者认为反思性主体通过自我构成提供道德规范性的观点只是一个单纯的"信念伦理"(gesinnungsethik),它被限定在第一人称视角的自我反思中,丧失了道德的主体间性(intersubjective),也就是说缺失了对行动者彼此之间的关系维度的考虑。尽管科斯嘉德试图通过类比于维特根斯坦对私人语言的论证辩护说任何理由都是公共的,继而论证说道德推理和道德规范性的证成只要限定在多

---

① 科斯嘉德区分了绝对命令的纯粹形式、普遍的道德法则和人性公式。这不同于康德。

元第一人称视角下就可解决。①然而在笔者看来很怪异的是,在坚持理由是公共的前提下,科斯嘉德竟然通过认为第三人称把人物化的方式而排除了第三人称视角中作为主体间关系存在的他人,而用了一个所谓的第一人称"同伴"概念来说明其他行动者一起参与对道德的慎思与证成。事实上,托马斯·内格尔(Tomas Nagel)的批评在某种程度上是极具挑战性的,②当反思的自我通过与个人视角的分离而获得了自我意识知觉时,我们就不可能再仅仅出于单独的"我"的视角来考察道德问题,他人的维度必然成为考虑道德规范性的前提,只有在他人进入视野的前提下,我"应该"如何才成为一个规范性问题凸显出来。

如果说科斯嘉德是使用一种康德式的方法,试图通过人性反思从第一人称的立场寻找到道德规范性的来源,那么德拉蒙德就是使用一种胡塞尔式的现象学方法,试图通过人格内涵价值来表明第一人称立场何以具有道德规范性。德拉蒙德试图告诉我们,人格先天地包含有情感能力和认知能力,人格作为整体在能力展现的意向性过程中先天地会呈现出规范性价值,因此,第一人称的人格不仅把自己,同时也把他人的人格体验为规范性的来源。

然而,诉求德拉蒙德的胡塞尔式现象学径路存在的可能问题在于:第一,我们如何确保与其他人格的相遇表现的是我们与不可还原的他人的相遇?我们如何确保对他人的情感—认知响应是对代表他人的真正特征的响应,而不是我们对自己的表征?第二,我们如何确保我们对于他人的道德义务体现的不仅仅是对我首先认知到的他人的敬重?如果说德拉蒙德对卓越人格和人格本身的强调可以在很大程度上保证对第一个问题的解决,但一种胡塞尔式的现象学径路因为它在根本上依赖于对意识的沉思而很难逃脱对他人依然是一种唯我论的指责。因此,与科斯嘉德一样,德拉蒙德最多也只是解释我对自己有一种敬重你的责任,但这并不能在根本上表明"你"就有一种独立的要求我担责的地位。这要求我们换种立场来审视他人对于我们所具有的独立道德地位。

---

① 在科斯嘉德看来,第三人称视角是将人们作为对象(object),即作为现象界的一部分来对待。我们对科学解释的做法正是从这种视角来的。而多元第一人称视角是这样的一种视角:我们在其中关注道德的证成而不是解释。在笔者看来,科斯嘉德把道德哲学中的第三人称立场仅仅看作对人的物化处理,这是有失同情的误解。尽管以目的论为代表的第三人称立场采取的是一种以可欲求对象为道德原则的做法,但是他们同样在某种意义上认可人的反思性本质和能动性,而不仅仅是一个科学研究的对象,参见 http://www.people.fas.harvard.edu/~korsgaar/CPR.CMK.Interview.pdf,有葛四友的中文译本:http://www.legal-theory.net/1285.html。

② 参见 Korsgaard, C. 1996b: 200-209。

与科斯嘉德通过第一人称自律意志的反思认可达到对道德规范性来源的说明不同，达沃尔虽然也同意说自由的自律是道德的基础，但他不认为自律可以从第一人称的任何反思中被发现。他认为只有在"我—你"这样的相互关系结构的第二人称立场共同作用的前提下才能确定道德的权威、自由和理由的可解释性。尽管达沃尔与科斯嘉德同样接受了行动者所具有的自由、理性、自律和能动性等特征，但是对于他的第二人称立场而言，最关键的在于任何道德的权威、理由和可解释性都是基于共享"我—你"这种相互关系的立场之下才是可能的。

然而，正如达沃尔自己也曾意识到的，虽然说第二人称立场的"我—你"关系结构产生道德规范和理由，但却并非所有的这些规范和理由必然要来自"我—你"这种两极的关系。①我们同样可以站在一种更开放的视野发现道德的规范性和行动的理由。正如华莱士所说，从一种平等和互惠的立场来解释加诸彼此身上的关系主张和道德要求同样可以解释"我—你"这种两极关系所确立的第二人称理由，而且更能体现道德的对称与平等。②

此外，虽然我们赞同达沃尔坚持的这样一种观点——因为道德要求强加于其上的行动者能够自由地承认这种权威奠定了道德的要求并基于这种承认而采取行动，所以道德要求是正当的——但是它首先要满足的条件还是行动者自己有权威强加道德于自身。这就破坏了达沃尔所坚持的第二人称立场的"我—你"关系。即使我们在论证科斯嘉德的第一人称立场时，鉴定出两个自我的概念，从而在这个意义上把第一人称立场称为规范性关系，但这种关系也并不需要限定于第二人称这样一种"我—你"两极关系，而完全可以是更广阔的我与他人的关系。③

更为重要的是，达沃尔从来没有对第一人称的反思性认可给予足够的地位，因为他坚持认为第一人称立场的慎思观点与实践理性的可能性的先验条件不能解释我们彼此之间所需的可解释性，不能解释我们与众不同的有关彼此的可答复性（answerability）问题，因而也就不能成为道德的规范性来源。如此一来，达沃尔就忽视了第一人称立场中意志自律通过绝对命令的检验而获得的道德法则。

如果说达沃尔的第二人称立场在根本上掩饰了对特殊道德义务的规范

---

① 参见 Darwall, S. 2006：9。
② 参见 Wallace, R. J. 2007：33。
③ 张曦通过鉴定出第一人称的"理性的自我"和"实际的自我"的观点来为达沃尔的第二人称立场辩护，但是，尽管他成功地辩护了一种关系规范性，但却并没能成功地辩护这种关系规范性就是达沃尔意义上的第二人称立场，参见张曦，2010：131 - 133。

性所需要的那种第一人称声明,那么列维纳斯的第二人称立场在解释道德规范性时缺乏的就是第二人称面容之权威的本体论。尽管从表面来看,列维纳斯通过我们与他人面对面的遭遇展示了道德规范性如何奠基于第二人称关系的现象学上,但事实上,他并没能很好地履行或者说完成这种奠基。这种批评我们从史密斯概括的三种批评就可以看出。

第一,借助德里达(Derrida)的看法,史密斯认为列维纳斯的伦理洞见并没有打破传统的本体论传统,相反,列维纳斯的观点无非是恢复了传统的哲学本体论。列维纳斯使用的"同一"和"他人"概念是在彼此纠缠中才能得到理解的。那么"无限的他人不能成为它所是——无限的他人——而是成为绝对的非同一。即特别地成为他人而不是它自己(非自我)。成为他人而不是它自己,这并不是它所是。因此,它不是无限的他人,等等"(Derrida, J. 1978:126)。这意味着,对无限他人的把握首先取决于对同一的把握,而对同一的把握就是对自我世界和在总体上自我闭合的自我满足的描述。在这个意义上,他人就不是一种不同于传统本体论的第二人称关系。

第二,借助利科(Ricoeur)的分析,史密斯认为列维纳斯为了凸显伦理形而上学的特殊性,在同一和他人之间、在主体性和他异性之间采用了一种过度的双曲线论证。一方面,列维纳斯必须主张自我开端于它自己欲求形成一个圆圈的占有,而这种欲求只有在自我保持闭合的情况下才能得到认定。在这种情况下,他人根本不在其中。另一方面,他人的观念在分离的双曲线下得到支持。因为只有假设他人的绝对外在性,才能评价他人把并非某个对话者。然而,我们并没有理由基于我们的经验去看待他人的人格。很显然,这种双曲线的论证脱离了现象学的辩护,最终导致对"自我""我""自我性"这样的概念的意义的取消。

第三,借助贾尼考德(Janicaud)的观点,史密斯认为列维纳斯的工作导致了双向短路。一方面,列维纳斯通过无限的思想试图超越胡塞尔式意向性思想取决于对"虚假意向性"的批判;另一方面,现象学家假设的悬搁物自身的方法论要求在列维纳斯试图与宗教的方法结盟的过程中黯然失色。对于前者而言,列维纳斯看似保留了对意向性的先验把握,从而保证了我们对作为本体的他人的无限责任,但却无法解释经验中我与他人的特殊责任。对于后者而言,列维纳斯看似通过强调他人的特殊性,甚至崇高性而凸显了其本体论地位,但却无法解释这种他人的本体论地位到底来自何处。

总之,对列维纳斯而言,尽管他试图通过我们与他人面对面相遇的情景来表明我们对于他人有一种道德规范上的无限责任,但他却很难表明他人作为一种独立人格的地位来自何处。或者说,他很难表明我们和他人相遇的这种第二人称关系的规范性力量来自何处。甚至,即使列维纳斯有关我们对他人负有无限责任的道德规范性辩护是成功的,我们也很难理解列维纳斯是如何把一种结构上先验的规范性结构应用到经验生活的。进而,我们也难以理解列维纳斯是如何解释我们对于他人的特殊道德责任的。

与第一人称和第二人称立场不同,对于第三人称立场而言,它最大的优势在于它能够很好地说明道德规范性的动机问题,以及在一种行动者中立的立场上平等地阐释道德规范性的可说明性,能够为道德所具有的可普遍化性提供很好的解释性说明。

然而,第三人称立场所面临的质难也十分地突出。因为它总是通过一种行动者中立的立场来处理道德问题,那么道德要求如何加诸行动者自身就是一个十分棘手的问题。尽管我们可以接受康德关于行动者是具有能动性能力、自由和自律的理性存在者这样的前提,甚至在某种第一人称的立场上接受行动者是被置身于实践领域的,但行动者中立的立场注定了第三人称立场更多的只是在对道德进行说明,因而只是一种解释性的理论,而并非一种实践的行动理论。然而,道德对行动者提出一个要求或主张这样的规范性问题,首要的回答必须关注行动者的意志或实践理性。尽管第三人称立场从欲求的角度对道德规范性理由的动机给出了很好的阐释,特别是很好地给出了一个外在于行动者的世界相关状态和行动者中立的理由,但是这种理由并不是一个人在实际行动中采取的行动理由。

正如上面提及的斯特劳森观点,第三人称立场的目的论者的"可欲求性"观点就是对道德规范性问题回答的一种错误类型的说明。[①] 他们认为目的论者总是通过欲求来阐释行动者的行动及其合理性是不正确的。虽然行动者通过对可欲求事态的欲求可以把某个外在目的作为决定行动的根据。但问题却在于,可欲求性的事态是多种多样的,并没有某一个确定的事态是欲求的必然对象,并进而作为普遍的道德要求的规范性来源。事实上,目的论者在这里设想得过于简单,为了抽象出一条确定的行动规范,他们有意或无意地忽略了那些互相竞争的事态,把它们归约化为某种心理感受,并试图通过行动者算计权衡的方法让它们量化抵消,最后达到确认某种事态作为行动的给定理由。然而,借用斯坎伦的术语,这些事态构成理由本身是根据某些判断敏感的态度(judgment-sensitive attitudes)才在行动者的实践慎思中获得一个地位的。这也就是说,行动者通过对自己所处的环境和自身关系的慎

---

① 比如斯特劳森和斯坎伦都坚持这种看法,参见 Strawson, P. F. 2008: 1-28; Scanlon, T. 1998。

思,发现不同的事态都单独构成影响行动的一个因素。但是要想成为行动的规范性理由,就得满足让同处共同环境下的所有行动者都会如此慎思考虑,也就是要在共同体中普遍化。独断地在欲望与事态的可欲性之间生造一种一致性,将其作为实践合理性的一个标准,并进而作为道德的规范性要求则显然是不可取的。

同样,对内格尔的观点存在这样一种可能的质疑:理性是内在于人性的推理结构,它并没有内容。一种没有内容的理性推理如何解释经验生活的道德规范性呢?诚然,内格尔正确地认识道,"如果我们让自己那些假定的理性信念受制于外在的诊断和批评,那么这样一个过程在某个地方必然会受到某种形式的一节推理实践的制约"(Nagel,T. 1997:15-16)。但正如徐向东所说,内格尔的这个主张并不足以表明我们的推理就是先验地给予的。换言之,这无法表明我们经验生活中的道德规范性是先验的。事实上,我们反对的就是道德规范性的先验性,而主张它的经验性。基于此,内格尔主张道德规范性来源于理性,而又认为理性的客观有效性是不依赖于任何观点的"无源之见"就是站不住脚的。因此,我们可以评价说,从第三人称立场进行分析,内格尔把道德规范性的来源限制在理性所具有的形式结构上确保了它的普遍客观性,但当他宣称理性的这种普遍客观性是一种"无源之见"时则丢失了道德规范性的经验内容。

因此,即使我们承认第三人称在某种程度上是对规范性问题的一种回答,认可它指出的是实践的理由,但不可否认的是,在指出这样的理由过程中,它表达的也只是在认识论而并非实践的意义上给出理由。作为给出理由的形式,它所表达的只是要求中立的行动者同意有一个做某事的理由,而并非在实践中同意实际地按此采取行动。可能做出的任何声明都只是针对中立的行动者关于实践理由的信念,而没有直接作用于行动者的实践理性或意志。第三人称立场为行动者给出一个理由也并不是取决于行动者把某个行动者看成努力为他给出理由或者有任何的权限和权威这样做。这也就是说,第三人称立场在给出行动者之间的关系解释时,道德规范性加诸行动者自身的实践行动却落空了。这不但使得行动者通过实践慎思采纳规范性要求的行动变得不可能,而且即使在谈论道德的权威时,也变成了理论的解释,而并非实践所采取的实际行动。

五、人称问题中的道德规范性本质

回到本书开头的探讨,规范性问题的考虑源于我们的理性本质对好生活的追问。我们总是试图理解我们实践着的生活,我们总是试图在追问"一个人应该怎样生活?"这样的问题时发现我们追求好生活的理由,我们总是试图寻找到某个东西作为我们生活和行动的主导。一句话,我们的理性本质和作为目的性追求动物实际生活着的事实使得我们发现了道德的规范性。出于本性,我们要认识规范性,理解规范性,从而为实际的道德义务提供解释,但我们更要在实践中按照某种规范采取行动,寻求一种好的生活。在理解规范性和道德义务的情况下,第三人称的解释性观点通过行动者中立的不偏不倚立场为道德要求平等而又普遍地应用于每一个理性行动者提供了很好的说明,而且,通过欲求的概念为道德动机问题提供了很好的解释。在说明规范性所体现出的权威问题上,第二人称立场从一种"我—你"关系的视角提供了很好的证明。而对于自由人格的道德尊严的肯定和人性价值的确立,第一人称立场从自律意志反思性认可的视角做出了最具说服力的解释。

或许,对于规范性问题的回答来说,重要的并不在于采取某种特定的人称立场,而在于把握住回答问题的几个关键点。综合本书讨论的三种人称立场可以看出,启蒙以来把人确立为自由的理性人是现代道德理论探讨的共识,基于此,人被看作有能动性能力的行动者,人因为具有指向某个意图性目的的意志行动而寻求规范性,或者说只有在这个意义上追问规范性才是有效的。行动者在某个共同体中与有着同样身份的行动者共同生活,在寻求怎样是一个应该过的生活的过程中,行动者通过自己的反思结构在与他人共享的共同体中意识到自律的道德法则、人格尊严和对他人的责任。

第七章　道德规范性的本质

通过探讨康德与康德主义者、休谟与休谟主义者以及威廉姆斯的观点，我们已经基于人性心理图式清晰地解释了行动理由的规范性，任何能够成为行动理由的东西都必须通过某种方式内在于行动者。通过三种不同人称立场的分析，我们也看到了基于完整的人格立场对规范性问题的不同说明。然而，对于本书的研究而言，我们的探讨还需前进到为我们的生活提供规范性指导的那些标准。因此，尽管我们已经说明了基于行动主体何以产生规范性的现象，基于不同的人称立场我们该如何看待规范性问题，但是有关这种规范性的客观标准却有待进一步的说明。这种说明首先集中地表现为关于行动的规范性判断。这种判断不但基于个体的行动者，而且被置于一种关涉他人的普遍立场。那么，对个人具有规范性的行动指令作为一条普遍原则能够得到证明吗？这条普遍原则与实践哲学领域被看作体现规范性代表的道德原则有什么样的关系？它们是同一条原则吗？如果是，这种基于不同主体的行动原则的规范性是如何产生的？它具有普遍有效性吗？

为了回应这些问题，本章将首先证成规范性判断，表明它和人类主观欲望的关系，以期揭示规范性判断的本质；进而，我们要考虑道德规范性普遍具有的目的论结构和不偏不倚性特征；最后，我们要考虑具有普遍有效性的道德规范性是如何通过人性的反思把普遍性呈现出来的。

一、规范性判断的本质

在日常道德生活中，我们的行动总是被赋予某种好坏的价值。但是这种价值的赋予是否合适以及如何被赋予都存在争议。有人认为，对于人类的道德生活而言，把某种价值附加于某个行动的规范性判断是不合适的，我们仅仅需要通过理性对事情进行分析就足以指导我们的生活。但同样有人认为，道德价值的赋予作为人的一种创造性活动，是使得人区别于其他物种的关键，因此，规范性的道德判断是我们谈论和指导人类行动的关键。假若我们坚信后者,我们需要表明,规范性判断是如何证成的？它和人类主观欲望之间是什么关系？一个规范性判断到底具有什么样的本质内涵？

（一）有关规范性判断的客观标准的争论

很多研究者表明,规范性判断解释了一个行动理由,行动理由的可理解性内在地包含了规范性判断的要求。那么,这种主张到底是怎样做出来的呢？对此问题的回答我们可以通过对奎因、丹西、拉兹和斯坎伦给出的论证进行考察。他们四人都主张规范性判断是意向性行动和理性行动所要求的,而且,他们依次的论证恰好可以填补上一人的论证空白。让我们先从奎因开始。

奎因首先强调对一个行动的规范性判断的论证并不是基于欲求的一种辩护。在他看来,一个人仅仅因为心里欲求某事这样一种功能状态并不能为他欲求的目的提供行动理由的辩护。考虑一个人想要保持身体健康的例子,在这种情形中,并非这个人想要保持身体健康这样一种心理性情为他做出某种行动给出了理由的辩护,而是某种行动被赋予了能够保持身体健康这样一种好的判断事实辩护了这个行动。奎因主张说,"我在头脑中以某种方式从心理上去建立这个事态自身并不能伴随着这种机制而合理化我的意志。要想我的意志行动合理化,我需要自身在心理上直接地指向某种善（或是在行动中,或是作为结果）,或者远离某种坏的方向性思想"(Quinn, W. 1995: 195)。在这里,奎因很明显地反对仅仅作为功能性状态的欲求能够为行动给出规范性理由的辩护,而是指出,把某个欲求目的判断为好的这样一个事实为行动者的行动提供了理由的辩护。事实上,正如我们在前面证明欲求可以成为规范理由所表明的,如果一种欲求是带有情感的心理状态,它作为一个心理事实其实是可以为行动理由提供辩护的。不过很显然,奎因并不认同这种观点。正是基于欲求可能为行动理由给出辩护的这种认识,约书亚说奎因反对欲求具有规范性意义的策略就像他在反对自己有关规范性判断具有规范性意义的观点一样。

为了看清约书亚与奎因的分歧,我们以奎因提供的例子做一个分析:一个理性正常但有着某种强迫症的人总是欲求打开关着的收音机,即使他明确地意识到没有什么理由这样做。奎因想要表明的是,无论如何,这个人的欲求都不能为他打开收音机的行动给出辩护,即使我们把这个人欲求打开收音机这个行动自身看作是好的也不会使得行动者的行动更加合理化。为了表明我们的规范性判断无论如何不是来自我们的心理性情,奎因进一步表述说,"没有规范性判断能够通过自身促成行动的合理化,这种合理化是判断理论假设规范性判断拥有的。虽然这个判断是正确的,但如下观点也是对的:比如快乐或健康是好的。因为快乐或健康提供的被追求的要点并不在于它们被判断为一个要点的事实"(Quinn,W. 1995:195)。奎因在这里实际上否认了一个光秃秃的规范性判断自身是合理化的欲求或行动的充足条件的说明,他认为行动者实际上有可能做出错误的规范性判断或者按照相应的欲求行动的可能性,但是在这种情况下,我们做出的一个行动仅仅是可以理解的,而并非一定就是得到合理辩护的规范性理由。现在,如果单纯的可理解性和实际的合理辩护行动之间的不同并不取决于规范性判断,而是取决于目的的选择——价值,我们为什么要在思考目的认知和一个行动之间假定一个规范性判断的存在呢?对此问题的一个可能回答是规范性判断之所以被要求是为了使得行动成为可理解的,并且这是行动的合理辩护的必要条件。那么事实如此吗?对这个问题的回答让我们从奎因转向了丹西。

丹西认为,"通过根据行动者所采取的行动之理由的详细说明,我们可以十分规范地解释他的行动"(Dancy,J. 2000:5),而且,"这种解释要求那些特征能够呈现于行动者的意识当中——实际上,它们以某种方式被看作是对行动的支持"(Dancy,J. 2000:129)。丹西进一步解释为,"对行动的解释,至少是对意向性行动的解释,总是可以通过这样一些考虑展示而获得,即根据行动者把行动看作是可欲求的、明智的、被要求的"(Dancy,J. 2000:136)。在这里,丹西为什么会认可规范性判断理论呢?这首先关系到"根据"(in the light of)这个词。在《实践的现实性》一书中,丹西把这个概念理解为行动者和行动者采取行动的理由之间的关系(Dancy,J. 2000:6)。在丹西看来,理由不是心理状态,这种关系是行动者和一个外在事态之间的关系。当我们说一个行动者根据X行动时,这仅仅是说X激发了行动者采取行动。在这个意义上,"根据"这个词的使用是没有任何问题的。而且,"根据"还有一个有用的目的,根据某种考虑行动不同于因为一个人相信某种事态的获得而采取的行动。

奠基于行动者根据某种考虑而采取行动的主张要求什么呢?丹西认为,被要求的东西看起来至少部分的是规范性判断,对行动者而言,这些考虑支持着行动。按照丹西的看法,心理学说明的目的就是揭露这样一种根据,即行动者将要做他已经做了的行动,这种根据不能但却被看作是一种评价性的根据。事实上,丹西在这里试图坚持的也是关于行动理由的规范性的两个方面。因此,当我们说一个行动者被某些考虑所激发,但是却没有从一种积极的评价性根据来考虑是十分奇怪的。这种奇怪源自我们人类明显地被那些事实上是好理由的考虑激发了,而且,我们有关于那些考虑是好理由的正确信念。当我们被某些不被认为是好理由的东西激发时,将会有以下两种重要的可能性:第一种可能性是我们正确地把这些考虑不看作是一个理由,那么我们的欲求和相关的行动就有可能是奇怪的。但是这种需要不是因为我们缺少一个必要的规范性判断以便使得我们的行动是可理解的,它有可能是因为我们被一个不是好理由的东西而激发,这事实上是一个奇怪的动机来源。第二种可能性是我们被一个好的理由激发,但是我们主观地不把它看作一个好的理由。

但是有人可能认为,如果一个行动者把某个特定的目的看作是拥有巨大价值的,那么他就有一个理由去追求它。难道这种观点不是展示了规范性判断提供了行动的理由吗?丹西为此提供了一种可能的证明形式:拥有一个欲求就必然给出一个理由,基于他人的欲求知识,即使我们不认为他人因为这些欲求而拥有理由,我们有时也为他人给出建议。这也就意味着,光秃秃的欲求似乎能够成为一个理由的基础。然而,丹西在回应这种论证时,拒绝接受一种分离的证明形式:

> 大前提:如果 E 是你的目的,那么你应该按照某种方式 W 追求它。
> 小前提:E 是你的目的。
> 结论:所以你应该按照某种方式 W 追求它。(Dancy, J. 2000: 43)

在上述三段论证明中,肯定前件式的推理其实并不能确保结论,因为在这个三段论的小前提中,可以允许一种不合理性。同样地,在一种规范性判断中,我们可能把不是理由的东西当作一个理由,在这种情况下,这个理由显然不是一种真正意义上的规范性理由。这也就是说,一种不合理性的形式可以和把某个东西看作是理由相一致,那么没有按照某种方式去采取行动与规范性判断同样可以保持相一致。如果一个行动者按照一种和错误判断相一致的方式行动,这并不表明这个行动者合理地采取了行动,它仅仅意味着行动者避免了更进一步的不合理性。那么,为了说明规范性判断的合理性,我们还需要继续前行,这就让我们把目光转向了拉兹。

在拉兹看来,丹西实际上假设了一个规范性判断是"根据"关系的一部分,但是却没有为此提出辩护。拉兹试图在丹西的基础上为此给出辩护。在拉兹看来,合理性行动要求规范性判断并不是因为它是可理解行动的一个特别子类,与之相反,一种规范性判断理论之所以得到认可,是因为它支持所有的可理解行动都要求这样一个判断。在这个意义上,拉兹把可理解性的行动看作是这样一种行动:当且仅当我们明白行动者把什么用作是行动的价值,或者当且仅当我们明白行动者把什么用作是支持行动的理由时,一个行动才是可理解的。不过,正如约书亚所质疑的,按照拉兹的这种理解,行动的可理解性会陷入一个不断倒退的困境之中,我们很难明白拉兹所强调的这种赋值到底要退到什么样的根基上。基于这个困难,约书亚认为一个可理解的行动根本就没必要包含规范性判断,在他看来,一种可理解性是这样一种特质:"如果存在着关于什么激发了一个行动的叙说——这个叙说将会以一种我们不会困惑的方式回答'一个行动背后的动机是什么?'这样一个问题——那么一个行动就是可理解的。"(Gert, J. 2004: 204-205)实际上,约书亚在这里把有关行动理由的规范性问题仅仅放置于对行动的激发性动机的解释上。虽然就动机解释了一个行动理由的激发性规范性而言,拉兹也是认同的(Raz, J. 1999: 24),然而,正如本书反复强调的,对于行动理由的规范性而言,给出动机说明是远远不够的,我们还必须在安斯康姆提问的"为什么?"问题上给出客观性的规范性辩护,而这也正是拉兹坚持规范性判断的原因。

为了看清拉兹有关规范性判断的主张,我们可以诉诸行动的原则或规则。归根结底,一个行动的理由或者行动的可理解性并不是有赖于单个的理由或事态,而是取决于能够把很多理由和事态放在一起进行衡量的原则或规则(Gert, J. 2004: 1)。事实上,无论是拉兹还是约书亚都认为,当我们试图为行动给出客观性的规范性辩护时,我们就必然会遭遇行动规则的问题。只不过,在约书亚看来,当我们主张说粗野的规则性使得欲求或选择变得可理解时,"规则性"一词并不是意味着任何东西都可以按照没有例外的法则形成,或者实际上按照任何一种法则形成;它仅仅意味着对那些即使发生了我们也不会惊讶的十分普遍的事情(或事情之间的关联)的描述,而且,约书亚把这些规则性都限制在有关各种动机的发生之上,因为对他而言,激发性的动机是解释行动的唯一要素。

与约书亚相对,拉兹显然不同意这样一种观点,他认为这样描述的粗野的规则性对我们理解欲求或行动没有任何助益。在拉兹看来,在关于行动理由的规范性的客观性辩护上,只有行动者明白某种考虑为采取行动提供了理由时,我们才说一种行动是可理解的。他说,"意向性行动是人类行动中的中心类型;意向性行动是出于理由的一个行动;理由是使得那些行动在某个方面和某种程度上是好的事实"(Raz, J. 1999: 23)。在这里,拉兹承认这种好并不必然是客观上的好,它也可以是一种事实上错误,但在行动者眼中为好的东西。这也就是说,无论事实上是否正确,意向性行动仅仅要求行动者做出合适的规范性判断。在拉兹看来,心理学上的可理解性仅仅是偶然的规则性的结果。比如:饥饿者难以集中精神的例子,在矛盾的意义上通过相反方向上指出的理由而做出行动的例子,选择行动变得可理解是因为选择中粗野的激发性规则性包含了人格和品格。拉兹试图表明,如果这种规则性都是源于我们的心理,那么它们具有的客观性辩护就仅仅是偶然的。

不过,在约书亚看来,如果我们承认心理学上的规则性是实际存在的,这就表明一旦人格和审美的说明性角色得到认可,那么通过可应用的理由而被决定的欲求和行动需要任何潜在的规范性判断来使得它们成为可理解的就变得更不合理性了。在约书亚看来,人类大多数都分享某些激发性的品质,我们并不需要区分欲求和行动是否由理由决定,即使我们在由理由激发行动和由感觉或人格激发行动之间做出了区分,它们的说明性也是诉诸粗野的规则性。"理由—说明是说明性的是因为这样一个粗野事实:人类几乎是唯一被那些实际上是理由的考虑所激发的——无论它们被认作理由与否。人格—说明是说明性的是因为这样一个粗野事实:这个人特别地被某些方式所激发。无论是哪种情形,它都有必要假定行动者把一个理由看作是一个理由。"(Gert, J. 2004:209)

约书亚认为他自己和拉兹都认可典型的意向性行动是存在一种叙说的行动。不过,约书亚没有注意到的一点是,使得拉兹承认规范性判断理论的是如下这种进一步的主张:这种叙说是行动者把它当作是展示行动之为好,并因而构成行动被采取或可应用的这样一些事实。当然,拉兹的反对者可以提出某些行动特征,即使不在价值好坏的判断意义上,也可以使得一个行动成为可理解的选择对象,这就使得拉兹的主张面临着进一步的挑战。然而,对于这些反对者而言,他们的观点依赖于拉兹对行动理由的如下理解:一个理由的观念只能通过一种方式被理解,或者是说明性的,或者是规范性的,我们可以称之为"理由的单义性(univocality)"(Gert, J. 2004:210)。因此,当反对者们主张理由的功能是没有歧义的规范性方式时,他们就只能把理由的概念诉诸有关动机的说明,而这显然是不能完整地为行动理由辩护的。事实上,约书亚对拉兹的反对就在于他认为理由并不必然需要是客观规范性的。然而,约书亚也承认,拉兹主张的理由概念既是动机说明上的可理解性,也是客观标准上的可辩护性,只是在他看来,拉兹对客观标准的辩护是模糊不清的。因此,约书亚坚持认为:我们被一种广泛的考虑所激发,它们中的大部分但并非所有都是规范性理由,我们没必要坚持说一种考虑只有是规范性的才被看作是激发行动的考虑。

尽管我们很难认可约书亚强调说行动的激发性动机就能独自为行动理由的规范性和合理性给出完整说明,但是毫无疑问,他强调说规范性判断毕竟是有关于原则或规则的说明,这一点却是十分正确的。在这一点上,拉兹完全忽视了。而斯坎伦恰好弥补了拉兹的这个不足。

斯坎伦十分明确地认可一个理由概念在十分重要的意义上关联于一个评价性的范畴(Scanlon，T. 1998：35,65)。与拉兹不同，为了主张有关什么种类的东西可以说明人类行动和其他态度，斯坎伦乐意诉诸规则性，而其采用的方法则是诉诸规范性判断和态度之间有规律的联结。斯坎伦指出，"一个理性人判断说存在强制性的理由去做 A 一般会形成去做 A 的意向"(Scanlon，T. 1998：33-34,66)。而且，他也主张"存在好的理由的判断将会关联于一个理性人的行动"(Scanlon，T. 1998：61)。

就上述观点而言，我们可以看到，斯坎伦至少表明了以下几点：第一，有关行动理由的规范性判断在根本上是关于理性的认知问题，某些被认知的东西和行动之间有一种规则性。斯坎伦认为，一个东西之所以被说成是某个意向性行动的理由在于我们对它们的理性认知，在这个意义上，不是意向或欲求是我们的规范性来源，而是理性的认知是行动规范性的来源。第二，一个规范性判断足以触发一个行动的发生，意向性行动一般是行动者做出某种规范性判断的结果，规范性判断是激发动机上的充足说明。不过，正如约书亚对此提出的疑问，即使我们承认欲求一般通过理性认知来解释，以至于理性认知应当被看作是意向性行动的真正来源，那么我们为什么要相信理性认知就是一个规范性判断呢？在约书亚看来，斯坎伦强调的相互关联并不能很好地解决这个问题。按照他的看法，如果斯坎伦主张的相互关系真正地获得了，这仅仅是行动和判断通过第三种东西被解释了，这种东西是：行动者已经注意到了相关情形提供了支持它的理由的这样一些事实，行动者注意到这种非规范性事实能够解释次级(subsequent)规范性判断和如此行动的动机。这种解释得以可能的一个原因是规范性判断事实上很少是欲求、意向或行动的现象。

为什么斯坎伦要把理性认知归结到规范性判断，而不是强调对事实的单纯意识自身就是理由呢？按照约书亚的说法，这可能是一种"哲学谬误"，即哲学家在试图说明一般现象时把这种方法运用到了哲学讨论和反思中。让我们分析一下斯坎伦的例子：一个人有一种想吃冰激凌的欲望。按照斯坎伦的看法，不是欲求本身给了我们吃冰激凌一个理由，而是在这欲求背后关于吃冰激凌可以让一个人感觉快乐的信念构成了吃冰激凌的理由。到现在为止，约书亚都同意斯坎伦的看法，然而，当斯坎伦说那个信念是因为行动者通过认知做出时，约书亚就显示了他的不同。按照约书亚的看法，当斯坎伦把关于吃冰激凌会感觉到快乐的事实变成一个判断时，他就犯了一个把现象说明变成哲学推理的错误了，而规范性判断就是这个恒常被误用的要素。在约书亚看来,规范性判断实质上就是解释行动动机的工作,因此,对他而言,吃冰激凌会感觉到快乐这个事实十分自然地就可以解释我们吃冰激凌的这个行动,而根本就无关乎我们的判断。基于此,约书亚承认斯坎伦说"判断敏感态度在没有判断和反思的情况下也能自发的生成"(Scanlon, T. 1998:23),但是他并不认可说这些态度的形式总的来说都受到关于理由适当性的一般的固定不变的判断所限制。

然而,与约书亚不同,斯坎伦强调理性认知判断和评价态度相互关联。按照斯坎伦的看法,规范性判断在我们所有的欲求、意向、信念和行动中都扮演了一个角色。对于我们的欲求和意向而言,它们都包含了规范性判断。斯坎伦主张说,"当一个人有一个欲求并且据此行动时,提供给这个行动的动机是这个行动者把某种考虑认知为一个理由"(Scanlon, T. 1998: 40 - 41)。这也就是说,既不是心理欲求这样一个事实,也不是有关非规范性的事实的信念,而是基于行动者的理性认知本性,斯坎伦才说一个东西被行动者认知为行动的理由,因此,行动理由必然关联于行动者的评价性判断。正是基于此,他把合理性定义为相关于行动者自己的规范性判断。约书亚对此提出反驳说,按照斯坎伦的这种观点,合理性就被理解成了一种精神运作,如此一来,对斯坎伦而言,除非他反对他自己的规范性判断,一个人不可能不合理地行动,所有不合理的行动都是意志软弱。按照约书亚的看法,上述观点会产生一个奇怪的结果。因为对斯坎伦而言,即使一个人对他未来的某种利益完全置之不理,这也不能算作是不合理。对此,约书亚显然不会认可,因为在约书亚看来,如果斯坎伦把合理性一方面看作是一种精神运作,另一方面又把合理性定义为相关于自己的规范性判断,那么这就会产生矛盾。因为即使一个行动者犯了错误,或者做出了不合理的行动,他显然也有可能在精神运作时是成功的。对约书亚而言,他想把握的是这样一点:有时行动者意识到事实,或者应该意识到它们,这些事实提供理由以使得某个行动是不合理的(不是在斯坎伦的意义上)。正是在这个意义上,他认为斯坎伦因为把行动在根本上对应于关于理由的判断而不是有可能成为理由的事实身上,从而绑架了自己。

然而,在笔者看来,约书亚有关斯坎伦规范性判断的观点有点误入歧途了。事实上,当斯坎伦把规范性判断看作是有关自己的精神运作时,他想强调的是有关一个行动的如下一些内容:(1)所有的事实或事态成为一个行动的理由首先有赖于我们能够理性认知;(2)理性认知的正确性确保了行动理由的客观规范性;(3)与此同时,理性认知总是与我们的欲求或意向相关联;(4)欲求或意向的心理事实在我们的理性判断下为我们提供了评价性的态度。总而言之,事实只有通过理性的认知能力形成具有敏感态度的规范性判断才能成为我们的行动理由。事实确保了我们的行动理由所具有的客观实在性,理性能力确保了我们行动的自主性,敏感态度则确保了行动发生的动机。

(二)规范性判断与欲求的关系

在上面分析规范性判断时我们已经看到,尽管规范性判断的支持者们都拒绝把欲求看作是行动的规范性理由,但他们却并不能拒绝欲求与规范性理由之间的必然联系。事实上,对于任一解释行动理由规范性的理论而言,欲求的作用都是不可以忽略的,差别只是在于,欲求在不同的理论中到底扮演了什么角色和具有什么样的内涵。对于人类规范性现象而言,既然我们的行动总是意向性地指向某个目的,那么有关行动者所具有的目的性特征就与规范性的解释息息相关,而一个欲求的概念则因为关联于行动的动机而被认为在解释行动的实践性上具有吸引人的直观说服力。显而易见,当我们说一个行动者采取了某个行动时,我们都被认为是在一种内在主义的意义上为行动者的行动提供了一个内在理由。① 这个内在理由概念在本质上被认为表达了一个行动的实践性。这也就是说,内在理由概念为行动提供了动机说明。如果我们认可说对一个行动动机的说明是解释规范性不可或缺的一个要素,那么,至少在规范性的实践性意义上,欲求作为一种激发性的主观心理状态为行动的规范性来源提供了部分说明。② 结合目的论,某种外在于行动者的事态是行动者所欲求的,这种事态因为这种可欲求性而具有某种善或价值。这种可欲求性使得行动者产生了作为激发性状态的欲求。当行动者的行动和欲求相联系时,欲求在激发性的意义上自然而然地就成为行动的规范性来源之一。

那么,欲求到底是如何在实践性的意义上成为规范性来源的呢?按照目的论观点:某种可欲求事态作为一种善或价值激发了主体对它的欲求,继而产生了一个行动,③那么,事态的可欲求性就为我们基于欲求的理性行动给出了激发性的规范性。在这里,从可欲求的事态到我们的主观欲求,其关键

---

① 有关内在主义的争论在近些年变得异常复杂。笔者在这里使用内在主义的概念只是强调一个行动具有内在于主体的根源。关于各种内在主义的争论,可以参见奥迪的文章,Audi, R. 1997。
② 并非所有学者都接受欲求作为一种内在动机的解释,他们也拒绝欲求是行动的一种激发的规范性解释。
③ 在这里,如果我们不提可欲求的作为善的或有价值的事态,激发性的行动就仅仅是纯粹的感性行动,但一旦可欲求的被认为是一种善的或有价值的东西,这就表明我们的理性参与了行动。

在于我们赋予了两者一种因果性的联系,这种联系本质上就是行动的动机。很显然,就一个可欲求的外在事态引起了主观的欲求而言,动机就是一个包含了意向性的因果程序。尽管就动机的实际内容来说,这只是一个偶然的和经验的事情,但是就动机所具有的结构来说,从可欲求的外在事态到主观的欲求,可欲求性已经规范了行动者的欲求行动。现在,十分清楚的是,并非欲求,而是动机在说明行动的激发性问题上起着关键的作用。正是动机作为一种心理状态所具有的意向性结构为行动给出了一种规范性。而我们在一般意义上认为欲求能够很好地说明一个行动发生的动机只是因为欲求很好地表达了这种关系。不过,为了澄清这二者之间的相互关系,我们在这里有必要多说一些。

通过前面的分析我们已经可以看出,动机作为对一个行动激发性说明的必要条件,其本质在于它是一种指向心理的意向性因果关系。它包含了两个要点:第一,它是主体的一种意向性心理状态;第二,它总是包含了一种规范性的因果性。显然,欲求概念很明显地满足了这两个条件。然而,问题在于,欲求是动机的唯一表示吗?对此持肯定回答的哲学家认为欲求是动机必然要求的逻辑结果,顺理成章地,欲求也就是行动的规范性来源。[①]然而,事实表明持肯定态度的支持者们弄错了。当我们说一个动机引起了一个行动时,我们并不必然预设一个欲求的概念,动机唯一需要承认的只是一种主观心理事态,而对这种主观心理事态的内容是什么则并不需要做出特殊的限定。基于此,当认为欲求是动机的唯一逻辑结果的那些哲学家通过把欲求表现为情感元素而归之于主观心理事态时,他们完全忽略了主观心理事态还可以表现为有关信念的认知心理和态度。[②] 尽管如此,不在绝对的意义上强调说欲求是动机的唯一表现形式的后果主义依然是正确的。这也就是说,一般而言,就某些奠基于欲求的理论而言,我们可以接受欲求是规范性来源的前提。

(三) 规范性判断的客观标准

从某种角度来说,只要一个行动不是因为行动者的精神失常而导致的,那么作为一个源于行动主体的意向性行动,它就是主观合理的,因而具有规范性。在这个意义上,规范性的唯一限制仅仅在于遵守理性自身所具有的逻辑结构。然而,对于一种辩护性的规范性而言,既然单个的行动者作为有限

---

① 大部分的休谟主义者都持有这种观点。不过,芬利在"Responding to Normativity"一文中提出了一种不同的看法,参见 Finlay, S. 2007: 220 – 239。

② 笔者的这个认识很大程度上受惠于斯科罗普斯基在分析威廉姆斯的内在理由概念时对威廉姆斯的认知主义解释。他在那里对动机和欲求概念的说明直接启发了笔者,参见 Skorupski, J. 2007: 79 – 85。

的存在者总是处在与他人的关系之中，那么，基于主观合理性的规范性就必然要扩展到行动主体之外，一种客观合理性的要求也就成了必然。对于一个行动而言，一种客观合理性的规范性就必然包含某种基于生活价值的判断。这也就是说，对于一个行动者的行动而言，它要求的不仅是行动者之内的主观合理性和结构规范性；它在本质上追问的是作为处在共同体中的个体心灵必须受到怎样一种客观评价性的规范，我们可以称之为关于规范性判断的问题（normative judgment）。那么，一种规范性判断到底是什么呢？

既然规范性判断是一种客观合理性，这也就意味着，我们对行动者意向性行动的探究寻求的是行动的理由所具有的客观性。那么，这种客观性的规范性是什么呢？显然，逻辑结构的合理性只是这种客观性的一个规范前提，在这个前提之下，我们需要进一步追问的是这个规范性判断相对于人类实践生活的适用性。既然人类实践生活总是处在自我与他人的关系当中，那么，一种规范性判断的适用性也就必然关涉他人。在这个意义上，规范性判断在这里考察的是个体行动者的行动之于其他行动者的影响，考察的是一种应用的客观普遍性，它要么是被他人可以合理接受的，[①]要么是不可以被他人合理拒绝的，[②]要么是当其他人身临其境时也会采取的。[③] 不过，对于我们的行动而言，逻辑结构的规范性和客观普遍性的规范性并不是行动理由之规范性的全部，就规范性判断总是针对意向性行动的主体而言，一个规范性判断关联于行动主体还必须说明规范性的激发动机。就激发动机的内容而言，它既可以关联于行动主体的情感，也可以关联于行动主体的理性。基于情感内容，我们可以对一个意向性行动提问行动者为什么欲求、意图、希望、害怕、赞赏、敬重，等等，借用斯坎伦的概念，即规范性判断被运用于"判断敏感态度"；基于理性内容，我们可以对一个意向性行动提问行动者为什么如此这般推理、相信、判断，我们可以称之为理性推理。然而，正是这种内容的不同，使得我们对有关规范性判断的分析产生了纷争：当规范性判断被运用于感性内容时，它起到的只是一种工具性的作用，具有的是一种结构意义上的规范性；当规范性判断被运用于理性内容时，它不仅具有结构上的客观性，而且在动机上也具有源头的意义，更为重要的是，这种内容的不同进一步地影响了我们有关客观普遍性的规范性。如果我们表述说规范性判断是关于有理性意识的存在者的意向性行动的好坏、价值，或者提供理由解说的客观判断

---

① 这种合理接受只是一种很弱意义上的相互理解。
② 这是斯坎伦契约主义观点的一个主要支撑点。
③ 笔者用这个观点试图表明的是康德有关道德的绝对命令的观点。

(Gert, J. 2004: 188), 那么, 这种客观判断到底如何体现了规范性的激发动机和客观性则是我们需要认真面对的。

我们在前面的分析已经表明了规范性判断与欲求之间的联系。这也就意味着, 一个规范性判断可以表达出作为行动理由的激发动机。当我们通过命令、劝服等形式的句子表达一个规范性判断时, 我们总是给出某种支持性或反对性的态度。比如:"你应当按照可以成为一条普遍法则的那个准则去行动""禁止杀戮", 前一条法则表明了说话者持有的一种赞成性态度, 而后一条法则则表明了一种反对的态度。这也就是说, 当我们说出一条行动法则时, 我们绝不仅仅是描述某种关于行动本质的事实或现象, 而总是试图对我们的听众表明某种情感态度, 希望他(们)也可以采取同样的支持或反对态度。因此, 对于行动的规范性判断而言, 我们并不是做出一个有关真假命题的断言, 而是包含了某种积极的情感态度, 从而激发我们或他人去采取某个行动。实际上, 正是这种情感态度使得我们有了采取一个行动的动机。因此, 在这里, 当表达主义者说我们的道德判断并不表达有关真假的判断, 而仅仅表达了我们的情感时, 他们至少部分地是正确的(Ayer, A. J. 1946: 103-106; Blackburn, S. 1985; Gibbard, A. 1990)。然而, 在表达主义者看来, 因为道德判断表达的只是行动主体心灵中的非认知情感, 所以他们认为规范性判断并不能做出知识论上的真假断言。如果表达主义者是对的, 那么规范性判断还能不能在认知的意义上分辨对错或真假? 能不能提供一种独立的客观性标准? 能不能在一种普遍性的立场提供客观普遍性? 这些就都是问题。

必须得承认, 关于规范性判断, 我们确实不能通过自然科学的方法来证实或证伪, 不过, 我们却可以应用逻辑学和数学的方法来判断行动法则的矛盾与否。正是在这一点上, 有关行动的规范性判断依然可以得到认知和评估, 规范性判断可以体现出某种客观性标准而成为我们生活的指导。那么, 这种客观性标准是怎样体现的呢? 因为我们人总是生活在共同体中, 所以我们总是期望把自己的情感享受和行动规范与人分享。在这个意义上, 我们的规范性判断就不仅仅是基于我们个体的情感表达, 而是也可以通过他人的分享而被普遍化的规范标准, 因此, 行动准则的可普遍化就成了我们的客观规范性。我们的行动也受到了可普遍化性的规范。

不过, 对于规范性判断而言, 因为我们不能通过自然科学的方法证实或证伪, 那么对于它而言, 唯一的评估标准就是它的可普遍化性。然而, 这种可普遍化的规范标准可能造成不好的结果。比如, 当某一些人达成共识认为杀人可以为自己获利时, 他们就会认为杀人是应该的。在这个时候, 我们还应该坚持说可普遍化性是规范性判断的唯一标准吗? 对于这个问题, 我们需要做出进一步的澄清。事实上,可普遍化性只是一种较弱意义上的客观性,当我们说它可以成为一种客观的规范性时,它首先就应该被置于逻辑一致性的限定之中。当然,如果我们的规范性判断关联于经验事实,它也要受到客观实在性的限制。因此,任何一条可普遍化的规范性判断不但不能自相矛盾,而且任意两条可普遍化的规范性判断彼此之间也不能自相矛盾。这也就是说,任何一条可普遍化的规范性判断都必须在形式上不会产生逻辑矛盾。当然,就规范性判断的实际内容而言,不同的人基于不同的心理欲求则有可能产生实际行动的冲突,因此就规范性判断所体现的实际内容而言,它们是可以彼此矛盾的。事实上,规范性判断正是因为这种实际内容的冲突而受到了很大的挑战。有些学者甚至认为,规范性判断并不是我们解释意向性行动和行动理由所需要的,意向性行动和理性行动根本就不包括规范性判断的要求。① 如果这样一种反对观点是合理的,那么我们有关行动的规范性解释也就必然受到挑战。为了面对这种挑战,在接下来的工作中我们有必要对规范性判断的本质做一些澄清。

(四)规范性判断体现客观性的两种方式

事实上,规范性判断理论最早是用来反对休谟式的欲求观点的,它反对把欲求看作是一个行动者具有一个行动的规范性理由的基础或者必要条件。规范性判断理论的支持者们认为一个行动理由的规范性辩护不能通过欲求这样明显的主观心理状态来加以说明,而只有通过某种外在事实或事态具有价值这样一种观点才能得到说明。然而,正如约书亚指出的,规范性判断理论的支持者与休谟主义者的主张其实具有相同的理论牵引力,即都试图在欲求和辩护之间建立一种非偶然的联结。休谟主义者通过授予欲求自身带有规范性意义屈服于这种牵引力,规范性判断理论的支持者则通过主张有关欲求的正常案例总是包括把一个考虑看作是一个理由的这种方式屈服于这种牵引力。然而,对于休谟主义者而言,我们在这里的论证仅仅表明欲求作为行动理由的规范性辩护是局限于它的激发性动机的;对于规范性判断理论的支持者而言,欲求则被当作理性考虑之后产生的一种主观情感,是一种次生的解释。不过,正如笔者在本书中所主张的,有关行动理由的规范性说明只有在同时对行动动机的发生和客观性的标准都做出了说明,它才是一个完整的说明。在这个意义上,如果休谟主义者不能认可理性在行动过程中所具有

---

① 约书亚认为规范性判断根本就不是意向性行动和理性行动所要求的。他试图表明,我们所有的理由都是通过客观事实给出的,而规范性判断根本就无法给出这样的客观性标准,因此所有对于规范性判断的论证都是不成功的,参见 Joshua, G. 2004: 186-220。

的结构规范性，那么我们人甚至根本上就无法区分于动物，也就更谈不上我们属人的规范性生活了；与之相对，如果规范性判断理论的支持者认为一种信念即使脱离开带有情感的欲求也能够单独说明规范性，那么我们甚至永远都不会有实践行动了。

既然一种规范性判断总是带有某种评价性的态度，表达了某种情感，那么它就可以解释行动发生的动机；与此同时，规范性判断总是基于事实或事态而关联于行动者，那么行动者总是试图把某种客观化的标准作为我们的行动规范。然而，这种客观化的标准是什么呢？其中一种解答自然是通过关联于自然主义的客观实在性为我们行动理由的规范性给出说明，心理事实作为客观实在性的一种也可以包括在其中。不过，对于我们的道德生活而言，鉴于它的特殊性，基于实践行动而表现出来的规则普遍性也可以是另外一种辩护的方法。因为在我们的实践生活中，行动规则尽管不能像自然事实一样给出客观实在性的辩护，但它（们）却直接真实地规范着我们的生活，并且为我们提出了有意义和有价值的指导。在这方面，一种第三人称立场的普遍视角有着得天独厚的优势，第三人称立场的观点脱离了第一人称的行动者个体，直接把自己放置于一种普遍性的立场，因此，在接下来的部分我们就来看看一种第三人称立场的普遍视角是如何体现出道德规范性的。

二、道德规范性理论的本质特征

我们已经熟知，对规范性本质的表达既要在实践动机上对行动进行说明，又要在一种客观标准上为行动进行辩护。然而，综观上面的讨论，我们只是基于客观实在性和个人心理图式为我们的行动理由给出了辩护，但是我们还没有对规范性领域的典型代表——道德领域——给出实质上的论证。日常的道德实践已经准确无误地表明，我们的行动在很多时候被赋予了正确与否的道德评价，这也就意味着，我们的行动在道德生活中被置于一种超越个体的位置，我们的行动被要求考虑到生活共同体中的他人，换言之，我们的行动在某种道德生活中原则上要求对所有人都有效，即要求一种普遍性。正如我们前面所言，从根本上来说，这种普遍性在于我们对客观实在世界的合适反应。然而，对于道德普遍性而言，一个行动的正确性就取决于任一处于相同情境中的行动者都能够做出相同的反应，一个被置于道德领域中的行动的普遍性在这个意义上体现的是一种实用意义上的客观性，它具有的是一种较弱意义上的客观性。那么，这种道德意义上的规范性具有什么样的特征？它又是怎样体现在我们的实践生活中的呢？

按照我们前面的分析，无论是理性还是感性，它们都可以关联于规范性，因此，在道德领域中，我们对规范性的正确性分析也可以分别通过二者表现出来。不过在分别分析二者之前，我们最好还是先把握一下有关道德规范性的一些特质。当我们在道德的意义上追问一个人应该怎样生活时，我们不仅试图在描述的意义上使得我们的行动是可理解的，而且在根本上指向了某种关于价值的目的追求。在这个意义上，一种目的论的结构就是我们的意向性行动必然具有的。此外，当我们把行动放置于道德领域时，我们行动的理由规范性就已经被要求考虑一种关涉他人的第三人称立场了，在这个意义上，不偏不倚性就成为规范性道德的一个必然要求。在接下来的部分，我们就要分析道德规范性所具有的这种目的论结构和不偏不倚性，并考察基于感性和理性的心理图式各自如何体现普遍客观性。

（一）目的论结构

如果说上面的论证已经表明了欲求作为一种心理元素为行动给出了激发性的规范性。那么，进一步地，我们可以把基于欲求的激发性规范性抽象为一种结构式的说明，这也就是一种目的论的说明。一种目的论观点也就是关于"善"或"价值"的说明："理解内在价值就是理解（在我们的能力范围内）哪些事物有价值以及哪些事物价值较多，哪些事物价值较少。作为行动者，我们与事态的关系就在于我们能够认识到它们、阻止它们出现，或者使之更可能出现抑或是使之更不可能出现。根据这种观点，我们有理由做的事情（至少就价值问题而言）就是行动，以便实现那些最好的事态——也就是说，具有最大价值的事态。"（斯坎伦，2008：78）这是一种形式特征。这种关于"善"或"价值"的目的论结构的观念经常与奠基于欲求的普遍快乐主义相结合——一种事态的价值是由它所包含的快乐的数量决定的。古典功利主义就是这样的一个典型代表，它具有三个比较明显的特征：第一，行动本身没有内在价值，行动的价值由其后果的价值决定；第二，价值是不偏不倚的，每个人的快乐都得到考虑，而且，一种事态的价值给予每一行动者相同的理由去促进它；第三，价值是累加的："任何目的论的价值概念都包含着在一种较弱意义上对于认为我们更有理由促进哪些具有更大价值的事态之最大化。"（斯坎伦，2008：79）而且，对于普遍快乐主义而言，事态的价值是其组成部分价值之总和。

就第一点而言，基于欲求作为一种意向性心理的实践行动总是指向行动之外的某个目的，这类目的被赋予价值。这也就是说，欲求总是指向某个可欲求的事态，事态的可欲求性就被认为是某种善或价值，对于行动者来说，事态的可欲求性成了行动者欲求那个事态的一个行动理由，行动者因为可欲事态而激发出一个促进那个事态实现的行动。事态的可欲求性为行动者提出了一个要求,也就是为行动者给出了一个行动的理由。从目的论结构来说,欲求作为一种意向性的结构在实践的意义上说明了行动者采取一个行动的可能性,一个被称为行动理由的东西本质上在于行动者的欲求总是意向性地指向具有可欲求性的某种事态。

就第二点而言,可欲求性虽然表达的是事态和行动者的关系,但它表达的却只是一种意向,并没有特指某项内容。因此,面对经验世界,可欲求性的对象呈现出了多种多样的事态,而不同的事态在行动者心里又构成了一种互竞关系,这就要求行动者对此做出权衡,然后给出总是促进事态产生出最大可欲求善好的行动。然而,因为规范性的要求在本质上取决于各种有价值的事态对我们欲求的满足,而欲求的对象又总是某种外在的事态,这就要求行动者把各种欲求进行一种量化处理,同样地,甚至对于不同的行动者来说,即使他们事实上在不同的环境下总是欲求不同的事态,各人的欲求也需要一种量化的处理。因为只有在这样一种不偏不倚的考虑之下,欲求作为规范性来源的考虑才是站得住脚的。

最后,因为一种不偏不倚性是道德规范性的本质特征,那么通过累加而提出对后果的最大化促进也就是显而易见的,更为重要的是,只有提出了最大化原则,我们才可以说后果主义为我们提出了一条道德的原则,后果主义才在辩护的意义上完成了对规范性的说明。不过在说明最大化原则之前,我们还是先完成有关目的论结构的说明。

事实上,正如斯坎伦指出的,虽然目的论与快乐主义观点总是表现出上述三种观点,但它们在逻辑上却是彼此独立的,并非所有的目的论观点都具有这样的观念。从目的论的观点来说,行动既可以是无内在价值的,也可以是有内在价值的,[①]目的论的价值概念也不必是不偏不倚的,纯粹的目的论价值概念也不必是可累加的。但不可否认的一点在于,就快乐主义目的论而言,基于欲求的价值总是被赋予一种目的论的结构。按照后果论的解释,如果一种行动导致了最好的事态,那么该行动在道德上也就是正当的,因而也就具有规范性。如果正当就是善,那么善就是被促进的东西。在这个意义上,后果论显然是一种道德理论。事实上,即使是一些反对后果论的学者也接受一种纯粹的目的论观念。比如内格尔就认为,当我们从一种客观的或不偏不倚的观点来考虑这个世界时,某些事物不仅从某个人的观点而言是好的

---

① 布林克认为行动有没有内在价值取决于我们是从什么角度来看待。按照他的看法,后果主义仅仅把道德评价的对象当成外在价值的载体,而目的论者认为道德评价对象自身可能具有内在价值。后果主义是目的论的一种特殊形式,参见布林克,2011:384。

或坏的,而且它们客观上就是好的或坏的(Nagel,T.1986：147-163)。在涉及经验状态的案例中,价值与反面价值就被等同于"要促进的"和"要被阻止的"。在某种程度上而言,内格尔的观点似乎支持了后果论的目的论观点。当然,不容置疑的在于,内格尔是一个道义论者,他更倾向于认为某些行动具有客观的价值或反面价值,即使它能产生更好的或更坏的结果。这也就是说,内格尔认为对行动理由的规范性所做的客观性辩护并不需要依赖一种目的论结构。基于此,认为某个行动是客观上正当的和行动有可能并不产生或促进最好的善之间就产生了一种张力,基于目的论结构而为行动给出规范性辩护的说明就面临着挑战。那么我们应该如何看待这种张力呢?

在斯坎伦看来,按照后果主义目的论的观点,道德上不合乎要求的行动具有的否定性价值是不偏不倚的。但是,道义论的观点并不能合理地通过使这样的行动发生的不偏不倚的负价值来阐明。某些被采取的行动的负价值可能不是不偏不倚的,而仅仅是与行动者相关的负价值,它仅仅给相关的行动者以特殊的理由,而并不是普遍适用于他人的。那么,现在的问题是,为什么这种特殊的与行动者相关的理由应该被理解为这种行动的负价值的结果?为什么我们在这里依然要保持一种目的论的框架?按照斯坎伦的看法,其中一种可能是诉诸关于理由的纯粹目的论。按照这种理论,合理的行动必定指向某一结果,一个行动的实施既要诉诸让那种结果发生的合意性,也要诉诸该行动的内在价值。然而,这种解释面临的一个问题是,我们通常面临在可能造成的不同结果之间进行选择,即使我们的选择经常是合意的,也并不代表必然如此,而且,即使如此,相关于行动选择的理由也可以仅仅是基于某一种类的事件发生之为好或坏来评估。很多情况下,与一个行动有关的理由关注的并不是后果的合意性,而是各种其他理由的适当性。因此,斯坎伦说,"判断某种考虑并不算做行动的理由,并不等于把否定性的内在价值赋予以这些理由为基础的行动的发生"(斯坎伦,2008：83-84)。这样一种价值可以被抵消或超越,但是,一种考虑如果是不相关的,则根本就不可能如此。

上述关于理由结构的观点与道义论禁令相关。一个人采取某一原则并不是诉诸该原则产生的价值或后果(比如斯坎伦的例子：一个人不可杀一个人以救其他几个人)。这也就意味着,一个原则的道德价值仅仅是对原则本身的反映,但这根本无法证明一个原则的正当性。

与斯坎伦不同,在谢夫勒看来,后果论的核心是一种根本性的合理性概念,即最大化的合理性。他是这样描述的,"如果一个人接受某一被实现的目标之合意性,并且如果一个人拥有在两种方案之间的选择权,其中之一对实现目标肯定会比另一种方案好,那么,在其他条件相同的情况下,选择前者而不选择后者就是合理的"(Scheffler，S. 1988：252)。在谢夫勒看来，这种合理性概念给道义论者提出了两个难题：第一，道义论者认为行动可以有在其后果的价值之外的价值，所以有些行动在道德上是不合乎要求的；第二，上述那些行动的发生就是内在地坏的，我们应该将它们的发生减到最小限度。然而，这样一种情形是可能的：采取某些道德上不合理的行动能够更好地实现某一目标。即使道义论者坚持认为某些行动是道德上内在地坏的，但这些行动在合理性概念最大化的意义上却是道德的。在这里，我们可以看到，谢夫勒在谈到合理性概念时，并不是诉诸关于理由的目的论概念。在谢夫勒看来，目标合意性源自比较不同的选择而得出的合理性结论。他强调的是实现目标的各种可能方式中进行选择的过程。一个目标的选定就是把一个行动促进该目标看成是赞同该行动，在其他条件相同的情况下，行动者有理由选择能够更好地促进目标的行动，作为一种实践推理的结果，它是自然而然的。然而，这种正确性显然也包括确定行动适当性的所有考虑都必然表现为目标的形式和它们的合意性。

不过在斯坎伦看来，用这种方式理解道义论禁令是不正确的。在斯坎伦看来，使得谢夫勒的主张有道理的是他设定了"在其他条件相同的情况下"这一从句。斯坎伦认为这个从句在谢夫勒那里所要表达的是这样一种思想，即"除非该行动与其他某种目标的实现相冲突，那一目标的价值超过了这一目标的价值"。然而，斯坎伦认为这种处理是不恰当的。在他看来，一个选定的目标实际上包括了追求目标的各种时机和追求的方式，这种限制根本就不可能仅仅是由其他可能取代它的价值所强加的限制条件。它是一种共性。

现在，如果纯粹目的论的理由概念被拒绝了，还有什么来支持"有价值的就是要得到促进的"这一观念呢？一种可能的解释是诉诸道德观念，承认某种东西本质上是道德的。我们称之为道德目的论。按照这种观念，我们要促进的事态就是某种善，要促进的善反映了一种道德要求：我们负有平等地关注每一个体的义务。善因此包括了人类个体的个别善。与道德目的论把某种东西直接看成本质上是道德的不同，非道德目的论认为某种东西以善的观念为基础，而并非以关于正当和不正当的道德为基础。在非道德目的论的前提下，一个个体的善不但对整体是有贡献的，而且对于某个处于类似情况下的个体也是同等有效的。因此，促进某个人的某种善在同样的意义上适合于另外的某一个人。

斯坎伦认为内格尔关于客观观点的评论既诉诸道德目的论(强调关于正当和不正当的道德)，也反映了非道德目的论(强调一般而言是善)。在内格尔看来，道德理由要求的是彼此之间负有的义务，而非道德的要求则是促进行动者的善。在斯坎伦看来,善是我们有理由促进的东西,这是正确的,但是这种善并不一定就是道德目的论的善,这种善是一种目的论意义上的价值概念。在这里我们可以看到,道德规范性是我们行动理由的一种,但并非所有的行动理由都需要诉诸道德的规范性。从根本上来说,行动理由的客观规范性辩护来源于我们采取的一种实在论立场,或自然主义立场。

(二) 不偏不倚性

事实上,认为当代规范性伦理学承诺了一个不偏不倚的观点已经是学界的共识,科丁汉姆认为,"很多好的哲学家和很多其他的人都认为,伦理地推理、基于道德观点考虑事情,都是采取一种不偏不倚的观点"(Cottingham, J. 1983: 83)。然而,自从 20 世纪 50 年代以来,这种观点就遭受了严厉的批评,很多人认为规范伦理学对不偏不倚性的承诺歪曲了我们对伦理生活的理解。以麦金泰尔、威廉姆斯、欧登奎斯等为代表的倡导者们甚至认为对于我们的好生活而言,根本就不存在或不需要不偏不倚的观点(麦金泰尔,2003; Williams, B. 1981: 103; Oldenquist, A. 1982: 172-193)。不过在规范伦理学内部,很多对不偏不倚性观点的持有者的批评并没有这么激烈,在这些批评者看来,我们应该持有不偏不倚的观点,但是在很多时候,尤其是关系到朋友、家庭,甚至个人的整体生活时,我们就不应该持有不偏不倚的观点或者至少这不是我们唯一可选的观点。笔者在这里并不试图陷入这种争论之中,就本书的研究主旨而言,我们只是就不偏不倚性和规范性的关系做一番考察。

在这里需要指出的是,尽管康德式的道义论和后果主义都是规范伦理学的代表,因而都坚持一种不偏不倚性的观点,但是在应该如何看待不偏不倚性这个观点时,二者是不同的。就康德式的道义论而言,道德被认为是基于实践理性而产生的不偏不倚的道德法则,判断行动的正确与否就是看这个行动是否出于对道德法则的敬重而产生。与康德式的道义论只注重行动的动机不同,后果主义是从一个不偏不倚的观察者的角度来看行动所产生的整体利益的最大化。正是基于对不偏不倚性的不同理解,两种理论给出的有关道德规范性的原则也截然不同。不过关于这种不同我们稍后再作讨论。目前我们集中于不偏不倚性的持有者与外部观点的争论。

与不偏不倚性紧密相连,规范伦理学理论提出了一种行动者中立的观点。与此相关,试图复兴美德伦理学的一些哲学家提出了关注个人计划和人伦关系的个人观点,这是一种行动者相关的观点。此外,我们还应该注意到不偏不倚性的不同应用。借鉴巴容在批评科丁汉姆时的一个观点:很多批评不偏不倚性观点的人并没有区分清楚不偏不倚性的不同运用(Baron, M.

1991：843）。换句话说，不偏不倚性存在不同层次的运用。尽管不偏不倚性的本质要求我们从一种普遍的、客观的视角去看问题，然而对于我们的生活而言，不偏不倚性的应用至少关联于我们的行动和我们行动的原则两个方面。如果不偏不倚性关联的是我们的行动，那么我们评价的对象就是主体的个人选择；如果不偏不倚性关联的是我们行动的原则，那么我们评价的对象就是我们据以使用的那些原则。如果笔者的辩护是成功的，那么我们会发现，对于规范性而言，前者说明的是规范性的动机性，后者说明的则是规范性的客观性。

回到有关不偏不倚性的探讨。事实上，不偏不倚性作为一种普遍性视角，早已是现代道德哲学的一个根本特征，因此，就后果主义目的论作为一种规范性的道德理论而言，后果主义者显然也遵循不偏不倚性。那么我们应该怎样理解这种不偏不倚性？不偏不倚性和道德的规范性又具有怎样的联系呢？按照佛斯的看法，不偏不倚的观点是一个假设的理性观察者用来描述道德观点的基本特征(Firth, R. 1952：317-345)。不偏不倚性持有的是一种客观的第三人称立场，无论是关于他人还是自己，对行动或行动原则的评价都不直接关联于行动者自身，而仅仅是把自己看作是"客观地"或"行动者中立地"(Darwall, S. 2006：9-10)。它既表现在行动者的个人慎思中，也表现在行动者作为社会成员所采取的行动规则中。就前者而言，行动者在做出行动决定时不受特殊利益和欲望的影响，而应该采取一种中立的态度。就后者而言，行动者在选择某种行动原则时不应该把自己或某些和自己相关的社会成员看作是特殊的。无论是前者还是后者，不偏不倚性都遭受了严厉的批判。不过在展开这些批评并对此进行回应之前，我们有必要就不偏不倚性和规范性的关系做一点说明。

当我们主张不偏不倚性是道德观点的一个基本特征时，我们也就是表明一个道德原则可以运用于某个共同体中的任何一个人，它对这个共同体中的任何人都是普遍有效的。对于一种规范性的道德理论而言，如果一个原则不能普遍化，那么这个原则就不能够对一个共同体中的所有人都有效力，那么一个原则也就不成其为原则，这个原则自身就会是不一致的和矛盾的。① 事实上，正是这种可普遍化性使得一种道德原则对所有人具有了规范性。在这个意义上，不偏不倚性作为一个可普遍化原则的本质特征直接体现为一种规

---

① 如果一个原则不是坏的和恶的，那么这个原则就绝不可能自相矛盾，一个不能自相矛盾的原则的唯一表达形式就是"在任何时候按照你同时能够意欲其作为法则的普遍性的准则去行动"，参见 Immanuel Kant, 1996, G4：437。

范性要求。当然,对于不偏不倚性与规范性的关系而言,一个可能的问题是不偏不倚的原则何以激发一个行动者呢?这是我们接下来需要分析的。

不过在这里,反对不偏不倚的判断者认为,不偏不倚的观点使得具体的人成了一个个抽象出来的符号,这实际上是对人的一种异化,在一些极端的反对者看来,不偏不倚导致了人格的丧失,对于他们而言,不偏不倚根本就不是道德所要求的。[1] 事实上,这种极端的反对者和不偏不倚性的持有者之间的分歧已经不是这个道德原则本身,而是在根本上牵涉对于道德的看法。粗略而言,前者关注的道德概念强调的是人作为生活主体所具有的品格特征,而后者关注的道德概念强调的是行动者的行动。为了具体看到这种分歧的不同,接下来让我们具体分析规范性伦理学的道德理论,其中,康德式的道义论关联于理性的心理图式突出地强调了行动的动机,而后果主义则关联于感性的心理图式突出地强调了行动的结果。笔者的结论将要表明,康德式的道义论和后果主义分别给出了不同的道德原则。

三、普遍化的反思

当我们通过人性把客观实在性反映为我们加诸自身的规范性时,我们的道德规范性就呈现出来了。尽管我们无须也不应该反对道德所具有的实在论或自然主义的起点,然而,正如我们通过威廉姆斯的内在理由概念所强调的,只有进入行动者主体,我们的行动才能够进入道德评价和价值判断的领域,这是人类反思性心灵的本质所决定的。在这个意义上,道德和价值的规范性不仅仅依赖于客观的世界,而且有赖于我们通过人性对规范性的把握。正是通过人性所具有的反思性力量,我们把自己的行动带入了道德规范性的领域。那么,通过人性的反思性,我们是如何论证道德规范性的呢?从一种主观的心理本质到一种客观的规范性是可能的吗?它是如何可能的呢?

(一)康德式的理性主义

我们在前面论及康德时已经指出,康德认为道德的规范性来源于我们的理性本质,而理性在本质上是自由的,当我们从内在主义的角度谈论我们的行动时,反思的心灵呈现的就是意志的自律,而意志的自律表现的形式就是绝对命令。然而,我们在前面虽然基于逻辑原则表明了一条绝对命令是普遍有效的,但这表明的仅仅是一种形式上的确证。一条绝对命令是如何在实践中被看作普遍有效的这样一个问题却悬而未决。那么,我们到底应该如何看

---

[1] 威廉姆斯指出功利主义不能说明和容纳个人完整性,参见 Williams, B. 1981: 1-19, 40-53; Williams, B. 1982: 77-135。

待康德式的普遍化反思呢？为了解决这个问题,我们来看看罗尔斯给出的绝对命令程序。①

按照罗尔斯的理解,绝对命令程序一共有四个步骤,第一个步骤是这样的:"(1) 在 C 条件下,为了产生 Y,除非 Z,我想要做 X。(所以,X 是一个行为,Y 是一个目的,一种事态。)"(罗尔斯,2002:227)在这里,对于罗尔斯来说,最重要的是他假设行动者是处在具体环境中的理性人。理性人基于欲求会产生一个主观合理的准则,在这个意义上,一个正常理性的人拥有一种主观合理性。不过,这和普遍性还没有任何关系。那么一个主观准则要如何才能与普遍性相关系呢？这就需要把这个主观准则扩展到包括他人的第三人称立场,也就是使得一个准则具有客观普遍性。然而,一个主观性准则过渡到客观普遍性法则是怎么可能的呢？这就让我们走到了绝对命令程序的第二个步骤。

"(2) 在 C 条件下,为了产生 Y,除非 Z,每个人都想要做 X。"(罗尔斯,2002:227)在罗尔斯看来,一个行动要具有客观性,那么它就不仅仅是从行动者的角度而言是主观合理的,而且需要从他人的角度来看也是合理的。不过在笔者看来,罗尔斯在这里隐去了很多的条件。事实上,我们可以追问行动者的一个主观准则为什么要过渡到客观性？而且这种客观性和主观合理性有什么不同？在罗尔斯看来,很显然,既然基于理性产生了主观合理性,那么这种合理性理所当然地可以泛用到所有拥有理性的行动者身上,因此要求从一种普遍的客观性立场来看这个行动是很自然的事情。不过,我们只要考虑罗尔斯对理性人的假设就知道他在这个过程中出现了跳跃。尽管罗尔斯假设理性人是处在日常具体生活当中的,但是当他从主观合理性提出客观性法则时实际上考虑的却仅仅是人类的理性本质,而在实际上忽略了这种具体环境。不过尽管如此,只要我们考虑到人类总是和他人生活在一个共同环境中,那么一种主观合理性的客观普遍化还是必需的。然而,在这个意义上,我们很难说一条普遍化的客观原则就应该是"每个人都想要做的"。

罗尔斯从第二步继续前行,提出了第三个步骤:"(3) 在 C 条件下,为了产生 Y,除非 Z,好像遵守着一条自然法则一样(好像这个规律是通过自然本能根植于我们身上的),每个人都总是做着 X"(罗尔斯,2002:228)。罗尔斯认为通过把一条普遍法则自然化就可以表明它的实践性。然而,这里的自然化只是一种类比,我们很难说一条主观的准则就实际上转化成了客观法则。

---

① 罗尔斯认为绝对命令程序和绝对命令是不同的东西,而绝对命令和道德法则也是不同的东西,参见罗尔斯,2002:225。

为了彻底地实现这样一个自然化的目的,我们需要切实的转化,这也就是罗尔斯提出的第四个步骤,即"(4) 我们将把第三步骤(3)的'好像'自然法则与现行自然法则结合起来(因为这些法则已经为我们所理解),一旦这种新结合到一起的自然法则有了充分时间发挥作用,我们便尽最大努力来揭示自然秩序将是一个什么样的秩序"(罗尔斯,2002:228)。按照罗尔斯的看法,通过步骤四,出于行动者的普遍化准则就可以产生一个新的自然秩序,他把它称为"得到了调整的社会"。罗尔斯试图表明,一个行动者的主观准则通过普遍化的思想达到一种新的自然秩序时,行动者的行动就完成了从主观合理性到客观普遍性的过渡。事实上,当科斯嘉德把行动者看作是目的王国的公民时,她表明的目的王国就是这样一种得到调整的社会,而道德法则也正是在这样一种新社会中得到证明的(科斯嘉德,2010:114-130)。不过,很明显的是,当罗尔斯和科斯嘉德试图证明道德法则是我们唯一的道德规范性时,行动者在根本上就不是具体环境中的人,而是具有完全的理性德性的人,是得到调整的社会中的人或者说是目的王国中的公民。

尽管我们不必否认一种理想的人格是我们基于理性本能够想象的,但是在具体的环境中却是永远不能达到的。因此,当罗尔斯和科斯嘉德认为,作为日常生活的道德规范性要奠基于这样的理想人格时,我们不得不说,他们对道德规范性的辩护是不成功的。在这一点上,笔者相信康德是明白无误的,我们的道德法则作为一种形式命令应该从理性的绝对命令中发现,但是这种绝对命令只能是一种基于逻辑原则的不矛盾性,我们虽然可以基于绝对命令产生道德的敬重感,但是一种至善的保证却是人类力所不能及的。所以对于康德来说,道德法则作为一种基于理性的形式法则具有客观普遍性,并且优先于善(文贤庆,2011),正是这种形式的普遍性用来检验我们的实践准则并使之成为好的或坏的行动规则。

(二) 休谟式的情感主义

我们在前面已经提及,休谟认为道德的规范性来源于我们的情感和习惯性的规则。那么我们在这里就要具体论证,休谟到底是如何使得他有关道德规范性的理论是可能的。

在休谟看来,道德本质上是实践的,因此在根本上源于我们的情感而不是理性。然而,正如休谟自己意识到的,"每个特殊的人对其他人都处于一种特殊的地位;我们各人如果只是根据各自的特殊观点来考察人们的性格和人格,那么我们便不可能在任何合理的基础上互相交谈"(休谟,1980:624)。这也就表明,休谟自己十分清楚地意识到就一种具有客观性的道德判断的建立而言,我们并不能仅仅诉诸情感就可以完成,我们还需要防止不同的人彼此之间的冲突，这也就是休谟所说的"稳固的、一般的观点"（休谟，1980：624）。一般的观点通过两个方面对我们的情感加以调整：其一，我们并不仅仅通过个人主观的立场来评价一个人的行动，而是从和他相关联的亲人、朋友、邻居等的感受的立场出发来看待行动者的行动，换言之，我们必须把视野从第一人称立场扩展至第三人称立场，只有通过把个人的情感和他人的情感联系在一起，我们才能在道德判断的立场评价一个人的行动；其二，我们对一个行动者的判断并不是基于某种具体情境的个例，而是根据他的品性的通常效果来判断，休谟称之为"一般规则"（休谟，1980：627）。在休谟看来，我们通过第三人称立场的同情概念可以达到彼此之间的相互交流，正是基于这种普遍性达到的共识，我们可以获得关于道德判断的公正性，而这种不偏不倚的公正性是人性的一种必然性，这样一种必然性源自我们人类趋乐避苦的本性。正是基于这样一种思路，很多休谟的批评者指出，按照这种理解，有关道德判断的规范性问题实质上就转化成了我们的行动是否能够最大化程度地满足行动者的欲望这样一个问题（Smith，M. 1994：130），休谟在这个意义上就成了一个后果主义者。不过，对于休谟的道德规范性理论，我们并不需要走这条路。

既然休谟认为道德在根本上来源于情感，那么有关道德判断的一般的观点就是体现在所有人都共有的那一部分情感，即共同的情感，我们简称为同情。尽管一种同情感并不必然地存在于每一个人的心中，甚至在存有同情感的不同人身上也有程度上的差异，但是休谟认为我们可以通过一个反思认同的过程达到对道德规范性的认识。不过对于休谟来说，问题在于，一种主观的情感是如何可能经过反思认同而形成道德判断的？

在休谟那里，因为道德源自我们人性与外在环境的相互作用，所以休谟强调的道德感伴随着我们的主观心理和社会条件会产生变化。这也就意味着，对于休谟而言，道德感其实通过我们人性和社会的互动展现了多样性的德性。因此，休谟的如下断言其实是基于人的德性而言的，道德感"在反思自身的时候，如果又赞许他的那些原则，而在其起源和由来方面又发现一切东西又都是伟大和善良的；那么这种感觉必然会获得新的力量"（休谟，1980：663）。在休谟看来，道德作为人性的构成要素，它既体现了行动者个人的品格特征，同时也在适当的时候在他人那里激起同样惬意的情感，这是道德的规范性所必然要求的。然而，这样一种要求是如何可能的呢？

基于休谟提供的一般观点，体现道德的人格既然在根本上就来源于一种第三人称的视角和行动的经常性效果，那么，行动者的人格就表现出一种恒常性。尽管一个行动者的德性总是一种主观内在行动的体现，但是它却又体现了一种不偏不倚的旁观者的立场。一种道德判断通过对这样一种基于不偏不倚立场的人格的反思就被确立起来了。这也就解释了为什么道德感的自我反思不但在主观的意义上发现自己是良善的,而且也会赞许基于这些德性基础之上的原则,并对这些原则给予新的敬重感。不过,对于休谟而言,很明显的是,个人的德性总是基于社会的条件和与他人共享的同情感而形成的。社会条件一方面虽然是不断变动和发展的,但是另一方面却具有一种习惯性的一般规则,而同情感一方面虽然伴随着社会条件有着不同的体现,但是另一方面却总是在共同体中保持着第三人称的普遍性立场。

总结来说,休谟虽然认为道德的规范性来源于我们情感,体现在我们的一般观点之上,但是人格总是在社会文化环境中不断地与他人共同塑造的,因此,道德的规范性虽然奠基于人性情感,但它却是一种变动和发展性的普遍性应用,道德规范性的判断在这个意义上具有开放性。

(三)后果主义

后果主义认为,当且仅当与其他任何可供选择的行动相比,一个行动具有更好的后果,这个行动才是道德上被允许的。在这个意义上而言,后果主义被认为是一种针对整体善的观念,它意味着行动者在道德上必须为总体善做出最大可能的贡献,当个人利益与之冲突时要求自我牺牲,而且这种牺牲没有限度。显然,后果主义的最大化原则包含了不偏不倚的观点。在后果论者看来,只有从一种不偏不倚的利益最大化原则出发,一种道德原则才能够给予所有行动者以同样的规范性。然而,在日常生活中,我们的道德虽然赞成自我牺牲,但总是有限度的;我们被允许自我牺牲和促进整体善,但并不必然如此。这也就是说,有关最大化的道德原则的规范性受到了质疑。那么,我们应该如何来看待这种挑战呢?

因为规范伦理学所持有的不偏不倚立场可以在两个方面得以展现,这就表明,无论是相对于行动者自身的利益还是其他行动者的利益,它们都是同一的、中立的。因此,如果我们认可对规范性的一种目的论解释,那么后果主义提出的最大化原则作为一种客观的规范性就对道德的可说明性和道德责任提供了一个很好的辩护。按照目的论的解释,人类作为特殊的存在者总是有着自己的目的追求,①就后果主义而言,它把这种目的追求置于人的快乐和痛苦的感受之上,进而表现为对事物的一种欲求。不可否认,因为不同行动者

---

① 目的论的框架既适合后果主义,也适用于康德主义和德性理论。事实上,目的论的关键在于一种功能主义的强调。各种理论的区别在于目的论的出发点。后果主义基于人的欲求,康德主义基于人的理性,德性理论基于人的德性。

的快乐体验既有质的区别,也有量的区别,所以边沁把快乐看作是可以量化处理的方式显然是很成问题的。然而,我们也可以看到,如果我们仅仅把后果主义限制在对目的具有内在价值的认可上,那么这种理论无疑是正确的。只要我们承认后果主义的目的具有内在价值,那么无论这种目的是什么,后果主义的目的论就具有了客观的价值。一种具有客观价值的东西就可以且应该采取一种不偏不倚的观点。然而,一种不偏不倚的观点与行动者是什么关系呢?这就把我们引向了行动者中立和行动者相对的分歧。

按照内格尔的看法,一个行动者中立的理由是"任何人去做或者想要去做某事的理由",它适用于任何人,不考虑特殊场合;相反,一个行动者相关的理由是"有人有理由想要完成它,如果此事恰好与他有关系"(Nagel,T. 1980:101-103)。在内格尔看来,后果主义显然是一种行动者中立的理由。按照这种观点,所有的理由只能是行动者中立的理由,一个行动者的计划和利益产生的也只能是行动者中立的理由。这意味着,一个行动者的计划和利益对所有人都是一样的,这个行动者没有更多的理由去采取这个行动。尽管内格尔承认存在着行动者中立的理由,但是他更强调行动者相关的理由,而自主性的理由就是行动者相关理由的代表。在他看来,自主性理由源于"欲望、计划、承诺以及行动者个人的个性,所有这些都使他有理由为了实现自己的目的而行动"(Nagel,T. 1980:120)。我们从行动者相关的理由来看,作为主体的行动者就有理由促进自己的计划和利益,而其他行动者则并不具有这样的理由。而且,对内格尔而言,最重要的在于他认为基于偏好的满足自身并不存在着行动者中立的理由。在内格尔看来,既然"没有真正的理由是被产生的"这一点是不合理的,那么由偏好产生的理由就一定是行动者相关的理由。然而,这种看法是正确的吗?

卡根认为内格尔的这种观点是不能得到论证的。在卡根看来,偏好事实上可以产生行动者中立的理由,这只需要容许把一个人偏爱自己的计划也被包含在这个理由之中即可。基于此,在卡根看来,重要的不是否定偏好能够产生行动者中立的理由,而是强调偏好必须在产生这种行动者中立的理由时不耗尽它们给予理由的力量。更为重要的,我们需要阐明为什么行动者相关的理由是被激发出来的。然而,内格尔论证的恰好是为什么行动者中立的理由不是被激发出来的。从内格尔与卡根的争论中可以看出,内格尔认为如果一个行动的理由是行动者中立的,那么一个行动对于某个特定的行动者而言就不具有特殊的意义,这个行动也就不能够辩护一种行动者的个人特性。在这个意义上,内格尔强调一个行动理由必然只能是行动者相对的理由。在这里,内格尔其实想要强调的是一个行动必须关联于行动者的主观动机,正如威廉姆斯强调任何行动理由都是内在理由一样。因此,我们可以认为内格尔是在一种激发性的规范性上为行动的理由提供辩护。与内格尔不同,卡根认为一个行动理由的规范性不仅在于其激发性,而且在于从一种普遍的视角给出的道德要求。卡根认为只要我们承认偏好可以产生行动者中立的理由,那么一个行动者中立的理由不但能够囊括行动的主观动机,而且可以给出客观上的规范性辩护。①

为了进一步地看清内格尔与卡根的争议,我们现在把目光转向内格尔有关行动者相关的理由和行动者中立的理由所做的区分。内格尔是通过区分非自愿的欲望和被采纳或被选择的欲望来说明两类理由的。在他看来,非自愿的欲望产生了行动者中立的理由,而被采纳或被选择的欲望则产生了行动者相关的理由。按照内格尔的看法,被采纳的欲望的满足具有一种与个人相关的重要性,它因为奠基于个人的自主性而具有激发的规范性,然而,它并不能因此被看作客观上普遍有效的,即不能被看作是对所有人都有效的行动者中立理由。不过,在卡根看来,内格尔的这种观点源自一个错误的观点,即欲望的对象自身是好的或者坏的;或者,被采纳的欲望的对象仅仅因为某人确实欲望它们而具有价值。事实上,这里关键的问题在于这一点:一个对象就一种目的论的框架而言,它自身总是具有某种价值,但是这个对象对于不同的行动者而言实际展示的是一种多样性。因此,就一种目的论的形式而言对象具有客观的普遍性;但是就实质内容而言,对象却是行动者相关的。这也就是说,基于对象的可欲求性实际上也可以对两种规范性做出解释,一类是激发性的主观动机,一类是客观性的普遍性评价。

按照华莱士的解释,关于道德责任的问题从形式上来讲本质上就是第三人称问题。道德责任的动机被视为某种类似于自然欲望的东西,自然欲望由于其对象而具有责任。当我们试图为一个行动者的特定行动给出道德规范性的解释时,我们实际上就是站在一种公平的行动者中立的第三人称立场寻求行动者对行动的责任。事实上,对于道德责任的支持表达的就是我们接受指向一个行动者的一种态度,它包含了在解释这个行动者的所作所为时对反映情绪的接受性,以及对应于他表达的反映情绪的性情。因此,当我们说一个行动者因为做了道德上错误的事情而值得责备时,也就等价于说我们对这个行动者的行动感到怨恨或愤慨,继而,我们相应地可以诉诸惩罚的概念。通过第三人称立场,我们把握住某人在某种道德关系的形式中的可解释性。

---

① 卡根在这里试图表明的是,一个行动者偏好的满足事实上就是对总体善的促进的一部分,而且卡根在脚注中提到偏好产生行动者中立理由能够解释共同体成员彼此之间的互助。

这种特殊的关系就是当我们认为某人负有责任时,同处这种关系之下的共同体成员就都处在共同的道德要求之下,道德要求对共同体的所有成员都有了一种权威,共同体成员的行动只有在这种道德要求之下才是可解释的,可责罚的,可证成的。在这个意义上,第三人称立场一方面基于情感解释了行动的动机,另一方面基于共同体中的相互关系而解释了行动的客观普遍性。

因此,当斯特劳森在批评后果主义关于道德责任的径路时断言"可欲求性是一类为态度和行动(在其中坚持某人是负有责任的观念存在于他们自己的术语中)提供证明的错误理由"时(Strawson, P. F. 2008: 4),笔者认为斯特劳森并非完全正确。诚然,基于道德判断之上而提出"负有责任的"和"该受责备的"之类的概念因为明确的行动者的相关态度和行动——它们包含在支持人们是"负有责任的"和"该受责备的"事实当中——而关注规范。但是,很显然的是,即使"可欲求的"一般被看作是个别行动者的欲求对象而显示出内容的多样性与不确定性,但是"可欲求的"也可以通过被置于一种普遍的目的论结构而具有道德判断意义上的辩护规范性,"可欲求的"也可以被看作是一种带情感的态度。

现在,对于行动者个体而言,我们可以说存在着两种规范行动的理由,即促进全体人类福利的理由和自主性的理由。在某种意义上,我们可以说前者是一种对规范性的客观辩护,而后者则是一种对规范性的实践辩护。然而一个可能的问题在于,这两种有关行动的规范性会发生冲突对立。按照海德的看法,这是两类不可通约的规范性理由。自主性的理由支持个人追求自己的目标,因而可以决定行动者是否实施某一最佳行动。然而,即使第一类理由是道德上优先的,但这并不意味着按照第二类理由行动就是应该被指责的。事实上,二者之间并不能按照强度进行比较。在海德看来,促进总体善的最大化原则并不必然具有适用于所有人的规范性效力;在某些情况下,一种自主性的理由才是我们行动的规范。按照卡根的看法,海德通过两类理由的不可通约性拒斥了促进总体善的最大化原则。不过在卡根看来,海德的论证是错误的。就卡根的立场而言,他相信促进总体善的最大化原则是可以得到辩护的。因此,尽管海德为了维护道德而提出有关道德的最低限度模式和正义的观念来调和这两类理由,但它们都是不成功的。

在卡根看来,当海德把道德看作是"确保协作和正义的某些最低条件的一种手段"时,海德已经消解了后果主义原则,而只是在一个最低限度的约束下辩护了人的自主性。而且,在卡根看来,无论是关于道德最低限度的说明,还是关于正义概念的说明,海德都是模糊不清的。然而,在这里,笔者想强调的是,即使海德关于道德最低限度和正义的说明并不是完全清晰的,但是这并不能得出结论说海德区分的两类理由就是不对的。事实上,当海德提出有关正义的主张时,我们可以清楚地看到两种理由之间的对立。海德断言,"正义的非功利主义的概念既适用于反驳赞同惩罚无辜者的功利主义论证,也是用于支持义务和分外善行之间的区分"。在这种观点下,要求任何个人为了其他人的福利而不停工作是无法让人接受的。这也就是说,当个人被要求促进总体善时,作为正义的道德或者个体自主性就会受到打压,如果我们认可说社会对总体善的认可为某个人的行动强加了一个理由,那么很显然,促进善的要求要么与个体自主性相冲突,要么说一个个体能够免于这样的要求就是不合理的。而且,正如内格尔所言,行动者相关的理由和行动者中立的理由是可以通约的。因此,当卡根认为"将牺牲强加到个人身上的不道德性同个人在道德上被要求主动承担牺牲是相一致的"时(卡根,2011:192),我相信卡根完全错了,很显然地,前一观点并不考虑行动者个体的自主性,而后者则是基于行动者的自主性,而任何一种有关规范性的考虑如果不考虑行动者的自主性,这都不是成功的。① 正是因为卡根不能注意这种区别,所以当海德表明分外行动具有内在价值,并且把这种价值归结于人的自主性选择时,卡根认为海德的证明都是不成功的。在笔者看来,诚然海德并不能很好地调解两类不可通约的理由之间的张力,但这是因为我们的生活本身就处在这种张力之中,促进全体人类福利的理由和自主性的理由同时都在规范着我们生活中的行动。只要我们承认这一点,那么把前者当作我们行动的唯一指南就是不正确的。

---

① 见科斯嘉德有关第一人称透明性的说明,参见 Korsgaard, C. 1996。

第八章　从道德心理学迈向道德社会学

在第六章,我们已经全面地从三种不同人称立场对实践行动的理由规范性进行了道德心理学和道德社会学的探索,揭示出现代道德观是基于自由理性人的能动性能力对彼此的意志行动在共同体生活中的规范性探讨。在第七章,我们更进一步从普遍客观性的角度为实践行动的理由规范性提供了论证。正是在对实践行动的理由规范性的实践性说明和客观性说明中,我们对道德的研究超越了道德心理学,进入了道德社会学的说明。当然,这种有关道德社会学的说明依然是建立在道德心理学的基础之上,而并非完全另起炉灶。从一种完全新的视角来处理或审视实践行动及其理由规范性将大大地超出本书处理的主题。因此,尽管我们的研究自然地从道德心理学跨出,迈向了道德社会学,但这种跨越是一种自然的过渡,而我们接下来的研究也将严格地把道德社会学的这种跨越奠基在道德心理学的基础之上。基于这一点,我们有理由相信本书的最终观点和菲利普·佩蒂特(Philip Pettit)的最新研究走在了同一条路上。

佩蒂特认为,"就目前我们是情感地和行为化地响应伦理或道德的考量而言,我们人类是伦理的动物"(Pettit,P. 2018:5)。伦理学要求我们在实践中彼此交往。我们对人类道德生活的解释就应该来自这种实践交往的自然解释。佩蒂特相信,通过在实践中进行的语言和人际交往,人们会发展出对自己和对他人的责任,发展出人类社会的道德规范。然而,我们到底是如何进入这样一种伦理生活的呢?这需要我们考察人类在实践交往过程中的心灵发生机制。因此,尽管佩蒂特认为我们需要对道德生活持有人类社会学的视角,但更基础的是需要考察人类心灵机制在其中是如何构建道德的。正是在这个意义上,佩蒂特认为,包括道德在内的人类精神生活中最显著的一个特点就是我们可以按照自己持有的各种态度构成我们的心灵,心灵通过各种能力说话,人们通过说话的心灵进行社会交往和生活。这也就是为什么佩蒂特在2015年加州伯克利大学的泰纳讲座主要是从人类社会学的角度试图展现人类道德是如何产生的,而在2019年牛津大学的洛克讲座则更多地关注从人的心灵角度来解释道德。那么,心灵是如何说话并引导我们进行实践交往生活的呢? 佩蒂特认为,心灵说话展现的实践交往生活不可或缺地包含这么一个过程:(1) 决定如何判断以及思考什么;(2) 通过基于规则的推理控制他们的思考;(3) 享受一个特别的认知意识;(4) 达成承诺和形成共同体;(5) 构建人格和自我;(6) 因为他们的行为而承担责任。[1] 佩蒂特相信,人类社会是一个交往社会,语言在社会交往中发挥着重要的作用,其中也包括产生道德。[2] 基于这种立场,佩蒂特很自然地从人的主观心灵认识达到了客观的承诺和责任。从道德心理学达到了对道德社会学的解释。

在这一章,为了展现佩蒂特有关道德思考的最新思想,我们将以他在2019年牛津大学洛克讲座上标题为"心灵说话"的系列报告为核心进行分析。在第一部分,我们将明确佩蒂特谈论心灵说话的方法论和两个关键性概念。进而,我们基于佩蒂特的立场把他的论证分成两个部分进行梳理。在第二部分,我们将从心灵哲学的角度勾勒主体如何把自己认知为一个社会主体。在第三部分,我们将以交往为目标审查主体如何从心灵认知转向承诺与责任。在第四部分,我们将反思佩蒂特从心灵哲学到承诺与责任是否包含一种实践指向,重点厘清理解佩蒂特思想的几个要点。

一、方法论与两个关键性概念

在讲座开始,佩蒂特首先谈及了他处理此次系列讲座的方法论。深受哈特(H. L. A. Hart)基于法是如何可能逐渐形成来谈论法是什么的影响,佩蒂特试图基于说话是如何可能逐步产生来谈论说话,他把这种方法称之为生物建构(creature-construction)。这种方法早在《伦理学的诞生》一书中就有完整的表达。在探讨如何谈论伦理时,佩蒂特认为这种方法假设了一种重构的形式,"它存在于社会条件的探索下,在其中,我们的同类生物在没有有意计划

---

[1] 在2019年洛克讲座大纲中,佩蒂特还谈及在另一个场合涉及的主题,即第七点:要求彼此敬重,但是他在后面具体的讲座内容中并没有明确提及,参见 https://www.philosophy.ox.ac.uk/sites/default/files/philosophy/documents/media/abstracts_locke_lectures_2019_pettit.pdf。

[2] 在2019年洛克讲座第一讲中,佩蒂特认为,说话是包含人在内的能动者的基本能力,这种能力恰好包含有关(能动者)外部环境的交往,这种交往通过扩大能动者的信息基础而有利于共同体中的每个成员,参见 http://media.philosophy.ox.ac.uk/locke/TT19_lec1.mp3; https://www.philosophy.ox.ac.uk/files/2019johnlockelectures1judgmenthandoutpdf。而在伯克利泰纳讲座基础上集而成的《伦理学的诞生》一书中,佩蒂特则系统地表明了语言如何在社会交往中产生道德的,参见 Pettit, P. 2018。

的情况下将或多或少已经自然地被驱动着逐步形成和使用伦理的概念,特别是道德可欲求性和责任概念"(Pettit,P. 2018：6)。因为佩蒂特认为生物建构的方法对于在社会现象中寻求哲学启发是十分有帮助的,所以无论是道德现象,还是说话现象,就它们都属于社会现象而言,生物建构的方法不仅适用于探讨伦理现象,也适合探讨说话现象。① 对佩蒂特而言,我们的同类生物在没有有意计划的情况下将或多或少已经自然地被驱动着逐步形成和使用说话的语言了。

在谈完方法论之后,佩蒂特首先界定了能动性(agency)和说话两个关键概念以及二者之间的关系。在佩蒂特看来,这两个概念是我们谈论心灵说话这个主题的关键。首先,就能动性概念而言,关联于能动者(agent)概念,它是我们谈论人作为会说话的社会动物的基础,心灵说话的前提是我们把人看作是具有能动性的能动者。佩蒂特认为,"一个能动者是一个按照可靠地产生它的环境表象而可靠地行动以便实现某种效果或目的的系统"。② 在这个意义上,能动者不仅包括人,也包括能够与环境进行依赖性反应的动物和机器人。与能动者的概念相适应,佩蒂特认为,能动性就是一个系统在不同情境中追求诸如此类目的的能力,"它必须注册成为任何情境中的相关特征,并且能相应地调节它的行为"。③ 在这个意义上,记录—调节状态是环境的一种表象。按照可靠地形成的表象,当一个能动者为了一个目的可靠地行动时,它就是想要实现那个目的。需要注意的是,佩蒂特补充说,这一观点并不是说一个能动者按照他自己的目的或表象行动。

其次,就说话概念而言,在佩蒂特看来,说话最能体现能动者在情境中基于信息指引而发生的反应。尤其重要的是,一般的能动性概念仅仅表示一个能动者基于环境调节行为以实现目的,但对于说话而言,它还必然表现为包含一个有意的目的。按照佩蒂特的看法,对于说话而言,如果说话是发生在说话者和听话者之间的一种活动,诸如:一个能动者产生一种声音S,以致一个给定的听话者像这样回应——他们就像P一样行动,那么对于说话者而

---

① 在《伦理学的诞生》和此次洛克讲座中,佩蒂特都使用了有关钱的标准谱系学作为这种方法的实例来谈论伦理和语言。其要旨在于,在一个想象的以物易物的社会,人们通过他们要求的善物和服务寻求彼此交换。这个社会中的成员面临的一个问题是,无论一个人有怎样的好资源,他们可能没东西从那些寻求某个善物或某种服务的人手上交易到他们想要的东西。解决这种困难的方法就是和实物化绑定,这就指向了钱。某种或另外某种商品就会特别地吸引大多数人,有使用权的人们就会使用它去购买他们想要的东西。因为每个人将有一个冬季获取那种商品,把它用作交换的媒介。它不仅构成了交换的媒介,也提供了用它度量其他东西的价值的公制标准,成为财富和购买力的象征,参见 Pettit, P. 2018：6;也参见 http://media.philosophy.ox.ac.uk/locke/TT19_lec1.mp3。

②③ https://www.philosophy.ox.ac.uk/files/2019johnlockelectures1judgmenthandoutpdf。

言,声音就应该是一种被记录的指示符,而且应该有意地产生,这种有意产生伴随着让听话者回应的目的或欲求。这意味着,对于说话者而言,听话者被假定了双重目的:"一个首要目的:让他们犹如 P 一样地行动,即形成那是 P 的表象或信念;一个次要目的:让他们把这当作是记录首要目的的结果那样行动。"①基于说话者和听话者之间的这种关系,佩蒂特认为,"说话是有意的信息指示符之间的交往性交换",②它是在假定信息对说话双方都有用的前提下在能动者双方之间进行的有关指示性交往的交换。当然,对任何说话而言,首先会出现的问题在于,说话者是否诚实以及是否胜任或慎重。但对于任何一种社会性动物而言,相互信赖是基础,"如果我能够依赖你,或者能够让你依赖我,我就必须在总体上证明我自己是值得依赖的,否则你在后面将有理由变得悲观,甚至变得具有惩罚性"。③

通过界定能动性和说话两个基本概念,佩蒂特试图表明,说话在能动者之间的出现必然对能动性有变革性的影响。基于一种人类学主张,④佩蒂特认为,如果说话是基本的,那么有关外部环境的交往通过扩大能动者的信息基础正好有利于共同体中的每一个成员。尽管每一个成员在交换信息时看似付出了放弃自己信息的代价,但获利的却是整体。在这个意义上,佩蒂特认为,说话的出现并不需要预设能动者的心理变革,而是反过来,是说话不可避免地促进这样的一种变革。也就是说,是说话主动或自发地促进了心理上的变化,这也就是佩蒂特为什么把讲座的标题命名为"心灵说话"的原因。

二、心灵的自我认知

如果说说话主动地促进了能动者的心理变化,那么这种心理变化首先是从能动者对心灵的自我认知开始的。按照佩蒂特的看法,在能动者的交往中,能动者的回应是相互的,这种相互的回应是一种有关信息交往的回应。这样的交往回应是如何发生的?按照佩蒂特的看法,这种交往回应首先依赖能动者在说话时能够对自己说话的内容做出判断,这种特殊的判断能力使得能动者可以形成信念、欲求和意图,进而达到说话交往。佩蒂特认为,当我们判断一个命题 P 时,我们一定是严肃和慎重地说命题 P。这意味着,如果我

---

①②③ https://www.philosophy.ox.ac.uk/files/2019johnlockelectures1judgmenthandoutpdf.
④ 尽管在此次讲座中佩蒂特只是简单地提及了这一点,但在《伦理学的诞生》一书中,佩蒂特有比较明确的提及:基于一种人类学的主张,实践使得伦理学对实践的主角成为不可避免的,而在其中,对自然语言的特殊使用发挥了重要作用。实践主角回看自身,为了实践他们在态度交往中的语词,以荣誉的丢失为代价,在合适的条件下,他们为自己,也为他人假设了一个说话的特殊权威。参见 Pettit, P. 2018: 7。

说出的判断是为了让你能够像我表象环境那样去了解它,那么我必须大致相信我说出的判断,我必须持有判断—信念一致的观点。如果我们不认为判断—信念一致,那么我们将无法在语言和它要表达的内容之间建立起一个紧密的联系,"我们没人能够确定其他依附使用这些语词的人的意思……我们将像巴贝塔中的居民一样相互不能理解"(Pettit, P. 2016:3)。因此,当我说出判断那是命题 P 时,这就表明我相信命题 P。"通过判断那个(命题)P,我将清楚地形成或确认那个信念;我将确信我相信那个(命题)P。"①有意思的是,按照佩蒂特的理解,这意味着,当我形成一个信念时,它将会是一个判断的结果。何以如此?

按照佩蒂特的看法,假定我想要判断一个命题是否是 P,无关乎命题 P 的是与否,只要有资料进行支持,我的判断都会成功。原因在于,通过有意判断一个命题是否是 P,我将确信一个与之匹配的信念的存在,这是可以预见的,我因此将会就命题 P 的是与否而有意地确信一个信念。同样地,当我想要就某个主题说出判断时,我也就是想要拥有一个与之匹配的信念。既然如下的情形是可以预见和让人欲求的,即通过判断一个命题是否是 P,我将确信这样一个信念的存在,那么我就能够为了确信特定的信念而做出特定的判断;只要资料支持,我也能够两者都想要。按照这个观点,在像命题 P 这样的主题上,我就能够决定相信什么。而一旦我能够这样做,也就意味着我能够伴随欲求这么做。这些基本的欲求就像我决定相信什么一样,将会产生不同的工具性欲求。基本的欲求可以包括急需之物、信念和资料等,当我们就急需之物做出一个判断时,这可能不仅意味着关于它们可以确定相信什么,而且意味着什么在结果上是可以欲求的。

不过,佩蒂特明确地意识到,如果我们仅仅把信念看作给出理论一致(assent)当然没问题,但如果我们把信念看作是等同于呼应外部资料的证据输出,或者是等同于影响行为输出时,信念和凭信度(credence)之间的关系就可能会受到挑战。因为"按照许多决定理论,通过判断确信的信念都是标量凭信(scalar credences)的",②尽管判断是稳定的开—关二值化(on-off binarize)观点,但信念却是模糊不清的。对判断而言,因为它是一个明确的开—关二值化观点,当我们做出一个有关命题 P 的判断时,我们不需要确信命题 P 或者说它有大约为 1 的凭信度,我们只需要足够确信就可以犹如命题 P 那样去准备行动。这意味着,只要风险度不是太高,判断完全可以在大概率中按照确信命题 P 那样去准备。然而,对于信念而言,当它被看作回应外

---

①② https://www.philosophy.ox.ac.uk/files/2019johnlockelectures1judgmenthandoutpdf.

部证据和产生行为时,它就会受制于信任度或强度的问题。对于这一问题,佩蒂特在其他地方有回应,①不过对于此次讲座而言,他强调信念作为一种判断,而这对判断并不构成一个挑战。

问题在于,如果相信 P 被当作是给出了一个判断,那么这个判断是如何做出的?佩蒂特认为,能动者必须展示从认知到信念的过程,信念到信念以及信念到行为的模式需要用来实现目的。那么,在这个展示过程中,这些内容是如何连接彼此的?佩蒂特认为,这是通过我们心理的自动机制实现的。

在佩蒂特看来,对一个能动者而言,尽管认知到命题 P 可以让他相信 P,但是却不能让他相信"所以 P"。同样,对一个能动者而言,尽管相信 X 比 Y 更急需,他可能欲求 X,但不必然是诉诸这个信念。尽管能动者通过反思从输入移到输出是合理的,但却不必然包含连接这些内容的信念。这种现象表明,能动者在给出判断时有可能是盲目的,他可能只是空洞地回应。佩蒂特认为,这并不是真正的认知,真正的认知应该是把回应看作是一个有意努力的结果,应该是一种推理。

什么是推理?佩蒂特认为,一个能动者在给出信念时,应该在参与提出前提的情况下,追问是否如此以便引出"所以如何"的回应,而且同意"所以如此"是由于相信这个描述场景有这样的特征。佩蒂特认为,只有通过有意地参与到一个具体案例的前提给定中,并且基于这个给定前提追问会引出什么后果,一个判断才展示了从有关前提的信念到结论的信念以及二者之间的连接信念。不过问题在于,这样的连接信念是如何可能的?

佩蒂特认为,正是通过语言,上述描述场景得以实现,"一个句子'P'能够例证一种被正常用于假设的情形"。② 判断一个命题 P,并且如果 P,那么 Q,那么你就可以相信这样一种实际情形是按这种方式关联 Q 的可能性的,正如你现在也在判断的,这就是判断 Q 的情形。这种关联是如何建立起来的?答案很简单,因为在判断中,"所以,Q"。佩蒂特认为,心灵说话将会趋向通过彼此成全的两个命题进行推理,并且使用这种能力。心灵能够展示彼此成全的两个命题在判断中是相互关照的,这意味着推理包含着关照,心灵能够通过在重新提出前提的差异中追溯差异而解释或超越差异,心灵能够通过在普遍连接的信念中鉴别差异而批判彼此成全的两个命题,进而探求并可能通过在其他情形中检测被断言的连接而取消那些差异。在佩蒂特看来,这是关于推理的一般性刻画,它既适用于理论的推理也适用于实践的推理。然

---

① 参见 Pettit, P. 2016: 3-26。
② https://www.philosophy.ox.ac.uk/files/2019johnlockelectures2reasoninghandoutpdf.

而，到目前为止，佩蒂特只是展示了心灵说话具有推理的能力，那么这种推理有没有一般的模式呢？

佩蒂特认为，推理本质上就是共同的普遍推理，在寻求推理的判断时，我们必须基于客观的资料进行推理，而不是基于能动者主体的认知和信念。因此，在探求连接性信念时，我们需要揭示其中具有的普遍模式或规则。在探求推理的规则时，佩蒂特提醒我们注意以下三点：第一，当我在推理中遵循一个规则时，唯一要注意的目标就是连接的场景。第二，尽管推理包含规则遵循，但它并不是一个过于理智的事情。推理不必然假设一个理性概念，连接的信念也可以就事论事，理性的控制只需大体即可。第三，在我遵循规则的地方，必然存在我按照一个基本的、非分析的方法进行推理的基石（bedrock）。这些基石是我们进行特定推理的一个更大背景的基础框架。① 在给出有关推理的三点提醒之后，我们应该怎样揭示推理的规则？我们是如何被规则引导的呢？

佩蒂特认为，做出我们遵循规则的判断，认为我们被规则引导，我们可以通过一个谱系学的方法做出解释，这个解释包含三个阶段：第一阶段，假定一些图形让我按照某种方法进行推断，那么这些图形对我而言就是具体化预期描绘的一种属性。我可能遵循它吗？佩蒂特认为："不，因为我不能之后犯错，那么'我说—所以'就会是一个'成为—所以'：我将会是这个权威。"②第二阶段，进一步假定你、我和其他人都认为存在着某种属性来例证所有的东西。你、我和其他人可能都渴求被共同定为目标的属性所引导。但是如果我们之间有分歧，最简单的回应就是放弃共同性假定。第三阶段，合理地假定我们在执行教—学练习，但在我们探寻干扰因素的这种情形中会出现分歧。这样，我们可能会犹豫改变立场、核查假设甚至遵循大多数。总结推理的要点，佩蒂特认为，如果正常环境缺少资料事实进行合适的塑造，这就像干扰一样，那么推论最好的解释、假定共同的目标，将只会导致我们控诉它们。我们可能把可具体化的属性当作某种可错漏的东西或易弄错的东西，但我们仍然是在理性控制我们判断的基础上被规则推理所引导。

佩蒂特认为，这种谱系学为我们提供了有关基础性推理包含什么的候选项，这种候选项的吸引力在于它将会使得推理自然可理解。如果上述这种谱系学得到认可，那么推理就应该被认为是取决于共同推理。只要保持对某些原则诸如三角测量在彼此之间的开放审查，人们就能够推理。因此，不仅公

---

① 关于三点注意的具体表述可参见 http://media.philosophy.ox.ac.uk/locke/TT19_lec2.mp3; https://www.philosophy.ox.ac.uk/files/2019johnlockelectures2reasoninghandoutpdf。

② https://www.philosophy.ox.ac.uk/files/2019johnlockelectures2reasoninghandoutpdf。

共的语言能够使得我们彼此推理,共同体也将在使得个人能够推理的过程中扮演一个关键的角色。

在通过推理展示能动者有关信念的判断之后,佩蒂特进一步表明,当一个能动者在进行有关信念的判断时,他实际上是在有意识地进行认知。因此,让心灵说话的一个关键表象就是人们在有意识地认知。在佩蒂特看来,"如果我判断命题 P,执行计划关注是否 P,并且之后判断命题 P,那么我将知道我正在做什么,我将知道之后的计划并且能够看清它是如何被实现的"。① 这意味着,只要我对自己明显确信的命题 P 进行判断,那么我对这种状态就有某种主动的认识,佩蒂特称之为"制造者知识"。基于制造者的立场,佩蒂特相信,"我将有意识地相信我判断所以这样的事物,我也能够主动推理。我知道我在相信一件事,并且知道我相信什么:(这是因为)这些表象是针对我的,而不仅仅在我心里"。② 当然,佩蒂特同样认为,"因为连接信念,我也必须有意识地相信我基于它们进行推理的任何东西",③ 佩蒂特称之为"接受者知识"。基于"制造者知识"和"接受者知识",佩蒂特认为,认知像信念一样得到了扩展。尽管一个人不能对他看似认知的东西进行推理,但是一个人却能够基于这种看似认知进行推理。一个人看似认知的东西就是一种"接受者知识"。佩蒂特认为,这种认知意识有着很大的好处。那么我们该如何看待这种认知呢?

按照佩蒂特的看法,不同于信念,认知是一个直接的、专注的和可否决的过程,我们对这种认知有三种假定。首先,认知是分类的或者用于谓述的,而不仅仅是一种消极的情感涌流,看见或者听见一个对象将典型地包含看见或听见一类事物。在诚实的情形中,任何这样分类的东西都可直接追溯到一个因果性基础,而不是推论;它用于编排那些东西怎样表现在不同的意义、观点和相互作用中。在分类中被指派的属性也是被直接鉴别的。属性都是通过实例具体化的。其次,认知者在运用注意力后对事物进行分类,它会在回应各种解释线索时转移注意力。认知的过程表现出了一系列的线索,其中每一个可靠的线索都可以提出值得注意的分类。因此,认知领域在操作和归类记忆时将渐进地得到充实。最后,尽管认知的默认功能是产生信念、进行调节和协助行动,但妄想、幻觉和错觉的认知是可否决的。这是一种认知的否定。④ 基于认知的这三种假定,佩蒂特认为认知是一种独特的意识,这种意识可以分为两类:非理性的认知和理性的认知。

---

①②③　https://www.philosophy.ox.ac.uk/files/2019johnlockelectures3consciousnesspdf.
④　关于三种认知假定的具体论述可以参见 http://media.philosophy.ox.ac.uk/locke/TT19_lec3.mp3; https://www.philosophy.ox.ac.uk/files/2019johnlockelectures3consciousnesspdf.

佩蒂特认为，对于非理性的认知而言，认知无法形成推理，而只能在某些时候被认为是盲目触发了信念，认知的主体根本就不知道他们为什么形成了这个或那个信念。当然，非理性的主体有可能是想要倾注注意力以寻求学习效果的，因此，他们可能出于知识或真信念的愿望倾注注意力。尽管人们不会基于认知进行推理，也不能够就认知内容进行追问或判断，但这并不表明它们是被无意识地触发形成的特定信念。对认知的世界而言，依然有某种东西是可能的，即意识的完全直觉形式。不过，非理性的认知者在认知世界中可能沉浸或迷失。他们很难比照主动认知和主动相信，提出独立的问题让认知去解决，或者认识到事情可能不是他们当下认知到的样子。

与非理性的认知不同，佩蒂特认为，人们也可以基于理性认知进行推理。在基于理性认知的推理中，我能够直接地思考当前对象的属性，区分当前对象与推理相关的感官模式。因为我有意地针对各种注意焦点行动，我能够提出和解决独立的问题，能够形成认知以回应新的争论，也能够具体化新的相似分类。实现这种认知可以让我把推理用作在篡改判断等其他方面，我能够意识到认知的领域是可否决的。基于理性认知进行推理表现为可废止的、无限探索的、直接可进入的。基于理性认知推理，我能够致力于认知到的对象和属性，把它们当作假定特征或给定认知形成信念，既可形成有关一个具体事物的直观认知，也可以把具体认知当作是有关那些属性的认知。

佩蒂特相信，对我们而言，在非理性认知情形中，被认知的世界与存在的某些东西是相似的；在理性认知情形中，存在的某些东西看起来存在于相关的认知状态中。然而，根据我怎么认知事物，在判断中被引导的能力要求认知中存在某种独立的特质吗？或者说，能力的练习为认知给出了特定的特质吗？佩蒂特基于以下几个特征认为，特定的特质源于我们怎样认知理解这个世界。在他看来：(1) 特定的特质相关于一个不太好的本体论；(2) 不可能有某种特别的看或感觉，因此一种独立的特质可能是被错误认知的；(3) 特定的特质不需要在认知推理中有引导性来源，而是一种副产品；(4) 观察或者感觉可能是判断的合理支撑，在我怎样被引导中显示出来；(5) 存在着经验性证据表明，因为认知者获得判断性技巧，事物看起来就不同。[①] 因此，即使判断的敏感性使得认知被定型为有意识的，但是有关意识的争论却取决于我们怎样认知理解这个世界。

---

① 关于这几个特征的具体表述参见 http://media.philosophy.ox.ac.uk/locke/TT19_lec3.mp3；https://www.philosophy.ox.ac.uk/files/2019johnlockelectures3consciousnesspdf。

三、实践承诺和责任

通过前面的说明，佩蒂特已经通过能动者的判断和推理让心灵说话，形成了有关自我意识的自我知识。然而，让心灵说话是要达到人类的社会交往，形成道德生活，我们必须通过心灵说话达到社会交往和过道德生活的目的。这是如何发生的？按照佩蒂特的解释，如果我们承认自己是社会性动物，那么我们就必须是彼此依赖的，既然彼此依赖，我们就必须使自己对于他人而言是可认识的，我们在彼此交往的过程中应该有意地确保语言交流的有效性，这意味着我们必须让有关自我的知识能够成为可以交流的被认识的知识。

在佩蒂特看来，如果我们只能基于自我的想法在内心形成主观的态度，那么这意味着我们只能通过报告态度进行交往，这种方式就是报告其他人的态度。问题在于，在这样的报告中我多大可能是可信的？尽管我们都希望相信和依赖彼此，但是我容易发现你至少已经依赖两个认识上的借口："你可以宣称当你在进行态度交往时，你可能已经误导了自己的想法并且已经形成了有关自己的错误观点；或者你可以宣称当你在报告时你是在进行态度交往，但从报告到没有成功展示报告的结果之间你改变了你的想法。"（Pettit，P. 2016：13）佩蒂特认为，这种现象表明语词是相对廉价的，一个能动者有可能经常诉诸一个被误导的心灵或被改变的心灵为错误报告开脱。

为了避免这种基于借口的错误报告，佩蒂特认为，我们可以采取非报告式的方式来交往我们的信念状态，即通过内容判断。"如果我判断一个命题P，与信念明显的连接意味着我将传递的是我相信命题P。"[①]我做出命题P的判断建构了我的心灵，这确保我相信命题P，我将不再依赖主观的证据去告诉自己相信命题P。我不再是报告某种态度，而是声明（avow）某种态度，这意味着，我不再为可能导致错误报告的两种借口保留余地。

很显然，"无论对你还是对任何说话者，声明一种态度将会比报告它更具吸引力"（Pettit，P. 2016：14）。声明将会因为它排除了有关一个人心灵的误导而让一个人的话获得可靠性，也就具有更高贵的价值。声明的吸引力和可行性是向所有人显示的，在其位的每个人都能够认识到这些特征，都知道每个人都认识它们，都知道每个人都知道每个人都认识它们。这意味着声明是一种更可靠的传递态度的方法和让别人更加依赖你的有效的方法。正是在这个意义上，大部分态度的自我归因都被当作是声明，比如：我相信命题P、

---

① https://www.philosophy.ox.ac.uk/files/2019johnlockelectures4commitmenthandoutpdf.

我想要欲求 D,等等。通过声明态度构建一个人的心灵,一个人不仅具有针对这些态度的特殊的制造者知识,而且可以让听话者知道他的态度是什么。这在根本上为彼此的交往提供了方法、动机和信任。

然而,声明一种态度虽然表达了一个有意识的心灵对可能导致的错误传达做出的努力,但却无法应对一个被改变的心灵。"我们住在一个变化且无法完全把握的世界,尽管你可能认为有足够充分的资料支持你相信命题 P,并且就它给出声明的信念,但是你从来都不能确定那些资料不会在之后被推翻或被超过。"(Pettit, P. 2016:15)因此,佩蒂特主张,我们不仅要声明一种态度,而且要许诺一种态度。如果一个人要许诺某种态度,那么做出这个许诺的特有事实就会实现一个吸引因子(attractor)的实存以便适合被要求的角色,而一个吸引因子的实存就存在于一个人对语词的实践中。这意味着,坚持一种态度至少具有这种诉求特征,即一个人能够依靠它保守住自己的语词。依赖一个人意图保守住自己语词的这种诉求,做出一个许诺也就是做出一个有意识的欲求或意图,而且要确保它的可信度。基于此,许诺一种态度反映了按照一种合适的方法做出承诺,这意味着我不能随便诉诸一个被改变的心灵来进行交往。就交往得以可能而言,既然一种制造者知识使得你能够告诉自己想要某件事总是伴随着充足的信心去许诺一个意图,那么你就能够基于此而反对心灵改变。

我们可以发现,以能够正常交往为目的,佩蒂特向我们表明,以报告态度的方式进行交往可能因为误导人的证据和心灵可能的改变而发生错误传达,我们必须通过对态度进行声明和许诺,有意识地为自己进行辩护。然而,这种辩护可以适用于其他人吗?

按照佩蒂特的看法,我们至少可以通过交心(communing)和合并(incorporation)这两种独特的实践方式表明对态度进行声明和许诺也适用于他人。"就我们基于不同的态度争议创造共同的基础而言,我将与他人交心;就我们合作精制和扮演一个共同心灵时,我将与他人合并。"[1]很显然,按照上述方式为他人说话时,其中包含着共同发声(co-avowing)和共同许诺(co-pledging)的意图,而它们每一个又都包含了一种联合行动形式。这种联合行动形式体现在我们参与的各方,"a. 我们每一方选择某个特定的结果,这是我们中的任何一方都不能(有效地)独自获得的。b. 我们每一方都认识到一个行动计划,通过它我们能够一起获得那个结果,或者至少一个行动计划是用来鉴别获得那个结果的一个计划。c. 我们每一方倾向于联合其他人,只要他

---

[1] https://www.philosophy.ox.ac.uk/files/2019johnlockelectures4commitmenthandoutpdf.

们努力执行那个计划"。① 佩蒂特认为,只要我们按照上述基础采取行动,我们就是在颁布一个联合意图,每一方都是在扮演我们被要求的部分。很显然,联合行动包含了直接寻求一个共同结果的合作,他们包含了创造共同基础或精制一个共同心灵的活动。

那么,什么叫作创造共同心灵?按照佩蒂特的看法,你、我和他人都很明显地出于相同的资料或急需之物的影响下,它们对我们每一方都有类似态度的相关性,无论是为我自己说话,还是为他人说话,大家都可以被认为是对此类态度的共同声明。这样做既可以测试这些态度,也可以从共享这些态度中获利。以接受信念为例,我们可能遵循如下计划建立共同基础:"a.一个人假定共同声明了一个信念,以寻求其他人已经准备接受的东西。b.如果其他人没有反抗,那么那个信念就被每个人登记为共同信念的内容。c.如果其他人反抗了,每一个人在寻求明确的共同基础时就会调用资料;如果我们成功了,那很好;如果没有,我们可能寻求调节性解释……或者放弃。"② 按照这种方法,我们可以进行态度上的交心,而不仅是理解彼此的心灵。

什么叫作精制一个共同心灵?按照佩蒂特的看法,也许一起联合行动有可能仅仅是偶然的,但基于一组理性形成的信念或欲望,我们说话者可以把自己组织成跨越一个开放范围场景的共同行动,并进行更新和制定法则。在这个意义上,我们可以在能动性原初的意义上构成一个能动者,我们可以许诺遵守一个计划共同行动,进而我们产生一组态度并进行更新和制定法则。无论是通过授权一个说话者,还是通过授权确定一组说话声音的程序,任何处于被授权位置的人都能够因此共同声明或共同许诺团体态度。然而,存在有关团体态度的一个根本挑战,如何避免独裁?佩蒂特认为,参与共同声明或共同许诺的能动者可以按照测验民意的投票方式进行一种从上至下的编辑,这种方法既可以创造我们必须的共同心灵,又可以避免独裁。佩蒂特认为,通过这种方式精制一个共同心灵,我们其实是把共同心灵进行内化变成参与行动的成员,一个团体能动者和个体成员并没有什么不同。

通过为自己和为他人进行声明和许诺的辩护,佩蒂特向我们展示了能动者之间如何进行正常交往。佩蒂特认为,有关声明和许诺的说话行为让一个能动者支持自己有可以被宣传的态度,让大家有效地接受他的语词、按照他说的东西来判断他的行动,并且基于他怎样行动来制定大家的项目。在这个意义上,一个人不是在传递有关他自己的主观态度,而是为了正常交往而为自己客观地说话,借用霍布斯的术语,佩蒂特把这种表征自己的方式称为人

---

①② https://www.philosophy.ox.ac.uk/files/2019johnlockelectures4commitmenthandout.pdf.

格扮演(personate)。

在人格扮演中,一个人的人格角色(persona)是通过语词表示的态度而被接受的,而一个人被认为具有人格(person)是因为他具有人格扮演的能力,一个人通过成为一个说话者而被认为具有人格。佩蒂特认为,正是在为自己说话的场景中,一个人成为自己的创作者、拥有自己,并邀请他人依赖自己。当一个人扮演说话者角色的时候,他就不是一个报告者,他是在说自己怎样思考以及倾向怎样行动。如果声明和许诺都是为了我们的正常交往,那么我通过扮演说话者就是向你做出承诺。在声明一种态度中,我必须驳斥一个可能误导的心灵;在许诺一种态度中,我必须驳斥一个可能被改变的心灵。

不但如此,佩蒂特也认为,当我作为一个说话者被授权为团体能动者说话时,我也在为他人进行人格扮演。在一个人为他人进行人格扮演时,他不是一个报告者,他是在说某个团体怎样思考以及倾向怎样行动。如果共同声明和共同许诺是为了我们的正常交往,那么一个人通过为他人进行人格扮演就是向所有人做出承诺,在共同声明和共同许诺中,大家就是在创造共同基础或精制一个共同心灵而进行联合行动。

在佩蒂特看来,无论我是在为自己进行人格扮演,还是在为他人进行人格扮演,人格扮演理论都指向了实践承诺。如果不是为了实践,一个人就不一定需要推理、解释、互换和自我觉醒等;如果不是为了做某个行为而拒斥那些不那样做的借口,一个人就不一定会引发义务;如果不是为了确定可以犯错的领域,人们就不必须享受某些权力;如果不是为了做出承诺和敬重承诺,成为一个有人格的人就不是我们想要的理想。正是基于这些内容、义务、权利和理想,我们才需要成为有人格的人,我们才需要成为可以合作的有人格的人。

佩蒂特认为,既然成为有人格的人是我们有关承诺的实践的必须,这也就意味着每一个能动者的态度都暗示了一个自我(self),这个自我使得能动者被他的信念和欲求引导,这个有关自我的信念不仅是自我啮合(self-engaging)的,而且也是涉及自我的从言模态(de dicto),它必须为自己而存在。当然,作为一个有人格的人,因为我向自己承诺了"我",所以我必须有一个自我,但我在鉴别自我时,有可能存在不同的方面。佩蒂特认为,这至少表现在三个方面:"作为第一个人格:供参考的自我(referenced self);第二个人格:人格扮演的自我(personated self);或者第三个人格:异化的自我(alienated self)。"[①]第一个人格是任何能动者都要啮合的自我,第二个人格是我邀请其他人把我当成是我的那个自我,第三个人格是被其他人表达的

---

① https://www.philosophy.ox.ac.uk/files/2019johnlockelectures5personhoodhandoutpdf.

那个自我。尽管我们很难完全界定三个不同人格的确定使用范围,但无论如何,当一个人在交往中坚持自己所是的肖像以及一种别人可以借此期望他是什么时,进行人格扮演的自我都不是一个虚假的自我,一个人通过声明和许诺创造的自我或共同的心灵是我们主动构成用于正常交往的自我或心灵,这样的自我或心灵是我们在声明和许诺中建构起来的,它具有很高的稳定性。

正是基于承诺的实践和相关的人格特征,一个人应该为自己的行动负责。那么,一个人可不可以要求其他人为他们的行动负责呢?佩蒂特认为,这是可以的。按照佩蒂特的看法,当我认为你应该为某个行动负责时,我就是假定了你和我分享了相关的价值判断,并且假定你能够遵守如下这条原则:如果你在"跨一模态"(trans-modal)的意义上失败了,我就说你在其他方面本来能做成的。在这种情形中,一方面,佩蒂特认为一个能动者把特定的能力归于做出大家都共享的价值判断,一个能动者对另一个能动者的批判也是假定了另一个能动者将会理解第一个能动者对他的指责;另一方面,佩蒂特认为能动者把特定的能力归于控制另一个能动者的价值判断要求的行动,以至于第一个能动者可以把失败的责任归于第二个能动者:行动失败是由实践自由意志的方式导致的。佩蒂特认为,只要默许了上述两个特征,那么我们就可以假定一个能动者是负有责任的。

就第一方面而言,说某个能动者做出一个价值判断的能力也就是说某些行动是可欲求的(desirable),这个价值判断包含三个特征:"1. 包含一个被假定地奠基良好的推荐或规定去做行动 X。2. 它有和欲求冲突的倾向,因此尽管你判断 X 是可欲求的,但你可能不欲求它。3. 它的优先性高于欲求,因为如果按照冲突的欲求去行动,将被视作一种失败。"[①]基于上述特征,我们可以看到,价值判断是基于包括欲求在内的很多选项中的一个好的推荐或规定。在佩蒂特看来,这种好的推荐和规定在本质上是可欲求的。[②] 结合佩蒂特提及的有关判断的看法——做出一个判断,不仅意味着心灵可以确定相信什么,而且意味着对心灵而言什么是可以欲求的——做出一个价值判断也就是声明某个东西是可欲求的。因此,声明一个欲求,并且邀请他人依赖你,也就是你作为一个守承诺的能动者应该担负的责任。在这个意义上,可欲求的东西不仅是能动者的主观欲求,而且也是说话者可以彼此信赖并保证交往的客观基础,更是彼此为了保证交往而应该担负的责任。

---

① https://www.philosophy.ox.ac.uk/files/2019johnlockelectures6responsibilityhandoutpdf.
② 有关可欲求的看法,更详细的说明可以参见 Pettit, P. 2018, ch.5。

就第二方面而言,说某个能动者控制价值判断是说心灵按照如下的步骤展开能力:"i) 它们将会被分享,日常规范和判断一致性总体上是可欲求的。ii) 它们实际上许诺遵循那些规范,并且因此制定价值判断的法则。iii) 在没有不能排除的借口下,它们必须能够控制履行这样的许诺。"[①]按照佩蒂特的观点,日常规范在每一个社会都会出现,它们是共享通用的,如果人们想要彼此安全地依赖就必须可靠地遵守日常规范。人们实际上会声明一个普遍的欲求去遵守,而沉默传递的就是他们心灵中的默许。通过步骤i),每个人都会针对可欲求的东西达成普遍的一致,这种判断很可能会通过团体方式向所有人显示。进而,每个人将期望可靠的理由来遵守这些日常规范,并且制定价值判断的原则。在这个意义上,每个人的沉默会传递这样的默许:"即在被执行去构成他们的心灵时,像规范和价值要求的那样去行动。"[②]这看起来是大家都会许诺的方式。当然,在这种情形中,每个人的许诺应该是自愿的,许诺应该排除了某些借口和强制。最后,在佩蒂特看来,这些许诺的理由来自许诺的东西本身具有的吸引人的特征,正是许诺中的吸引因子证明了一个人说话的可靠性。这意味着,他人可以仅仅因为许诺中的吸引因子而要求一个能动者履行许诺,也可以劝诫一个试图不按照许诺办事的人,同样,他人也可以谴责一个不按照许诺办事的人。

基于上述,佩蒂特认为,声明一种态度和许诺一种态度都是人们的心灵在做出判断,这种判断在本质上是确定什么是客观上可欲求的东西。通过声明和许诺,交往中的人其实是在就可欲求的东西制定原则,通过自由地制定这种原则,人们对自己和对他人都提出了遵守承诺的要求,要求彼此负责。在这个过程中,人们能够基于自由意志理性地控制自己,人们能够基于可欲求的东西的吸引因子做出价值判断。

四、指向语言交往的心灵说话

在佩蒂特给我们描绘的故事叙事中,他向我们展示了为什么人类是一种特别的生物。在他看来,人类是一种通过语言进行社会交往和生活的动物。正是因为语言,我们具有了各种不同的精神能力,我们可以通过判断形成信念、欲求、基于规则进行推理,并进而形成特别的意识;我们也可以在共同体中做出承诺、形成人格、让彼此负有责任。佩蒂特认为,通过语言构成心灵的能力是人类的特征。当然,他谨慎地表示,"我没有假定这种能力专属于我们,或者乃至要求这种自然语言把我们和其它物种区分开来。我仅仅认为我

[①][②] https://www.philosophy.ox.ac.uk/files/2019johnlockelectures6responsibilityhandoutpdf.

们对自然语言的使用——假定某些东西易于做出进化论解释——给我们就不同东西构成心灵的一种方法"(Pettit, P. 2016: 2)。但无论如何,在佩蒂特看来,判断、推理、承诺、人格扮演和负责都是人类使用自然语言的能力,它们作为人类的精神能力共同构成了人类心灵,他称之为"心灵说话"。我们很明显地看到,正是基于人类是一种通过语言进行交往的社会动物的客观事实,佩蒂特尝试着从人类学和心灵哲学的角度为我们给出了上面的描述。然而,对于佩蒂特而言,他的工作的有效性在很大程度上依赖我们如何理解以下几点。

第一,如何理解信念和判断之间的关系?按照佩蒂特的看法,为了让别人能够像自己表象环境那样去了解它,一个人必须持有判断—信念一致的观点,判断—信念的一致是人们能够在语言和它所表达的内容之间建立紧密联系的关键。在佩蒂特看来,为了确保人们通过语言进行交往,说人们持有一个信念就是说人们在心灵中进行了一个内在具体化的判断。很显然,对佩蒂特而言,判断就是对信念的确证。通过判断确证信念,我们的心灵才能进一步形成有意图的行动。在这个意义上,判断首先不是针对命题,更不是针对信念内容,而是首先针对心灵的主观态度,针对心灵能够主动表象环境和向交往对象传递这种表象,判断是对包括信念在内的主观态度的一种结果确证,通过判断确证信念,信念表达的是有关心灵的主观态度。对佩蒂特而言,鉴于欲求、意图等概念同样可以表达有关心灵的主观态度,它们同样可以通过判断被确证。然而,我们是否必然持有信念和判断之间的这种一致性,这显然是有争议的。

第二,如何理解信念与凭信度之间的关系?尽管佩蒂特把判断和信念的一致当作人们信任彼此语言交往的关键,但正如他自己意识到的,判断毕竟是一个明确的开—关二值化观点,但信念却不是。在人们的交往中,信念经常被等同于回应证据输出的性情,或者被等同于影响行为输出的性情。如果说在一致理论中信念通过等同于判断被看作是一种开—关二值化观点,那么在性情认识理论中,有关信念的问题却存在一个凭信度的程度问题。在一致理论中,相信命题 p 就是通过判断确证它的是与否,是一个完全一致与否的态度表达。然而,在性情认识理论中,信念是一个回应证据或行动产生的问题,是一个程度问题。二者该如何协调呢?按照佩蒂特的看法,有关信念的一致理论完全可以被处理为一个可能性的问题,"在极限上,它就是必然的或差不多就是必然的命题 p"(Pettit, P. 2016: 5)。通过这种可能性的处理,佩蒂特认为我们就可以很好地处理信念作为完全一致和存在某种程度的凭信度之间的缝隙。当然,我们可以质疑:日常生活中的信念依赖引出有意判断的一致资料,是一个实践问题,而把信念转化为凭信度是一个理论推理问题,二者之间有关行动的解释存在差异。然而,佩蒂特认为"任何信念在凭信度上都是多样化实现的"(Pettit, P. 2016:5),一个信念既可以在因果上关联行动,也可以被看作是在实现行动时的凭信度,这意味着,信念既可以引出行动,也可以被看作凭信度来解释行为的产生。

第三,如何理解遵循规则的推理? 在佩蒂特看来,遵循规则推理是一种基石推理,这种推理通过一种谱系学的方法向我们提供了有关基石推理的内容,这些内容的吸引力使得推理自然可理解。然而,谱系学的方法到底在何种意义上使得我们能够自然理解推理? 很显然,佩蒂特直觉上相信,遵循规则推理是人类精神活动的必然,我们的推理活动只是在不同条件下以不同形式表现这一点。然而,这里可能存在的争议在于,佩蒂特有关规则推理的直觉在于他认为我们必须有关于规则的直接信念,然后我们才把这个规则整体变成一个有意努力的结果。在这个意义上,推理不是从一个前提到一个因果相关的结论的问题,而是在接受某些规则的前提下,如何形成和检验人们彼此之间的共同信念的问题。

第四,如何理解认知意识对推理的作用? 按照佩蒂特的看法,一个人要做出判断和推理,就必须有意识地相信自己在给出信念和判断,并且是就某些东西给出信念和判断。就一个人有意识而言,无论是非理性的认知,还是有理性的认知,判断的敏感性使得认知被定型为有意识的,使得认知成为一个有自由意志的能动者的主动能力。然而,人为什么会有这样的意识,佩蒂特并没有探讨,他只是表明,认知意识是我们有知识的关键。不过,知识在本质上并不是我们的能力,而是我们用能力获得的某种东西。正是基于此,佩蒂特认为存在着独立于我们认知能力的特质。然而,这是一些怎样的特质呢? 佩蒂特并没有给予一种形而上的解释,他更多的是从人类作为社会交往的认识事实出发,认为这种特质取决于能动者对世界的理解。在这个意义上,佩蒂特是基于人类交往的社会事实去反推某种可能的世界特质。

第五,如何理解心灵认知与实践承诺之间的关系? 按照佩蒂特的观点,他这次讲座的主要目的是描述心灵如何让人类通过各种精神能力展示为一个语言交往的生活共同体。这意味着,佩蒂特在谈论心灵认知时,实践的目的在最初就包含于其中了。这也是佩蒂特在讲座开始就谈到他所使用的方法是人类学方法和建构主义方法的原因。按照这种方法,人类学意义上的语言交往是他谈论心灵建构认知的目的,心灵认知必然指向人们彼此进行语言交往的实践承诺。在这个意义上,有意识的心灵通过判断和推理,必然指向实践声明和许诺,而任何实践声明和许诺的完成都依赖共同体中彼此对共同声明和共同许诺的承诺,共同的承诺是实践交往得以可能的前提。佩蒂特相信,基于这些共同基础,人们在语言交往中可以精制出共同心灵或团体能动者。然而,即使我们相信共同的承诺是实践交往的基础,但基于这些基础推出共同心灵或团体能动者的实存却是有争议的。一个根本的质疑在于,团体能动者只是联合个体能动者成为组织机构模仿个体能动者的精神能力,我们根本无须也不能给予团体能动者以基础性的地位。

第六,如何理解价值判断与可欲求性之间的关系?既然佩蒂特通过心灵说话试图回答的是人类如何进入语言交往的实践社会的问题,那么在心灵认识中包含实践承诺和彼此负责的思想是直观可接受的。然而,有意思的是,当佩蒂特把实践承诺和彼此负责当作一种价值判断时,他引入了可欲求性概念来说明。按照他的解释,"说某个东西是可欲求的可能用来意味着你是被允许欲求它的,或者更强一些,可欲求的就是被推荐的。然而在这里,在仍然很强的意义上,它可能用来意味着你应当欲求它,即欲求某个东西是被规定的,不仅仅是被允许或被推荐的"(Pettit, P. 2018:150-151)。在这个意义上,按照佩蒂特的看法,基于人已经是语言交往的社会动物的事实,可欲求性在根本上源于我们在交往中包含可欲求属性的自然事实。不过很显然,这种可欲求性的解释只是为了解释人类语言交往何以可能的一种反推。这有别于一般意义上对可欲求性的心理解释。

总结而言,佩蒂特是建立在人类社会学的基础上往前回溯人类心理,试图为我们给出人类生活如何是一个语言交往的社会,这在根本上不是一种必然的逻辑推理,而是一种基于事实的可能性解释。正是基于此,单独看佩蒂特为我们给出的各种有关精神能力的解释,它可能并非唯一甚至并非最合理的解释。如果跳出佩蒂特从人类心灵来解释人类道德生活何以发生的框架,我们会发现,马克思从人们的社会关系出发,认为人类道德生活在根本上关注的是人如何在历史发展中实现自己的全面自由发展;麦金泰尔从实践出发,强调人类道德生活在根本上源于个人对自身整体生活和生活于其中的社会传统的实践叙事;而泰勒尽管同样关注语言,但他却更强调人类在通过语言进行交往时对人类道德生活的行为及其意义的塑造。很显然,这些理论都不是从道德心理学的角度对人类道德生活进行解释,而是更多地从现实条件和社会关系、从文化传统与共同体、从社会关系与文化传统等角度对人类道德生活进行解释,这些解释至少看起来并不比佩蒂特给予的方案更不合理。尽管如此,我在这里想要为佩蒂特给予一定程度辩护的是,基于人类通过语言交往构建生活的人类学事实来说,人类社会生活的最典型特征是语言交往,语言交往的前提是人们遵守实践承诺,实践承诺得以可能是因为人们的心灵作为有人格的意识能够就信念、欲求和意图等态度进行判断。[①] 在这个意义上,佩蒂特为我们提供了从人类心理的角度解释道德生活的规范性十分适宜的图景。

[①] 本章的完成不仅得益于佩蒂特的公开讲座,而且得益于与佩蒂特私下进行的多次问答讨论,在此向佩蒂特致以深深的谢意。此外,也要特别感谢四川大学吴敏博士在多次讨论中给予的灵感与建议。

第九章 结 语

正如笔者在本书开头所言,无论是进行元伦理学的分析,还是规范伦理学的分析,"一个人应该怎样生活?"这样一个问题在本质上都是一个规范性问题。尽管对此问题的元伦理学分析应该优先于规范伦理学的分析,但是规范伦理学的分析却是元伦理学的实践应用。在分析元伦理学的过程之中,我们发现了有关道德事实、道德论证等元伦理学的问题最终总是通过规范伦理学得到解答。然而,尽管不同的规范伦理学向我们提供了有关行动规范性的不同解释,展现了生活规范性的各种不同,但是对元伦理学的分析是我们有关规范伦理学分析的基础。

元伦理学的分析让我们直面实践生活的本质。对于我们的规范性生活而言,它在根本上处理的是自我与世界的关系问题。通过自我,我们可以发现一个行动之于我们的意义;通过我们所处的世界,我们可以认识到生活其实就是对于世界的反映,这种反映给予了我们的生活以规范性。从本质上来说,正是我们所处世界的客观性给了我们以规范性,然而,这种规范性作为一种生活的指引,只有在我们人主动参与的前提下才能够被刻画出来,也只有在这个意义上,我们人的生活才与动物的生活区别开来。基于此,我们的分析在根本上落实于人的意向性行动之上,这也就是为什么我们在本书的开头首先强调我们的理性本质和意向性行动本质的原因之所在。只有把关于规范性的分析落实于我们人的特性之中,一种有关规范性的分析才能够真正地指导我们的生活。在这个意义上,基于人性分析我们的生活也就是我们不得不考虑的首要问题。

站在康德主义的立场,理性是我们人性的本质特征,规范性来源于理性。在康德的解释框架下,理性作为规范性的来源为行动提供了一种逻辑结构上的客观性,理性也因为在实践的领域能够为自己立法而给出行动动机的说明,甚至康德也认为理性在普遍客观性的立场为我们提供了道德规范性。不过,我们的分析表明,康德给出的道德规范性辩护完全是先验的,在根本上并不关乎我们的实践经验生活。如果我们的实践经验生活都是基于同样完全的理性而产生的行动，那么我们的生活就必然是完美和幸福的，我们的生活也就是神性的。然而，正是因为我们不是神性的，我们的生活才在实践经验生活中被称为规范性的，这也就意味着，康德给出的道德规范性辩护在实践经验生活中并不是一个必然的真理，我们能够接受的只是理性提供的结构客观性和有限的普遍客观性。然而，正是这种有限性使得我们的道德规范性落实于实践经验生活。与康德相似，科斯嘉德的实践同一性概念要么只能受限于实践经验，要么就是空洞无意义的。

站在休谟主义的立场，感性是我们人性的本质特征，道德规范性来源于感性。按照休谟的看法，理性的工具主义结构提供了行动规范性的客观性辩护，感性则说明了规范性的激发性，而且，一种共同的情感——同情——为道德规范性提供了辩护。然而，如果这种同情不是在理性的判断下被分析为某种道德上的好，那我们也就不能理解为什么动物没有产生同样的道德。因此，仅仅出于感性的情感，我们也同样不能为道德规范性提供充分的说明。

与康德主义和休谟主义不同，当威廉姆斯把人性作为一个整体人格来分析时，有关行动规范性问题的困惑在某种意义上就可以游刃而解了。无论是诉诸感性还是理性，把某个客观性的东西关联于行动者的主观动机集合就不但说明了行动的发生动机，而且辩护了行动的客观性来源。只是在威廉姆斯这里，一种相关于他人的道德规范性要求依然没能得到解决，或者说，对威廉姆斯而言，一种应当的道德生活考虑的是个人的完整性。

尽管威廉姆斯的内在理由概念很好地诠释了行动发生与行动者的关系，但是鉴于内在理由概念在解释道德规范性上的无力，也许坚持理性和感性的二分来看待行动的规范性问题是更加清晰的。我们的分析已经表明理性与感性因为具有不同的功能而表现出了不同的状态，正是理性与感性的共同作用使得一个东西成为行动的动机。一个行动只有在理性控制的情况下才被认为是可以分析理由的，而一个行动只有在感性刺激下才能够是具有激发性作用的。因此，在笔者看来，康德主义与休谟主义之间的冲突并不在于是理性还是感性说明了行动理由的规范性，而是它们在说明规范性时是如何各有侧重。我们的论证表明，对于康德主义而言，尽管他们强调通过理性解释了规范性的客观性，但是他们不能也不应该否认，理性是通过情感而激发一个行动的，而且在理性解释客观性时，理性一方面表现了作为推理能力的逻辑客观性，另一方面表现了关联于生活的价值意义；与之相反，对于休谟主义而言，尽管它们强调感性是规范性的来源，但是他们不能也不应该否认感性只有被束缚于理性的控制之下，才能被看作是一个能够分析规范性的来源。

事实上,笔者的分析不仅表明康德主义和休谟主义在解释行动的激发性动机上有所不同,而且表明他们对感性和理性在解释行动的客观性的解释上也不同。在休谟主义的解释中,理性仅仅被赋予了工具性的角色,它并不能给出道德意义上的价值客观性,休谟式的理论相信道德意义上的价值客观性来源于感性或情感,而理性只能把一种客观结构性的规范性加诸行动。与之不同,在康德主义的解释中,理性不仅仅具有工具性的角色,而且能够产生情感并间接激发行动,因此,尽管理性逻辑推理结构依然构成了行动理由的客观规范性,但是康德主义者相信通过理性也可以给出道德意义上的价值客观性(尽管事实证明他们失败了)。

然而,正如笔者论述的那样,任何一个对行动理由规范性的价值客观性的解释,都只能放置在有关道德判断的普遍性上,而这种判断的普遍性只能具有一种较弱的客观性。虽然就理性和感性作为一种心理事实而言,它们都可以为行动理由的规范性给出客观性的辩护,但是就一种价值客观性而言,我们主要考察的是理性作为一种工具性的推理把什么判断为一种普遍性的行动规范。基于这种考虑,在第六章分析了有关道德心理学的三种人称立场之后,笔者在第七章做的工作就是考虑这种普遍性的客观性。笔者的论证表明,这种有关普遍性的考虑是我们判断一个行动的规范性标准。无论感性还是理性,虽然我们可以就它们作为一种心理事实而在客观实在性的层面为之辩护,但就道德规范而言,它们的客观性需要通过束之于普遍性判断的标准才能得到辩护。对于我们的道德生活而言,尽管普遍性的辩护只具有较弱的客观性,但它却是道德生活的本质部分。我们的道德进步就在于,通过把同样的行动原则越来越彻底地应用到我们的行动中,并使得我们的道德理论较少产生不一致而指向更多的人。只有这样,在人类的共同生活中,我们才能够认识到我们对于他人的义务和整个人类的义务(Ewing, A. C. 1958: 553-568)。在这个意义上,我们对于实践行动的理由规范性和道德的讨论虽然从道德心理学入手,但它必然会超越道德心理学,而迈向道德社会学。然而,因为道德社会学是一个更加宏大的主题,甚至将更为复杂地牵涉其他学科,这既超出了本书的研究范围,也超出了笔者目前的能力,所以笔者的研究将不得不在提及道德社会学的开始处结束。尽管这不得不说是一种缺失和遗憾,但对于本书的研究而言,到此为止画上一个休止符也是可以理解的。

最后,总结一下本书关于实践行动的理由规范性的解释。尽管笔者提出客观性和实践性是解释规范性的两个方面,但是关联于人性,有关规范性的解释因为理性和感性的不同而表现出了不同形态。这让笔者聚焦从道德心理学的角度来解决问题。毫无疑问,规范性的实践性必然关联于感性,但是规范性的客观性则有多种不同表现。理性既可以通过表现为一种工具结构上的客观性而为规范性做出辩护，也可以就其自身表现为一种客观实在性而成为规范性的来源，还可以就其自身表现为一种客观性的普遍性判断而为规范性辩护，而感性也可以就其自身表现为一种客观实在性而成为规范性的来源，而且，感性也可以通过同情和一般的规范而表现为道德的规范性。除非我们划定有关规范性之客观性辩护的特殊要求，否则，就我们关于行动理由的规范性辩护而言，感性和理性都可以成为其解释的标准。因此，对于"一个人应该怎样生活？"这样一个问题，从道德心理学的角度来说，它总是有关一个自由理性的人思考如何在一个容纳了许多和自己具有同样属性的他人的实践共同体中相互负责的问题。然而，彼此到底该如何负责，必然要求对这个问题的回答从道德心理学迈向道德社会学，而道德社会学的回答会因为不同的经验条件而保持针对该问题回答的开放性。

参 考 文 献

[1] Ameriks, K. *Interpreting Kant's Critiques*, New York: Oxford University Press, 2003.
[2] Annas, J. Personal Love and Kantian Ethics in Effi Briest. *Philosophy and Literature*, 1984.
[3] A. Oldenquist, "Loyalties". *Journal of Philosopphy*, 89, 1982.
[4] Aristotle, *Nicomachean Ethics*. Cambridge University Press, 2005.
[5] Audi, R. ed. *The Cambridge Dictionary of Philosophy*, 2nd., Cambridge University Press, 1999.
[6] Audi, R. Moral Judgment and Reasons for Action, Cullity G. and Baut B. ed. *Ethics and Practical Reason*, Oxford: Clarendon Press, 1997.
[7] Ayer, A. J. *Language, Truth and Logic*. 4th ed. Gollancz, 1946.
[8] Baron, M. Impartiality and Friendship. *Ethics*, 1991, Vol. 101(4).
[9] Beck, L. W. A *Commentary on Kant's Critique of Practical Reason*, Chicago University Press, 1960.
[10] Blackburn, S. Errors and the Phenomenology of Value, Honderich T. ed. *Morality and Objectivity*. Routledge and Kagen Paul, 1985.
[11] Blackburn, S. *Spreading the World*. Oxford University Press, 1984.
[12] Blum, L. *Friendship, Altruism and Morality*. London: Routledge, 1980.
[13] Brentano, F. *Psychology from an Empirical Standpoint*, Kraus O., McAlister L. ed. Rancurello et al. trans. London: Routledge, 1995.
[14] Brink, D. O. *Moral Realism and the Foundations of Ethics*. Cambridge University Press, 1989.
[15] Brink, D. O. Moral Realism and the Skeptical Arguments from Disagreement and Queerness. *Australasian Journal of Philosophy*, 1984, Vol. 62(2).
[16] Broome, J. Normative requirements, Dancy J. ed. Normativity. Oxford: Blackwell Publishers Ltd, 2000.
[17] Chang, R. Can Desires Provide Reasons for Action, Wallace R J. Pettit P. Scheffler S.

Smith M. ed. *Reason and Value: Themes from the Moral Philosophy of Joseph Raz*. Oxford University Press, 2004.

[18] Chisholm, R. M. Freedom and action, Lehrer K. ed. *Freedom and Determinism*. New York: Random House, 1966.

[19] Cohen, R. The Common Point of View in Hume's Ethics. *Philosophy and Phenomenological Research*, 1997, Vol. 57(4).

[20] Cottingham, J. Ethics and Impartiality. *Philosophical Studies*, 1983, Vol. 43(1).

[21] Dancy, J. *Practical Reality*. Oxford University Press, 2000.

[22] Darwall, S. *Impartial Reason*. Cornell University Press, 1983.

[23] Darwall, S. *The Second-Person Standpoint: Morality, Respect, an Accountability*. Harvard University Press, 2006.

[24] Davidson, D. Actions, Reasons and Causes, Davidson D. *Essays on Actions and Events*. Oxford: Clarendon Press, 1980.

[25] Davidson, D. Mental Events, Foster L., Swanson J. eds. *Experience and Theory*. London: Duckworth, 1970.

[26] Davison, D. Freedom to act, Honderich T. ed. *Essays on Freedom of Action*. London: Routledge & Kegan Paul, 1973.

[27] Derrida, J. Violence and Metaphysics. In *Writing and Difference*, Tran. Alan Bass. University of Chicago Press, 1978.

[28] Drummond, J. Moral Objectivity. *Husserl Studies* 12, 1995.

[29] Drummond, J. Respect as a Moral Emotion: A Phenomenological Approach, *Husserl Studies* 22, 2006.

[30] Drummond J. Self-Responsibility and Eudaimonia, in Edmund Husserl 150 Years: Philosophy, Phenomenology, Sciences, eds. C. Ierna, H. Jacobs, F. Mattens, Dordrecht: Springer, 2010.

[31] Engstrom, S. The Triebfeder of pure practical reason, in Andrews Reath & Jens Timmermann, *Kant's Critique of Practical Reason: A Critical Guide*, Cambridge University Press, 2010.

[32] Ewing, A C. The Nature of Ethical "Judement", Milton K. Munitz. ed. *A Modern Introduction to Ethics: Reading from Classical and Contemporary Sources*. The Free Press of Glencoe, 1958.

[33] Fagenblat M. and Erdur M. *Levinas and Analytic Philosophy: Second-Person Normativity and the Moral Life*. Routledge, 2020.

[34] Finlay, S. Responding to Normativity, Shafer-Landau R. ed. *Oxford Studies in Metaethics*, Volume 2. Oxford University Press. 2007.

[35] Firth, R. Ethical Absolutism and the Ideal Observer. *Philosophy and Phenomenological Research*, 1952, Vol. 12(3).

[36] Foot, P. Morality as a System of Hypothetical Imperatives, Foot P. Foot, *Virtue and Vices*. University of California Press, 1978.

[37] Gauthier, D. *Morals by Agreement*. New York: Clarendon Press • Oxford, 1986.

[38] Gibbard, A. *Wise Choices, Apt Feelings*, Oxford: Clarendon Press, 1990.

[39] Grice G. R. Are there Reasons for Acting?. Midwest Studies in Philosophy, 1978(Ⅲ).

[40] Hare, R. M. *The Language of Morals*. Oxford University Press, 1952.

[41] Harman, G. Is There a Single True Morality?, Copp D., Zimmerman D. eds. *Morality, Reason and Truth*. New Jersey: Rowman and Allanheld, 1985.

[42] Harman, G. Moral Explanations of Natural Facts — Can Moral Claims Be Tested Against Moral Reality?. *Southern Journal of Philosophy Supplement*, 1986.

[43] Harman, G. Moral Relativism Defended. *Philosophical Review*, 1975.

[44] Harman, G. *The Nature of Morality*. Oxford University Press, 1977.

[45] Hume, D. A *Treatise of Human Nature*, L. A. Selby-Bigge ed. 2nd ed. Nidditch P. H. re. Oxford: Clarendon Press, 1978.

[46] Jackson, F. Critical Notice. *Australasian Journal of Philosophy*, 1992, Vol. 70(4).

[47] Janicaud, D. The Theological Turn of French Phenomenology. In *Phenomenology and the "Theological Turn"*. Trans. Bernard G. Prusak. Fordham University Press, 2000.

[48] Joshua, G. *Brute Rationality: Normativity and Human Action*. Cambridge University Press, 2004.

[49] Kant, I. *Groundwork of the Metaphysics of Morals*. Gregor M. trans. ed. Korsgaard M. intr. Cambridge University Press, 1998.

[50] Kant, I. *Practical Philosophy*. Gregor M. tran. &. ed. Cambridge University Press, 1996.

[51] Korsgaard C. Autonomy and the Second Person Within: A Commentary on Stephen Darwall's. *The Second-Person Standpoint*. Ethics, 2007(118).

[52] Korsgaard C. *Skepticism about Practical Reason, in Creating the Kingdom of Ends*, Cambridge University Press, 1996a.

[53] Korsgaard, C. Skepticism about Practical Reason. *Journal of Philosophy*, 1986.

[54] Korsgaard, C. *The Constitution of Agency: Essays on Practical Reason and Moral Psychology*. Oxford University Press, 2008.

[55] Korsgaard, C. The Normativity of Instrumental Reason, Cullity G., B. Gaut ed. *Ethics and Practical Reason*. Oxford University Press, 1997.

[56] Korsgaard, C. *The Sources of Normativity*. Cambridge University Press, 1996b.

[57] Kriegel, U. Intentionality and Normativity. *Philosophical Issues*, 2010, 20(1).

[58] Levinas, Emmanuel. Ethics and Infinity. Translated by Richard A. Cohen. Duquesne University Press, 1985.

[59] Levinas, Emmanuel. *Otherwise Than Being or Beyond Essence*. Translated by

Alphonso Lingis. Pittsburgh: Duquesne University Press, 1998.

[60] Levinas, E. *Totality and Infinity: An Essay on Exteriority*. Translated by Alphonso Lingis. Duquesne University Press, 1969.

[61] Mackie, J. L. *Ethics: Inventing Right and Wrong*. New York: Penguin Books, 1977.

[62] McDowell, J. Might there be external reasons? // Altham J. E. J., Harrison R. ed. *World, Mind, and Ethics*. Cambridge University Press, 1995.

[63] McDowell, J. Values and Secondary Qualities, Honderich Ted. ed. *Morality and Objectivity*, Routledge and Kagen Paul, 1985.

[64] McDowell, J. Virtue and Reason. *The Monist*, 1979, Vol. 62(3).

[65] Miller, A. *Contemporary Metaethics: An Introduction* (Second Edition), Cambridge: Polity Press, 2013.

[66] Millgram, E. Was Hume a Humean?. *Hume Studies*, 1995, Vol. XXI(1).

[67] Moore, G. E. *Principia Ethica*. Cambridge University Press, 1903.

[68] Nagel, T. *The Last Word*, Oxford University Press, 1997.

[69] Nagel, T. *The Limits of Objectivity*, Mcmurrin S. ed. Tanner Lectures on Human Values I. Cambridge University Press, 1980.

[70] Nagel, T. *The Possibility of Altruism*. Princeton University Press, 1970.

[71] Nagel, T. *The View from Nowhere*. Oxford University Press, 1986.

[72] Parfit, D. Rationality and Reasons, Egonsson D., Josefsson J., Petersson, B. and Ronnow-Rasmussen T. ed. *Exploring Practical Philosophy: From Action to Values*. Burlington: Ashgate, 2001.

[73] Parfit, D. Reason and Motivation. Aristotelian Society. supp. 1997, Vol. 71.

[74] Pauer-Studer H. Humean Sources of Normativity, Pigden C R. ed. Hume on *Motivation and Virtue*. Hampshire: Palgrave Macmillan, 2009.

[75] Pettit P. Making Up Your Mind: How Language Enables Self-Knowledge, Self-Knowability and Personhood. *European Journal of Philosophy*, 2016, 24 (1).

[76] Pettit P. *The Birth of Ethics*. Oxford University Press, 2018.

[77] Plato, *Republic*, trans. Jowett B. New York: Dover Publications, 2000.

[78] Powell, B. K. Kant and Kantians on "the Normative Question". *Ethical Theory and Moral Practice*, 2006, Vol. 9(5).

[79] Quinn, W. Putting Rationality in its Place, in Hursthouse, R., Lawrence, G., and Quinn, W. (eds.) *Virtues and Reasons: Philippa Foot and Moral Theory*, New York: Qxford University Press, 1995.

[80] Railton, P. Moral Realism. *Philosophical Review*, 1986, XCV(2).

[81] Railton, P. Normative Force and Normative Freedom: Hume and Kant, but Not Hume Versus Kant, Railton P. *Facts, Values, and Norms: Essays toward a Morality of Consequence*. Cambridge University Press, 2003.

[82] Raz, J. *Engaging Reason*. Oxford University Press, 1999.

[83] Raz, J. Explaining Normativtity: On Rationality and the Justification of Reason, Raz J. *Engaging Reason*. Oxford University Press, 1999.

[84] Raz, J. *From Normativity to Responsibility*. Oxford University Press, 2011.

[85] Ricouer, P. *Oneself as Another*. Trans. Kathleen Blamey. Chicago University Press, 1992.

[86] Russell, B. *Human Society in Ethics and Politics*. London: Allen and Unwin, 1954.

[87] Russell, L. Two Kinds of Normativity: Korsgaard v. Hume, Pigden C R. ed. Hume on *Motivation and Virtue*. Hampshire: Palgrave Macmillan, 2009.

[88] Scanlon, T. Contractualism and Utilitarianism // Sen A, Williams B. ed. *Utilitarianism and Beyond*. Cambridge University Press, 1982.

[89] Scanlon, T. *What We Owe to Each Other*. Harvard University Press, 1998.

[90] Scheffler, S. Agent-Centered Restrictions, Rationality andVirtue//Scheffler S. *Consequentialism and Its Critics*. Oxford University Press, 1988.

[91] Shafer-Landau, R. ed. *Oxford Studies in Metaethics*, Volume 5. Oxford University Press, 2010.

[92] Simon, H. *Reason in Human Affairs*. Stanford University Press, 1983.

[93] Skorupski, J. Internal Reasons and the Scope of Blame, Thomas A. ed. *Contemporary Philosophy in Focus*: Bernard Williams, Cambridge University Press, 2007.

[94] Skorupski, J. *The Domain of Reasons*. Oxford University Press, 2010.

[95] Smith, M. *The Moral Problem*. Oxford: Basil Blackwell, 1994.

[96] Smith, W. H. *The Phenomenology of Moral Normativity*, Routledge, 2012.

[97] Stevenson, C L. *Ethics and Language*, New Haven and London: Yale University Press, 1944.

[98] Stocker, M. The Schizophrenia of Modern Ethical Theories, *Journal of Philosophy*, 1976, 73.

[99] Strawson, P F. *Freedom and Resentment and other Essays*. 2nd ed. Abingdon: Routledge, 2008.

[100] Stroud, B. *Hume*. London: Routledge and Kegan, 1977.

[101] Sturgeon, N. Moral Explanations Defended, Dreier J. eds. *Contemporary Debates in Moral Theory*. Oxford: Blackwell Publishing, 2006.

[102] Sturgeon, N. Moral explanations. In G. Sayre-McCord (ed.), *Essays on Moral Realism*. Ithaca, NY: Cornell University Press, 1988.

[103] Velleman, J. D. The Possibility of Practical Reason, in *The Possibility of Practical Reason*, Oxford: Clarendon Press, 2000.

[104] Wallace, R J. *Normativity and the Will*. Oxford: Clarendon Press, 2006.

[105] Wallace, R J. Pettit P. Scheffler S. Smith M. ed. Reason and Value: *Themes from the*

Moral Philosophy of Joseph Raz. Oxford University Press，2004.

[106] Wallace, R. J. Reasons, Relations, and Commands: Reflections on Darwall. Ethics, 2007(118).

[107] Wedgwood，R. *The Nature of Normativity*. Oxford University Press，2007.

[108] Williams，B. ACritique of Utilitarianism，Sen A. and Williams B. eds. *Utilitarianism and Beyond*. New York: Oxford University Press，1982.

[109] Williams，B. *Ethics and the Limits of Philosophy*. Harvard University Press，1985.

[110] Williams，B. Internal Reasons and the Obscurity of Blame，Williams B. *Making Sense of Humanity*. Cambridge University Press，1995a.

[111] Williams，B. *Morality: An Introduction to Ethics*. Cambridge University Press，1993.

[112] Williams，B. *Moral Luck*. Cambridge University Press，1981.

[113] Williams，B. Postscript: Some Further Notes on Internal and External Reasons，Elijah Millgram ed. *Varieties of Practical Reasoning*. Cambridge，MA: MIT Press，2001.

[114] Williams，B. Replies，J. E. J. Altham and Ross Harrison ed. *World，Mind，and Ethics*. Cambridge University Press，1995b.

[115] 阿利森：《康德的自由理论》，陈虎平译，辽宁教育出版社 2001 年版。

[116] 安斯康姆：《意向》（第 2 版），张留华译，中国人民大学出版社 2008 年版。

[117] 奥尼尔：《迈向正义与美德：实践推理的建构性解释》，应奇、陈丽微、郭立东译，东方出版社 2009 年版。

[118] 巴容：《不偏倚性和友谊》，载蔡蓁译，徐向东编：《美德伦理与道德要求》，江苏人民出版社 2008 年版。

[119] 边沁：《道德与立法原理导论》，时殷弘译，商务印书馆 2006 年版。

[120] 布林克：《功利主义道德与个人视角》，载陈江进译，徐向东主编：《后果主义与义务论》，浙江大学出版社 2011 年版。

[121] 陈真：《道德研究的新领域：从规范伦理学到元伦理学》，《学术月刊》2006 年第 10 期。

[122] 戴维森：《真理、意义与方法》，牟博选编，商务印书馆 2012 年版。

[123] 德勒兹：《康德与柏格森解读》，张宇凌、关群德译，社会科学文献出版社 2002 年版。

[124] 费希特：《全部知识学的基础》，王玖兴译，商务印书馆 2007 年版。

[125] 海德格尔：《存在与时间》，生活·读书·新知三联书店 2006 年版。

[126] 胡塞尔：《逻辑研究》（第 1 卷），倪梁康译，上海译文出版社 2010 年版。

[127] 卡根：《后果主义要求过高吗？——关于义务的限度方面的近期成果》，载徐向东主编：《后果主义与义务论》，浙江大学出版社 2011 年版。

[128] 康德：《纯粹理性批判》，邓晓芒译，人民出版社 2004a。

[129] 康德：《道德形而上学的奠基》,载《康德著作全集》(第 4 卷),李秋零编译,中国人民大学出版社 2004 年版。
[130] 康德：《道德形而上学》,载《康德著作全集》(第 6 卷),李秋零编,张荣、李秋零译,中国人民大学出版社 2007 年版。
[131] 科斯嘉德：《规范性的来源》,杨顺利译,上海译文出版社 2010 年版。
[132] 拉兹：《对规范性的说明：论合理性以及对理性的辩护》,载徐向东主编：《实践理性》,浙江大学出版社 2010 年版。
[133] 罗尔斯：《道德哲学史讲义》,张国清译,上海三联书店 2002 年版。
[134]《马克思恩格斯全集》(第 1 卷),人民出版社 1995 年版。
[135]《马克思恩格斯全集》(第 3 卷),人民出版社 2002 年版。
[136]《马克思恩格斯选集》(第 1 卷),人民出版社 1995 年版。
[137] 麦金泰尔：《追寻美德》,宋继杰译,译林出版社 2003 年版。
[138] 麦凯：《伦理学：发明对与错》,丁三东译,上海译文出版社 2007 年版。
[139] 摩尔：《伦理学原理》,长河译,上海人民出版社 2005 年版。
[140] 诺齐克：《合理性的本质》,葛四友、陈昉译,上海译文出版社 2012 年版。
[141] 塞尔：《意向性：论心灵哲学》,刘叶涛译,上海译文出版社 2007 年版。
[142] 史密斯：《道德问题》,林航译,浙江大学出版社 2011 年版。
[143] 斯坎伦：《我们彼此负有什么义务》,陈代东、杨伟清、杨选等译,杨选统校,人民出版社 2008 年版。
[144] 涂纪亮：《意向性理论的几个问题》,《中国社会科学》1991 年第 4 期。
[145] 威廉姆斯：《道德运气》,徐向东译,上海译文出版社 2007 年版。
[146] 威廉姆斯：《个人、品格与道德》,徐向东译,徐向东编：《美德伦理与道德要求》,江苏人民出版社 2008 年版。
[147] 文贤庆：《基于道德法则的善——康德在道德哲学中的革命》,《社会科学》2011 年第 12 期。
[148] 休谟：《道德原则研究》,曾晓平译,商务印书馆 2004 年版。
[149] 休谟：《人性论》,关文运译,商务印书馆 1980 年版。
[150] 徐向东：《道德哲学与实践理性》,商务印书馆 2004 年版。
[151] 徐向东：《理由与道德》,北京大学出版社 2019 年版。
[152] 徐向东：《论工具理性的规范性》,《云南大学学报(社会科学版)》2006 年第 3 期。
[153] 亚里士多德：《尼各马可伦理学》,廖申白译,商务印书馆 2003 年版。
[154] 于连：《道德奠基——孟子与启蒙哲人的对话》,宋刚译,北京大学出版社 2002 年版。
[155] 张曦：《第二人称观点规范性与道德可说明性》,《世界哲学》2010 年第 2 期。

后　　记

　　庄子曾言："人生天地之间，若白驹之过隙，忽然而已。"不知不觉间，我已经快要步入人生不惑之年了。然而，从大三开始就认真思考的问题，直到现在，也依然是个困惑：一个人应该怎样过好自己的一生？这些年来，我正是在试图解决困惑的过程中不断学习和努力工作。眼前这本书，就是我在学习和工作中的一点思考所得。当然，这本书谈不上完全解决了我的困惑，但它代表了自2010年读博以来，我有关这个问题的心路历程。

　　回想最初的博士选题，我依然是直面自己的人生困惑，不过不再像本科时那样懵懂，我已经更加理智地明白，人生的困惑和学理的困惑是存在差异的。虽然，我更希望解决自己如何在实践中过好生活的问题，但在学理上，我处理的是人为什么会有好生活的规范性问题。即使如此，在写作的过程中，我也逐渐发现，人为什么会有好生活的规范性问题也是一个庞大的主题，我根本就无法在一篇博士论文里面处理好。所以，最后在博士论文成型时，我虽然命名为《论道德领域中的规范性本质》，但处理的其实只是人类道德心理图式中比较主流的两种观点：康德主义和休谟主义。通过分析这些主流观点，我试图表明，人的行动所具有的规范性在于从人类心理的角度出发，既呈现出实践性特征，也呈现出某种客观性特征。不用说解决人生困惑，即使针对道德规范性问题而言，我也是戛然而止。

　　尽管我的博士论文做得差强人意，但导师卢风教授还是给予了充分的肯定。他鼓励我沿着自己感兴趣的东西深入，而他也尽其所能为我提供学习的资料和资源。在论文写作的过程中，小到句法、字词，大到宏观主旨和思想背景的梳理，他都倾注了大量的精力。在此，我再次向卢风老师表示诚挚的谢意。时至今日，卢老师告诉我小论文该如何清晰地写作和表达，毕业论文该如何进行结构安排、推理论证等场景，都依然历历在目。这构成了我学术工作最坚实的基础。

　　得益于卢风老师的引荐，我在2010年底看到了John Skorupski当时的

新著 *The Domain of Reason*，这激起了我关注行动理由和道德规范性的浓厚兴趣。在卢风老师的鼓励下，从 2010 年 9 月至 2011 年 9 月，我有机会到英国圣安德鲁斯大学跟随 Skorupski 教授学习一年。在英国的一年，特别感谢 Skorupski 教授手把手地教我阅读文献、谈论论文的写作。至今，我都清晰地记得 Skorupski 教授教我如何阅读理解 Bernard Williams 的论文 "Internal and External Reasons" 的场景。正是在他那里，我对哲学的分析论证风格有了比较明确的观念。顺带提及的是，因为 Skorupski 教授在我去英国的前几个月在伦敦进行学术休假，所以我最初跟着 Jens Timmermann 学习，他让我对康德道德哲学有了更深的理解，在此特别表示感谢。此外，还要特别感谢当时圣安德鲁斯大学的 Tim Mulgan 老师在我学习和生活上所提供的诸多帮助。

2013 年 7 月，我如期毕业。特别感谢万俊人老师在卢风老师出国期间为我安排答辩等相关事宜，万老师的为人为学都是我的学习典范。当然，也要特别感谢读博期间给予我很多帮助的诸多老师，尤其是黄裕生老师、唐文明老师和宋继杰老师。我清楚地记得，多次和三位老师在万人食堂、听涛园和清芬食堂等地方一边吃饭一边谈论学术，至今回忆起来，都是令人激动的美好画面。正是从他们那里，激发了我关注康德、麦金泰尔和海德格尔等人物或关注儒家和古希腊思想的兴趣，这对我的学习和研究至今都发挥着影响。除此之外，我从田薇老师、肖巍老师、王路老师、贝淡宁老师、陈来老师、彭国翔老师、叶秀山老师、韩立新老师、王中江老师、王晓朝老师、刘奋荣老师、邹广文老师等老师那里也获益匪浅。最后要感谢的两位老师是时任中国人民大学的龚群老师和中国社会科学院哲学所的余涌老师，在我读博期间，他们作为校外评审专家和答辩老师，对我的博士论文提出了详细而中肯的修改意见。

读博期间，除了诸位老师对我的学习和研究有着重要影响，我的几位同窗好友陪我一起度过了美好的校园时光，从硕士时就是同学的詹莹莹、贾沛韬、周同分别让我感受到了康德道德哲学、政治哲学和身体哲学的魅力，而肖波、李可心、叶树勋、卢文超、云泽人等同学则让我思维更开阔地看到了逻辑学、儒家、道家艺术哲学和马克思主义哲学的魅力，和他们的交流或多或少地影响了我博士论文的写作。在此一并表示感谢。

2013 年 8 月，我入职湖南师范大学道德文化研究中心暨哲学系。刚开始的两三年，疲于个人身份从学生到老师的角色转换，并没有太多时间持续思考博士论文的主题。这期间只是零散地整理了博士论文中的一些章节发表出来。2018 年，以博士论文申报国家后期资助项目成功，我的研究重心又拉回到了博士论文。但从博士毕业到申请项目成功这 5 年，我个人的研究兴趣发生了一些小的变化。在博士论文写作期间，我虽然已经关注到了行动哲学和理由规范性的问题，但是我的重心停留在康德、休谟等经典作家的思想上，即使关注到了当代的康德主义者和休谟主义者，但思想旨趣上还没有一种思想的觉醒。但是在工作的 5 年里，我越来越关注问题，尤其关注行动理由的问题和道德规范性的问题，我的研究重心也更多地放到了当代关注这些问题的研究者们身上。我不再执着于挖掘某个思想家，而是试图从不同的思想家那里寻找资源以期回应自己感兴趣的问题。因此，在申请后期资助时，我毫不犹豫地把项目名称改成了《实践行动的理由规范性研究》，我对博士论文的修改也更注重从康德、休谟等经典作家那里引出当代研究者们的讨论。

在这个过程中，十分感谢我的同事余露老师，因为她研究的政治认同和罗尔斯与我的研究紧密相关，我们多次就我新修改的一些内容进行了深入的讨论，很多思想的产生和完善都受到她的激发。我同样要感谢孙保学老师、虞法老师、王淑庆老师、张含老师、谭杰老师，和他们的交流，让我对行动哲学和知识论有了更深的认识，深化了我的研究。我也要感谢邹啸宇老师、张霖源老师、王计然老师、刘永春老师、肖根牛老师、刘大为老师、李波老师、袁超老师、尹哲老师、黄泰珂老师、两位彭婷老师、刘乐乐老师等，通过麓山哲学坊等平台的交流，让我的研究有了更为广阔的视野。

除了我的这些同龄同事和朋友，我要特别感谢好几位对我的工作和研究给予帮助的长辈和师友：没有唐凯麟老师、李伦老师、王泽应老师、张怀承老师、邓名瑛老师、刘霞老师、罗常军老师等的大力支持，我就没有机会来到湖南师范大学道德文化研究中心暨哲学系这个大平台；没有向玉乔老师、刘湘溶老师、彭定光老师、李桂梅老师、李培超老师、毛新志老师、易小明老师等的指导，我就不会这么快地完成身份转变和研究方法的提升。

另外要提及的是，2018 年 10 月—2019 年 10 月，在英国牛津大学访学期间，我从 Philip Pettit 的洛克讲座获益良多，这个收获直接转化成了本书的第八章。在与 Ruth Chang 的课堂和私下交流中，我进一步清晰地了解了不同学派有关规范性的看法。而在 Rachel Fraser, John Gibbons, Anita Avramides, Timothy Williamson, Peter Millican, Roger Crisp, Jeremy Fix 等人的课堂上，我更有感触地加深了对西方伦理学和西方哲学的全面了解与认识。值得提及的是，在国外的一年，同期在牛津访问的很多中国学者给予了我学习的动力和灵感，特别是在和吴敏老师的交流中，我更加深入地思考了关系式规范性；在和江求流老师、韦庭学老师、徐召清老师、曹青云老师、刘桂荣老师、刘金山老师、张兆民老师、程新峰老师、李雪姣博士、肖悦博士、王文照博士、李威利老师、李玉明老师、叶浩博士、丁莹莹女士、包涵川博士、周露老师、师曼老师、蒋辰雪老师、陈慧平老师、马卞京老师等人的交流中，我收获亦良多。

此外，关于这本书的写作与完成，我必须提及三个特别的人。首先，是我的硕士指导老师韦正翔。在她那里，我第一次感觉到了做科研最重要的品质是耐心与细心，如果不是韦老师一次次教育我要扎实地读文献、要仔细地打磨写作，很有可能，我就与学术这条路无缘了。另外，要提及我的两个硕士同学：盛传捷和俞珺华。盛传捷对于西方哲学的热情不断地感染着我，我们一起结伴在北京大学、中国人民大学、北京师范大学等听课，让我打下了比较坚实的西方哲学基础，我们一起交谈辩论的情景总是历历在目。俞珺华是理科出身过来哲学系学的逻辑，他对语言表达和推理严谨的追求深深地感染了我，这让我在后续的学习和工作中随时注意自我反思。在本书的写作过程中，我时不时想起他们，想起自己和他们的差距，这激励着我不断努力。

在本书的写作过程中，我不但得到了很多师友的帮助，也得到很多机构和资金的支持。首先，我要感谢国家社科基金。这本书获得2018年的后期资助立项，正是因为这个基金项目的支持，让我有机会重新审视自己的博士论文。其次，我要感谢国家留学基金委。它给予了我相对自由和放松的时间重新思考我的博士论文和后期项目之间的关系。再次，我要感谢湖南省社科基金和湖南师范大学博士科研启动项目，它们让我持续了有关规范性问题的思考。

需要特别指出的是，本书的不少内容都以论文的形式发表了出来，我要感谢这些期刊允许我使用这些内容：

第二章的主要内容分别以《意向性行动的规范性》为题发表在《自然辩证法研究》2014年第8期、以《对实践行动的合理性说明》为题发表在《湖南师范大学社会科学学报》2019年第5期、以《成为行动理由的两种方式》为题发表在《世界哲学》2014年第5期。

第三章的主要内容分别以《康德的道德规范性理论探析》为题发表在《伦理学研究》2022年第4期、以《康德论作为实践理性的意志及道德动机》为题发表在《道德与文明》2015年第5期、以《科斯佳对规范性问题的证明——一种强硬性辩护》为题发表在《伦理学研究》2014年第6期。

第四章的主要内容分别以《休谟关于工具主义和道德规范性的观点及其论争》为题发表在《哲学动态》2016年第8期、以《休谟式动机理论的本质》为题发表在《伦理学研究》2017年第4期。

第五章的主要内容以《威廉姆斯内在理由概念的认知主义解读》为题发表在《江苏行政学院学报》2013年第4期。

第六章的部分内容以《三种人称立场对道德规范性问题的回答》为题发表在《道德与文明》2013年第4期。

第七章的部分内容以《规范性判断》为题发表在《伦理学研究》2015年第4期。

第八章的主要内容以《通过心灵言说构成语言交往》为题发表在《哲学动态》2020年第7期。

最后，我要感谢我的父母、兄姐，他们在我求学和工作路上给予了大力支持与实际鼓舞，没有他们作为坚强的后盾，我的求学与学术之路也许早就戛然而止了。我要感谢我的妻子袁颖，她与我相识于读研期间，一路走来，从北京到长沙，给予了我巨大的支持。尤其要感谢的是，在2020年2月，她在疫情期间排除万难带来了我们的儿子。任何华丽的辞藻都无以表达我对家人的谢意，唯有好好工作、好好生活，努力构建美好幸福的生活，才不负韶华，不负他们。

我把此书献给我的儿子文允，祝愿他茁壮成长，争取早日快乐地遨游于知识的海洋。

文贤庆

2022年10月22日于靳江河畔白鹭郡